王力全集　第六卷

清代古音學

王　力　著

中華書局

圖書在版編目(CIP)數據

清代古音學/王力著. —北京:中華書局,2013.8(2024.12重印)
(王力全集;6)
ISBN 978-7-101-07549-6

Ⅰ.清… Ⅱ.王… Ⅲ.漢語-古音-研究-清代 Ⅳ.H11

中國版本圖書館 CIP 數據核字(2010)第 162493 號

書　　名　清代古音學
著　　者　王　力
叢　書　名　王力全集　第六卷
責任印製　陳麗娜
出版發行　中華書局
　　　　　(北京市豐臺區太平橋西里 38 號　100073)
　　　　　http://www.zhbc.com.cn
　　　　　E-mail:zhbc@zhbc.com.cn
印　　刷　河北新華第一印刷有限責任公司
版　　次　2013 年 8 月第 1 版
　　　　　2024 年 12 月第 3 次印刷
規　　格　開本/880×1230 毫米　1/32
　　　　　印張 9⅛　插頁 2　字數 197 千字
印　　數　4001-4500 册
國際書號　ISBN 978-7-101-07549-6
定　　價　54.00 元

陳寅恪先生(左)與王力先生在廣州嶺南大學校內合影

王力先生夫婦金婚紀念

《王力全集》出版説明

王力(1900—1986)，字了一，廣西壯族自治區博白縣人，我國著名語言學家、教育家、翻譯家、散文家和詩人。

王力先生畢生致力于語言學的教學、研究工作，爲發展中國語言學、培養語言學專門人才作出了重要貢獻。王力先生的著作涉及漢語研究的多個領域，在漢語發展史、漢語語法學、漢語音韻學、漢語詞彙學、古代漢語教學、文字改革、漢語規範化、推廣現代漢語普通話和漢語詩律學等領域取得了杰出的成就；在詩歌、散文創作和翻譯領域也卓有建樹。

要瞭解中國語言學的發展脉胳、發展趨勢，必須研究王力先生的學術思想，體會其作品的精華之處，從而給我們帶來新的領悟、新的收獲，因而，系統整理王力先生的著作，對總結和弘揚王力先生的學術成就，推動我國的語言學及其他相關學科的發展，具有重要的意義。

《王力全集》完整收録王力先生的各類著作三十餘種、論文二百餘篇、譯著二十餘種及其他詩文等各類文字。全集按内容分卷，各卷所收文稿在保持著作歷史面貌的基礎上，參考不同時期的版本精心編校,核訂引文。學術論著後均附"主要術語、人名、論著索引",以便讀者使用。

《王力全集》的編輯出版工作中,得到了王力先生家屬、學生及社會各界人士的幫助和支持,在此謹致以誠摯的謝意。

中華書局編輯部

2012 年 3 月

本卷出版説明

本卷收入王力先生的專著《清代古音學》。

《清代古音學》是王力先生 20 世紀 60 年代初在北京大學爲漢語專業高年級本科生和研究生開設的選修課的講義。王先生講課時的講義只有十章,所寫講稿在"文革"中失散。1984 年王先生據一位同志當年的聽課筆記重新寫作,並擴充爲十三章。1990 年,山東教育出版社出版的《王力文集》第十二卷收入《清代古音學》(后稱"文集本"),該卷由唐作藩先生負責編校,除更正手稿中的個別筆誤外,對一些脱引原文的韻例加腳注補上。1992 年,中華書局出版《清代古音學》單行本。

此次收入《王力全集》,我們以中華書局 1992 年單行本爲底本,同時參考文集本進行整理和編輯。并請唐作藩先生和黄易青先生通讀了書稿,在此謹向二位先生致以深深的謝意。

中華書局編輯部

2012 年 3 月

目　　録

第一章　清代古音學的前奏

宋代古音學家有吳棫、鄭庠。

吳棫著有《詩補音》和《韻補》二書。《詩補音》已亡,《韻補》引例下至歐陽修、蘇軾、蘇轍,爲後人所詬病,其實他的目的在説明宋代還有人沿用古韻,未可厚非。依《韻補》歸納,古韻可分爲九部①:

1. 東冬鍾(江或轉入);
2. 支脂之微齊灰(佳皆咍轉聲通);
3. 魚虞模;
4. 真諄臻殷痕庚耕清青蒸登侵(文元魂轉聲通);
5. 先仙鹽添嚴凡(寒桓刪山覃談咸銜轉聲通);
6. 蕭宵肴豪;
7. 歌戈(麻轉聲通);
8. 江陽唐(庚耕清或轉入);
9. 尤侯幽。

鄭庠著有《古音辨》,書已亡佚。他的古韻分部見於熊朋來《熊先生經説》②。鄭庠分古韻爲六部,如下:

---

① 上去入聲的分韻與平聲稍有出入,不細述。
② 《通志堂經解》第 318 册,《熊先生經説》卷二《易詩書古韻》。

1. 支脂部　包括支脂之微齊佳皆灰哈九韻;

2. 魚模部　包括魚虞模歌戈麻六韻;

3. 尤侯部　包括蕭宵肴豪尤侯幽七韻;

4. 先仙部　包括真諄臻文欣元魂痕寒桓删山先仙十四韻;

5. 陽唐部　包括東冬鍾江陽唐庚耕清青蒸登十二韻;

6. 侵部　包括侵覃談鹽添嚴咸銜凡九韻①。

吳棫、鄭庠的缺點是簡單地合併唐韻,故分韻雖寬,仍不免出韻。例如"尤、郵、丘、牛"等字都應歸入之部,與侯幽不同韻。

明代陳第著《毛詩古音考》,不受唐韻的束縛,打破唐韻的界限,反對叶音之說,才真正成爲清代古音學的前奏。陳第的大意是說,古音本來就不同於今音,凡今人所謂叶韻②,其實都是古人的本音,並非臨時改讀,輾轉牽就,他說③:

蓋時有古今,地有南北,字有更革,音有轉移,亦勢所必至。故以今之音讀古之作,不免乖剌而不入,于是悉委之叶。夫其果出於叶也,作之非一人,采之非一國,何"母"必讀"米",非韻"杞"、韻"止"則韻"祉"、韻"喜"矣;"馬"必讀"姥",非韻"組"、韻"黼"則韻"旅"、韻"土"矣;"京"必讀"疆",非韻"堂"、韻"將"則韻"常"、韻"王"矣;"福"必讀"偪",非韻"食"、韻"翼"則韻"德"、韻"億"矣。厥類實繁,難以殫舉。其矩律之嚴,即唐韻不啻,此其故何耶?又《左》《國》《易·象》《離騷》《楚辭》、秦碑、漢賦,以至上古歌謠箴銘贊誦,往往韻與《詩》合,實古音之證

---

① 我在《漢語音韻學》中說鄭庠的古音學說見於夏炘的《詩古韻表廿二部集說》。其韻目完全是平水韻的韻目,故後人或疑其非鄭庠所作。那是錯誤的。

② 叶韻即協韻,是臨時改讀、以求押韻的意思。

③ 陳第《毛詩古音考·自序》。

也。……若讀"垤"爲"姪"，以與"日"韻，堯誠也①；讀"明"爲"芒"，以與"良"韻，皋陶歌也②。是皆前於《詩》者，夫又何放（仿）？且讀"皮"爲"婆"，宋役人謳也③；讀"邱"爲"欺"，齊嬰兒語也④；讀"户"爲"甫"，楚民間謠也⑤；讀"裘"爲"基"，魯朱儒譴也⑥；讀"作"爲"詛"，蜀百姓辭也⑦；讀"口"爲"苦"，漢白渠誦也⑧。又"家"，"姑"讀也，秦夫人之占⑨；"懷"，"回"讀也，魯聲伯之夢⑩；"旅"，"斤"讀也，晉滅虢之徵⑪；"瓜"，"孤"讀也，衛良夫之譟⑫。彼其閭巷讚毁之間，夢寐卜筮之頃，何暇屑屑模擬，若後世吟詩者之限韻耶？

"時有古今，地有南北，字有更革，音有轉移"。這是千古名言，充

---

① 《淮南子·人間訓》："堯戒曰：'戰戰慄慄，日慎一日，人莫躓於山，而躓於垤。'"
② 《尚書·益稷》："乃賡載歌曰：'元首明哉！股肱良哉！庶事康哉！'"
③ 《左傳·宣公二年》："城者謳曰：'睅其目，皤其腹，棄甲而復。于思！于思！棄甲復來！'使其驂乘謂之曰：'牛則有皮，犀兕尚多，棄甲則那！'役人曰：'從其有皮，丹漆若何？'"
④ 《戰國策·齊策六》："齊嬰兒謠：'大冠若箕，修劍拄頤，攻狄不能下壘枯丘。'"
⑤ 《史記·項羽本紀》："故楚南公曰：'楚雖三户，亡秦必楚也。'"顧炎武《音論》引陳序，此二句作"讀'兄'爲'荒'，晉與人謠也"。謠出《史記·晉世家》："恭太子更葬矣，後十四年，晉亦不昌，昌乃在其兄。"
⑥ 《左傳·襄公四年》："國人誦之曰：'臧之狐裘，敗我於狐駘。我君小子，朱儒是使。朱儒！朱儒！使我敗於邾！'"
⑦ 《後漢書·廉范傳》："乃歌之曰：'廉叔度來何暮！不焚火民安作？平生無襦今五絝。'"
⑧ 《漢書·溝洫志》白渠歌曰："且溉且糞，長我禾黍，衣食京師，億萬之口。"
⑨ 《左傳·僖公十五年》："史蘇占之曰：不吉，其繇曰：……姪其從姑，六年其逋，逃歸其國，而棄其家。明年其死於高梁之虚。"
⑩ 《左傳·成公十七年》："初，聲伯夢涉洹，或與己瓊瑰食之，泣而爲瓊瑰盈其懷。從而歌之曰：'濟洹之水贈我以瓊瑰。歸乎！歸乎！瓊瑰盈吾懷乎！'"
⑪ 《左傳·僖公五年》："童謠云：'丙之晨，龍尾伏辰。均服振振，取虢之旂。鶉之賁賁，天策焞焞。火中成軍，虢公其奔。'"
⑫ 《左傳·哀公十七年》："衛侯夢於北宫見人登昆吾之觀，被髮北面而譟曰：'登此昆吾之虚，緜緜生之瓜。余爲渾良夫，叫天無辜。'"

分體現了陳第的歷史觀點。雖然在具體問題上,他還不免有一些錯誤。如説"母"必讀"米"、"口"讀爲"苦"。但是他的篳路藍縷之功不可没。

《四庫全書提要》評陳第《毛詩古音考》説:

> 言古韻者自吴棫;然《韻補》一書龐雜割裂,謬種流傳,古韻乃以益亂。國朝顧炎武作《詩本音》,江永作《古韻標準》,以經證經,始廓清妄論;而開除先路,則此書實爲首功。……所列四百四十四字,言必有徵,典必探本,視他家執今韻部分,妄以通轉古音者,相去蓋萬萬矣!

這個評論是中肯的,決非溢譽。

但是,執唐韻的韻部以談通轉固然不對,但不拿唐韻比較古韻,以求其系統演變的規律,也是不對的。要知道,唐韻也是從古韻而來,對古韻有分有合,説明其分合的規律,正是古音學家的任務。陳第不拿唐韻比較古韻,零敲碎打以談古音,缺乏系統分析,與其説是他的優點,不如説是他的缺點。因此,清代古音學家都是拿唐韻與古韻比較,而建立古韻的韻部的。

第二章　顧炎武的古音學

顧炎武(1613—1682)，字寧人，號亭林，昆山人，明末清初的經學大師。他著有《音學五書》：(一)《音論》；(二)《詩本音》；(三)《易音》；(四)《唐韻正》；(五)《古音表》。

(一)《音論》

《音論》有下列十五項：

1. 古曰音，今曰韻；

2. 韻書之始；

3. 唐宋韻譜異同；

4. 古人韻緩不煩改字；

5. 古詩無叶音；

6. 四聲之始；

7. 古人四聲一貫；

8. 入爲閏聲；

9. 近代入聲之誤；

10. 六書轉注之解；

11. 先儒兩聲各義之説不盡然；

12. 反切之始；

13. 南北朝反語；

14. 反切之名；

15. 讀若。

其中最重要的論點有五項：(1)古人韻緩不煩改字；(2)古詩無叶音；(3)古人四聲一貫；(4)入爲閏聲；(5)近代入聲之誤。分別討論如下：

(1)古人韻緩不煩改字

"韻緩"是韻寬的意思，"改字"是改讀某音的意思。顧氏的意思是說，韻母相近的字就可以押韻，不必改讀爲韻母相同。他說：

> 陸德明於《燕燕》詩以"南"韻"心"，有讀"南"作泥心切者，陸以爲古人韻緩不煩改字。此誠名言。今之讀古書者，但當隨其聲而讀之，若"家"之爲"姑"，"慶"之爲"羌"，"馬"之爲"姥"，聲韻全別，不容不改。苟其聲相近可讀，則何必改字？如"燔"字必欲作符沿反，"官"字必欲作俱員反，"天"字必欲作鐵因反之類，則贅矣。

這個議論是不正確的。韻母相近(元音相近)只能算是合韻。合韻不是正常的情況。必須元音相同，才能和諧。《詩·小雅·瓠葉》"燔"字韻"獻"，"燔、獻"都是元部字，元音相同(只是韻頭不同)，自不必改讀符沿反。"官"是元部字，"員"是文部字，"官"字改讀俱員反更是不對。但"南"字讀泥心切，"天"字讀鐵因切，則是對的，若依唐韻，"南"讀入覃韻(nɑm)、"天"讀入先韻($t'ien$)，那就錯了。

(2)古詩無叶韻

顧氏引宋徐蕆《韻補序》云：

> 音韻之正，本諸字之諧聲，有不可易者。如"霾"爲亡皆切，而當爲陵之切者，因其以"貍"得聲。"浼"爲每罪切，而當爲美辨

切,因其以"免"得聲。"有"爲云九切,而"賄痏洧鮪"皆以"有"得聲,則當爲羽軌切矣。"皮"爲蒲糜切(力按:當云蒲糜切),而"波坡頗跛"皆以皮得聲,則當爲蒲禾切矣。又如"服"之爲房六切,其見於《詩》者凡十有七,皆當爲蒲北切,而無與房六叶者。"友"之爲云九切,其見於《詩》者凡十,皆當爲羽軌切,而無與云九叶者。以是類推之,雖無以他書爲證可也。

這和段玉裁"同聲必同部"之説合。顧氏又引元戴侗《六書故》云:

經傳"行"皆户郎切,未嘗有叶生韻者;"慶"皆去羊切,未嘗有叶敬韻者。如"野"之上與切,"下"之後五切,皆古正音,非叶韻也。

關於古詩無叶音,顧氏引陳第的話特別多。鐵證如山,實在是不刊之論。

(3)古人四聲一貫

顧氏説:

四聲之論雖起於江左,然古人之詩已自有遲疾輕重之分。故平多韻平,仄多韻仄。亦有不盡然者,而上或轉爲平,去或轉爲平上,入或轉爲平上去,則在歌者之抑揚高下而已。故四聲可以並用。"騏駵是中,騧驪是驂。龍盾之合,鋈以觼軜。言念君子,温其在邑。方何爲期,胡然我念之?""合軜邑念"四字皆平而韻"驂"。"一之日觱發,二之日栗烈。無衣無褐,何以卒歲?""發烈褐"三字皆去而韻"歲"。今之學者必曰此字元有三音、有兩音,故可通用。不知古人何嘗屑屑於此哉?一字之中自有平上去入,今一一取而注之,字愈多,音愈雜,而學者愈迷,不識其本,此所謂大道以多岐亡羊者也。

如果説"四聲一貫"指的是四聲通押,那是對的。元曲及現代詩歌,都是四聲通押的(陰平、陽平、上聲、去聲通押),《詩經》爲什麽不可以四聲通押？但是我們要知道,古人實有四聲。只是上古的四聲和唐韻的四聲不同。上古有的是平聲、上聲、長入、短入,而没有去聲。平、上、入分用是常規,通押是變例。我們不能以偏概全,以變害常。顧氏所舉的例子也是不合適的。《詩·秦風·小戎》"中驂"協侵部(顧氏誤以"中"爲非韻),"合軜邑"協緝部,"期之"協之部,"念"字非韻。《詩·豳風·七月》,"發烈褐"屬短入,"歲"屬長入(古無去聲),同協月部。並非歌者臨時抑揚高下。而是聲有固定,不可改讀。如果説是歌者臨時抑揚高下,字無定調,那就是重蹈叶音説的覆轍。

(4) 入爲閏聲

顧氏説:

> 平聲音長,入聲音短;平聲字多,入聲字少。長者多,短者少,此天地自然之理也。故入聲之部,合之三聲,但有其四(見《古音表》),而五方之音或有或無,尚不能齊。必欲以配三聲,或以其無是聲也而削之(元周德清《中原音韻》併作三聲)則均之不達矣。

"入爲閏聲"之説,最無道理。入聲只有四部,是因爲陽聲韻無入聲。五方之音或有或無,其無者是由於歷史演變,失去入聲。不能因此就説入爲閏聲。事實上,顧氏是以入聲配陰聲韻的三聲。

顧氏又説:

> 《詩》三百篇中亦往往用入聲之字。其入與入爲韻者什之七,入與平上去爲韻者什之三。以其什之七,而知古人未嘗無入聲也;以其什之三,而知入聲可轉爲三聲也。故入聲,聲之閏也,猶五音之有變宫、變徵,而爲七也。

實際上,在《詩經》中,入與入爲韻者,在什之九以上。短入與長入爲韻者,如《采薇》"翼服棘"韻"戒",《我行其野》"特"韻"蓄富異",《行葦》"翼福"韻"背",《桑柔》"極克力"韻"背",《常武》"國"韻"戒",《瞻卬》"忒極慝識織"韻"背倍事",《楚茨》"踖碩炙莫客錯度獲格酢"韻"庶",《東山》"垤室室"韻"至",《蓼莪》"恤"韻"至",《桑柔》"恤熱"韻"毖",《匏有苦葉》"揭"韻"厲",《泉水》"蕁"韻"邁衛害",《七月》"發烈褐"韻"歲",《節南山》"闋"韻"惠戾屆",《正月》"結滅威"韻"厲",《雨無正》"滅"韻"戾勩","出"韻"瘁",《蓼莪》"烈發"韻"害",《四月》"烈發"韻"害",《鴛鴦》"秣"韻"艾",《車舝》"舝渴括"韻"逝",《縣》"拔"韻"兌駾喙",《皇矣》"拔"韻"兌對季季","仡忽拂"韻"茀肆",《生民》"月達"韻"害","較烈"韻"歲",《蕩》"揭撥"韻"害世",《抑》"疾"韻"戾","舌"韻"逝",《蒸民》"舌發"韻"外",諸如此類,同屬入聲,當看作以入韻入①。至於以變宮、變徵比入聲更是擬不於倫。

(5)近代入聲之誤

顧氏説:

　　韻書之序,平聲一東、二冬,入聲一屋、二沃,若將以屋承東、以沃承冬者,久仍其誤而莫察也。"屋"之平聲爲"烏",故《小戎》以韻"驅馵",不協於東董送可知也;"沃"之平聲爲"夭",故《揚之水》以韻"鑿襮樂",不協於冬腫宋可知也。"術"轉去而音"遂",故《月令》有"審端徑術"之文;"曷"轉去而音"害",故《孟子》有"時日害喪"之引。"質"爲"傳質爲臣"之"質","覺"爲"尚寐無覺"之"覺"。"没"音"妹"也,見於子産之書;"燭"音"主"也,著於孝武之紀。此皆載之經傳,章章著明者。至其韻中之字,隨部而誤者十之八,以古人兩部混併爲一而誤者十之二,是以審音之

---

① 段玉裁也把這些字一律看作入聲。

士談及入聲，便茫然不解，而以意爲之，遂不勝其舛互矣。

這一議論基本上是正確的。上古入聲配陰聲不配陽聲（侵覃以下九韻除外），由諧聲偏旁與平入通押都可證明。顧氏此説，成爲定論。但也不能絕對化，例如怛從旦聲、賸從朕聲，都是入聲和陽聲相配的。我認爲，江永異平同入之説較爲公允。參看下章。

（二）《詩本音》

關於《詩經》的本音，顧炎武總的原則是正確的。只是在具體問題的處理上，還不免有些錯誤。舉例如下：

（1）降，古音户工反。

　　當云胡冬反①。"降"是冬部字，"工"字是東部字，不合。

（2）笱，古音矩。

　　當讀如字。"笱"是侯部字，"矩"是魚部字，不合。

（3）後，古音户。

　　當讀如字。"後"是侯部字，"户"是魚部字，不合。

（4）鞫，轉音居求反；覆，轉音方浮反；育，轉音余求反；毒，轉音徒留反。

　　按："鞫覆育毒"皆當讀如字，協入聲韻②。

（5）久，古音几。

　　當云音己。"久"是之部字，"几"是脂部字，不合。

（6）犇，轉音害。

　　"犇"當讀如字。

（7）鮮，古音犀。

---

① 依江有誥的反切，下仿此。江有誥的反切也不完全正確，下文將再論及。

② 段玉裁也認爲是入聲韻。

“鮮”字不當音犀。江有誥云叶音璽，亦未妥。當依段玉裁定爲合韻。

（8）歗，轉音蕭；淑，轉音殊聊反。

按：“脩歗淑”當認爲平、去、入通押，不必轉音。

（9）藪，古音色主反。

按：“藪”字非韻。

（10）夜，音豫。莫，十五暮。此章以上去通爲一韻。

按：《東方未明》“圃瞿”協上聲韻（魚部）；“夜莫”協入聲韻（鐸部）。顧氏誤。

（11）婁，古音閭。

“婁”當讀如字。“婁”屬侯部，“閭”屬魚部，不合。

（12）逅，古音胡故反。

“逅”當讀如字。“逅”屬侯部，“故”屬魚部，不合。

（13）續，徐邈音辭屢反，今當轉爲平聲。轂，轉音姑。玉，轉音魚。屋，轉音烏。曲，轉音祛。

按：《小戎》一章“收軜驅”爲韻（幽侯合韻），“續轂觼玉屋曲”爲韻（屋部）。“續轂玉屋曲”不宜改讀平聲。“觼”是去聲字，古讀入聲。當依江有誥音燭。

（14）合，轉音含。軜，轉音南。邑，轉音烏含反。念，轉音奴占反。

按：《小戎》二章“皁手”爲韻（幽部）；“中驂”爲韻（侵部）；“合軜邑”爲韻（緝部）。“合軜邑”當讀如字，不當轉音。“念”字不入韻（“期之”爲韻）。“念”字古音也不當是奴占反，“占”是談部字。

（15）氏，四紙，與“之”協。

按：“氏”是支部字，“之”是之部字。“氏之”不入韻。

（16）蠋，轉音主。

按：“蠋宿”爲韻（屋覺合韻）。“蠋”當讀如字，不當轉音。

（17）豆，古音田故反。

　　按：當讀如字。"豆"屬侯部，"故"屬魚部，不合。

（18）厚，古音户。

　　按："厚"字非韻。"厚"屬侯部，"户"屬魚部，不合。

（19）疚，古音几。

　　當云音己。"疚"，之部字；"几"，脂部字，不合。

（20）近，古音記。

　　按："近"字非韻，江有誥云："顧氏謂古音記，非。"

（21）又，古音肆。

　　按："又"屬之部，"肆"屬質部，大不合。當依江有誥音異，庶幾近似。

（22）考，古音矩。

　　"考"，侯部字；"矩"，魚部字，不合。

（23）侯，音胡。

　　"侯"屬侯部，"胡"屬魚部，不合。

（24）富，古音方二反。

　　"富"屬職部，"二"屬脂部，大不合。

（25）餱，古音胡。

　　"餱"屬侯部，"胡"屬魚部，不合。

（26）後，音户。口，古音苦。

　　"後口"屬侯部，"户苦"屬魚部，不合。

（27）懷，十四皆，與二"載"協。

　　按："懷載"非韻。"懷"，微部字；"載"，之部字，不能押韻。

（28）氏，四紙。

　　按：《十月之交》"士宰史"爲韻（之部），"氏"字非韻。"氏"是支部字，不能與之部協。

（29）奏，古音則故反。

　　"奏"屬屋部，"故"屬魚部，大不合。

（30）的，古音都略反。

　　"的"屬沃部，"略"屬鐸部，不合。

（31）禡，古音暮。

　　"禡"屬魚部，"暮"屬鐸部，不合。

（32）宧，古音肆。

　　"宧"屬之部，"肆"屬質部，大不合。

（33）鍭，古音胡。

　　"鍭"屬侯部，"胡"屬魚部，不合。

（34）漏，古音路。觀，古音故。

　　"漏觀"屬侯部，"路"屬鐸部，"故"屬魚部，不合。

（35）削，轉音肖；爵，轉音釃；濁，轉音直孝反；淑，轉音殊料反；溺，轉音奴弔反。

　　按："削爵濁淑溺"協古韻沃部，不煩轉音。

（36）迪，轉音徒弔反；復，轉音扶究反；毒，轉音徒到反。

　　按："迪復毒"協古韻覺部，不煩轉音。

（37）垢，古音古。

　　"垢"，侯部字，"古"，魚部字，不合。

（38）寇，古音苦。

　　"寇"，侯部字，"苦"，魚部字，不合。

（39）耦，古音魚矩反。

　　"耦"，侯部字，"矩"，魚部字，不合。

（40）后，古音戶。

　　"后"，侯部字，"戶"，魚部字，不合。

（41）活，轉音話。

按：“活”字非韻。

顧氏之所以有這些錯誤，主要是由於他分韻未密。魚侯不分，故“婁”音閭，“逅”音胡故反，“耇”音矩，“侯餱鍭”音胡，“後厚后”音户，“奏”音則故反，“豆”音田故反，“漏”音路，“覯”音故，“垢”音古，“口寇”音苦，“耦”音魚矩反。之脂微不分，故“久疚”音几，“又囿”音肄，“富”音方二反，“氏”與“之”協，“懷”與“載”協。東冬不分，故“降”音户工反。侵談不分，故“念”音奴占反。入聲不獨立，故“鞠”轉音居求反，“覆”轉音方浮反，“育”轉音余求反，“毒”轉音徒留反，又轉音徒到反，“辇”轉音害，“歜”轉音蕭，“淑”轉音殊聊反，“續”轉音辭屢反，又轉爲平聲，“穀”轉音姑，“玉”轉音魚，“屋”轉音烏，“曲”轉音袪，“合”轉音含，“軜”轉音南，“邑”轉音烏含反，“蠋”轉音主，“囿”轉音肄，“削”轉音肖，“爵”轉音釂，“濁”轉音直孝反，“淑”轉音殊料反，“溺”轉音奴弔反，“迪”轉音徒弔反，“復”轉音扶究反。等到下面我們讀到他的《古音表》時，回過頭來看這些錯誤，就明白其所以然了。

（三）《易音》

《易音》在具體問題的處理上，和《詩本音》是一致的。因此，其錯誤也是一樣的。例如：

(1)寇，古音苦故反，見《詩·桑柔》。媾，古音故，見《詩·候人》。

(2)漏，古音魯故反，見《詩·抑》。

(3)菩，古音蒲五反；斗，古音滴主反，見《詩·行葦》。

(4)久，古音几，見《詩·旄丘》。

(5)掇，轉音都芮反。

(6)富，古音方二反，見《詩·我行其野》。

(7)晢，轉音制。

(8)臼,古音其以反。

按:臼字當依段玉裁入幽部。

(四)《唐韻正》

《唐韻正》是指出古韻某部的字在唐韻裏誤入某韻。這一本書很重要,可以由此看出先秦古音到唐代的嬗變情況是複雜的。現在歸納叙述如下。

上　平　聲

一　東

(1)古當入蒸部者　弓雄熊瞢鄩夢馮

(2)古當入侵部者　汎芃梵風楓①

二　冬　三　鍾②　四　江

古當入東部者　江扛釭玒舡杠厖龙駹淙窻垱摐鏦邦矼瀧雙慅龐逢腔羫崆控桱悾幢撞橦薹椿峣篗　栙降泽䔖淙鬇③

五　支

(1)古當入支部者　支枝卮萎觿衹伎疷提兒呪疵訾卑斯虒雌知箆紪④　危衰⑤

(2)古當入歌部者　籹眵移迻廖褧枒地匜詑蛇爲麾撝倭糜縻縻墮隳髻垂蠃吹披陂罷隨虧奇錡犧義巇崎碕踦宜轙鸃儀皮疲罷姕離籬蘺

---

① 古當入冬部者:中宫蟲螽忡冲窮躬戎融終潀崇。

② 古當入冬部者:濃襛。

③ "栙"以下古當入冬部。

④ "紪"當入脂部。

⑤ "衰危"當入微部。

縭蠡䯑瞿羈畸施䚉鉈差嵯縒鹺彪螭漪猗㥏馳池惢䇠蠡　規窺①

六　　脂②

（1）古當入幽部者　馗芤頄

（2）古當入眞部者　寅

七　之③　　　　　八　微④

古當入眞部者⑤　揮煇暉㺜翬旟圻蚚沂

九　魚　　　十　虞⑥

古當入幽部者　孚莩罦郛枹殍捄⑦

十一　模　　　十二　齊⑧

古當入先部者　西⑨

十三　佳⑩　　　十四　皆⑪　　　十五　灰⑫

十六　咍⑬　　　十七　眞　　　十八　諄⑭

十九　臻⑮　　　二十　文⑯　　　二十一　殷⑰

---

① “規窺”當入支部。

② 顧氏云：“脂古與五支之半通爲一韻。”誤。

③ 顧氏云：“古與五支之半及六脂通爲一韻。”誤。

④ 顧氏云：“古與五支之半及六脂七之通爲一韻。”誤。

⑤ 其實是文部。

⑥ 顧氏云：“古與九魚通爲一韻。”不對。十虞應分半入侯部。

⑦ 古當入侯部者：區驅樞嶇拘駒禺愚隅芻趨需須儒濡襦鬚俞渝愉灸朱株誅殊姝珠侏。

⑧ 顧氏云：“古與五支之半及六脂七之八微通爲一韻。”不對。

⑨ 段玉裁以“先”字入文部。

⑩ 顧氏云：“古與五支之半及六脂七之八微十二齊通爲一韻。”誤。

⑪ 顧氏云：“古與五支之半及六脂七之八微十二齊十三佳通爲一韻。”誤。

⑫ 顧氏云：“古與五支之半及六脂七之八微十二齊十三佳十四皆通爲一韻。”誤。

⑬ 顧氏云：“古與五支之半及六脂七之八微十二齊十三佳十四皆十五灰通爲一韻。”誤。

⑭ 顧氏云：“古與十七眞通爲一韻。”誤。諄韻古當入文部。

⑮ 顧氏云：“古與十七眞十八諄通爲一韻。”誤。

⑯ 顧氏云：“古與十七眞十八諄十九臻通爲一韻。”誤。眞臻古屬眞部，諄文殷古屬文部。

⑰ 顧氏云：“古與十七眞十八諄十九臻二十文通爲一韻。”誤。

二十二元① 　　　二十三魂② 　　　二十四痕③

二十五寒④ 　　　二十六桓⑤ 　　　二十七删⑥

二十八山⑦

下　平　聲

一　　先⑧

古當入支部者　蠲

二　　仙⑨

古音在齊韻（支部）者　鮮⑩

三　蕭　　四　宵⑪　　五　肴⑫

古當入魚部者　呶

---

① 顧氏云："古與十七真十八諄十九臻二十文二十一殷通爲一韻。"誤。

② 顧氏云："古與十七真十八諄十九臻二十文二十一殷二十二元通爲一韻。"誤。

③ 顧氏云："古與十七真十八諄十九臻二十文二十一殷二十二元二十三魂通爲一韻。"誤。

④ 顧氏云："古與十七真十八諄十九臻二十文二十一殷二十二元二十三魂二十四痕通爲一韻。"誤。

⑤ 顧氏云："古與十七真十八諄十九臻二十文二十一殷二十二元二十三魂二十四痕二十五寒通爲一韻。"誤。

⑥ 顧氏云："古與十七真十八諄十九臻二十文二十一殷二十二元二十三魂二十四痕二十五寒二十六桓通爲一韻。"誤。

⑦ 顧氏云："古與十七真十八諄十九臻二十文二十一殷二十二元二十三魂二十四痕二十五寒二十六桓二十七删通爲一韻。"誤。

⑧ 顧氏云："古與十七真十八諄十九臻二十文二十一殷二十二元二十三魂二十四痕二十五寒二十六桓二十七删二十八山通爲一韻。"誤。

⑨ 顧氏云："古與十七真十八諄十九臻二十文二十一殷二十二元二十三魂二十四痕二十五寒二十六桓二十七删二十八山一先通爲一韻。"誤。真臻先當屬古韻真部，諄文殷魂痕當屬古韻文部，元寒桓删山仙當屬古韻元部。

⑩ 參看本書11頁(7)"鮮"字條按語。"鮮"字仍屬元部。

⑪ 顧氏云："古與三蕭通爲一韻。"不對。蕭韻有一部分字古屬幽部。

⑫ 顧氏云："古與三蕭四宵通爲一韻。"不對。肴韻有一部分字當入古韻幽部。

　　　　　六　豪①　　　　七　歌

古當入元部者　罷

　　　　　　　　八　戈

（1）古當入支部者②　蓑

（2）古當入元部者　皤鄱番

　　　　　　　　九　麻

（1）古當入歌部者　麻嗟瘥騧嘉加珈差鯊沙髿

（2）古當入魚部者　蟆車奢賒畬邪琊斜遮諸祖罝華鍅鏵瓜姱夸拏笯家葭猳遐霞瑕鰕騢鴉巴豝牙芽衙吾鸕荼郘梌塗樗秅闍余宋杷琶查苴

　　　十　陽　　　十一　唐　　　十二　庚

（1）古當入陽部者　庚更秔羹阬坑蓋茵橫蝗瑝喤鍠韹閍祊驚鷫魟侊彭榜篣搒莠亨瞠樘鎗鐋槍霙鍈英瑛磅烹京廬慶明盟鵬根㨠兵兄卿鯨迎行脝絎衡蘅珩

（2）古當入耕部者　平苹驚鳴榮瑩生笙牲甥

　　　　　　　　十三　耕

古當入陽部者　萌氓甿

　　　　　　　　十四　清

古當入陽部者　錫

　　　　　　　　十五　青

古當入真部者　苓零令③　獜鄰

　　　　　　　　十六　蒸

古當入真部者　矜

──────────

①　顧氏云：“古與三蕭四宵五肴通爲一韻。”不對。豪韻有一部分字當入古韻幽部。

②　其實當入古韻微部。

③　孔廣森認爲“苓零令”當屬古韻耕部。孔氏是。

十七　登

古當入支部者①　能

十八　尤

(1)古當入支部者②　尤訧肬郵牛丘紑龜不裘仇俅罘謀

(2)古當入幽部者　憂優麀穮摎留流聊膠瀏憀惆秋荍萩楸湫鰌猶悠油攸由洶游繇揄③啾酋蕕脩修抽瘳妯周州洲舟輖饎醻䰂柔收鳩疛杻丩搜鄋愁休髹囚懤儔幬裯綢稠疇鯈檮調求述緕浮罦烰眸矛堥鍪髳(髦)鄒鄹菆鄹驟耶

十九　侯④

古當入魚部者⑤　侯喉鍭猴餱謳漚歐區飀鷗褕藍甌䶃獳樓婁蔞郖膢嶁陬俟鷜貗瞜褸擻慺簍鱟謱彄摳瞘掫緅椔偷媮頭揄㼌繪投歆牏窬䫏齵鉤溝句黿軥鳺簺兜鍪哀㧜

二十　幽⑥

古當入宵部者⑦　幽彪瀌烋繆

二十一侵	二十二覃	二十三談
二十四鹽	二十五添	二十六咸
二十七銜	二十八嚴	二十九凡⑧

---

① 其實當屬古韻之部。

② 其實當屬古韻之部。

③ "揄"字當屬古韻侯部。

④ 顧氏云："古與九魚十虞十一模通爲一韻。"非。當云"古與十虞之半通爲一韻",即侯部。

⑤ 其實屬古韻侯部。

⑥ 顧氏云："古與三蕭四宵五肴六豪及憂流以下等字通爲一韻。"非。當云"古與三蕭四宵五肴六豪的一部分及'憂流'以下等字通爲一韻",即幽部。

⑦ 其實屬古韻幽部。

⑧ 顧氏云："古與二十一侵二十二覃二十三談二十四鹽二十五添二十六咸二十七銜二十八嚴通爲一韻。"誤。當依江有誥,以侵覃及咸凡之半通爲一韻,即侵部;以談鹽添嚴銜及咸凡之半爲一韻,即談部。

上　　聲

一　董　　二　腫　　三　講①

(1)古當入東部者　港蚌玤䳝項㛈

(2)古當入侯部者　講棓㖣

四　紙

(1)古當入支部者　紙只砥是氏毁燬跪庪垝𩏂累技此玼泚褫徙俾爾邇弭瀰庳豕紫訿庀跬頍②

(2)古當入歌部者　靡𪊨彼委髓倚旖掎踦蟻蛾檥蘼蘂陊阤杝灑纚侈鉹誃垑哆㢁捶揣紴旎

五　旨③

(1)古當入幽部者　軌宄晷簋朹匭氿

(2)古當入歌部者　鮨

六　止④　　七　尾⑤　　八　語

九　麌⑥　　十　姥　　十一　薺

古當屬元部者⑦　洗洒

十二　蟹　　十三　駭　　十四　賄

古當屬元部者　浼

十五　海⑧　　十六　軫

① 顧氏云:"古與一董二腫通爲一韻。"誤。當分爲古韻東冬二部。

② 這些字當分爲三類:(1)紙只是氏庪𩏂技褫徙俾弭庳豕跬頍古屬支部;(2)砥此玼泚爾邇瀰紫訿庀古屬脂部;(3)毁燬跪垝累古屬微部。

③ 顧氏云:"古與四紙之半通爲一韻。"非。

④ 顧氏云:"古與四紙之半及五旨通爲一韻。"非。

⑤ 顧氏云:"古與四紙之半及五旨六止通爲一韻。"非。

⑥ 顧氏云:"古與八語通爲一韻。"非。虞韻有一部字古屬侯部。

⑦ 其實當屬古韻文部。

⑧ 顧氏云:"古與四紙之半及五旨六止七尾十一薺十二蟹十三駭十四賄通爲一韻。"非。

古當入支部者　牝犖敏①

十 七 準

古當入支部者②　準雒隼

十 八 吻　　　　十 九 隱

古當入支部者③　圅

二 十 阮　　　　二十一混　　　　二十二很

二十三旱　　　　二十四緩　　　　二十五潸

二十六產　　　　二十七銑　　　　二十八獮④

古當入支部者　獮瘿⑤

二十九篠　　　　三 十 小　　　　三十一巧

三十二晧⑥　　　三十三哿　　　　三十四果

古當入支部者⑦　妥火

三十五馬

（1）古當入魚部者　馬者堵赭野壄冶雅碬假賈罜啞下夏寫且社捨舍姐把寡緊

（2）古當入歌部者　也踝瓦

三十六養　　　　三十七蕩

古當入魚部者　莽

---

① "牝"字當屬古韻脂部，"犖敏"當屬古韻之部。

② 其實是微部。

③ 其實是之部。

④ 顧氏云："古與十六軫十七準十八吻十九隱二十阮二十一混二十二很二十三旱二十四緩二十五潸二十六產二十七銑通爲一韻。"非。

⑤ 段玉裁以"獮"入脂部，以"瘿"入元部。段氏是。

⑥ 顧氏云："古與二十九篠三十小三十一巧通爲一韻。"非。

⑦ 其實當入微部。

三十八梗

（1）古當入陽部者　梗綆鯁恆炳邴秉景境影永皿憬霽猛礦穬獷瑒

（2）古當入耕部者　眚打

　　三十九耿　　　四十靜　　　四十一迥

　　四十二极挴　　　四十三等

古當入支部者①　等

四十四有

（1）古當入支部者②　有右友久玖婦負否不臼③秠

（2）古當入幽部者　柳罶莠輶狃杻猱丑肘朽九韭首手守醜愀糗阜缶鞣舅咎紂酉槱誘牖荮受壽糗帚酒

四十五厚④

（1）古當入魚部者⑤　厚後后部瓿蔀斗枓姏璳苟㕛狗笱垢詬枸耇藕瞞耦髃偶瞉㳀籔藪剖歐嘔毆塿甊嶁㔞走口㕙鮂取趣

（2）古當入支部者⑥　母拇畝晦

（3）古當入幽部者　牡叟㜏

四十六黝

古當入幽部者　糾

四十七寑

古當入蒸部者　朕

　　四十八感　　　四十九敢　　　五　十琰

　　五十一忝　　　五十二儼　　　五十三豏

---

① 其實當入之部。

② 其實當入之部。

③ “臼”字當依段玉裁入幽部。

④ 顧氏云：“古與八語九麌十姥通爲一韻。”非。

⑤ 其實當入侯部。

⑥ 其實當入之部。

五十四檻　　　　五十五范①

去　聲

一　送　　　二　宋　　　三　用
四　絳②
古當讀東部平聲者　絳降虹轉憧朣胖
古當讀東部去聲者　巷衖閧戆
　　　　　　　五　眞
（1）古當入支部者　眞忮觶避罥積賜刺易惿智企縊啻恚瑞③
（2）古當入歌部者　陂詖跛被寄議義戲僞種
（3）古當入眞部者④　貢
　　　　　　　六　至
古當入歌部者　地
　七　志　　　八　未⑤　　　九　御
　十　遇⑥　　十一　暮　　　十二　霽
古當入歌部者　麗
　十三　祭　　十四　泰　　　十五　卦
　十六　怪　　十七　夬　　　十八　隊
　十九　代　　二十　廢⑦　　二十一　震

---

① 顧氏云："古與四十七寢四十八感四十九敢五十琰五十一忝五十二儼五十三豏五十四檻
　通爲一韻。"非。
② 顧氏云："古與一送二宋三用通爲一韻。"非。宋絳降等字當入冬部。
③ "避積賜刺易縊啻"古音當入錫部。
④ 其實當入文部。
⑤ 顧氏云："古與五眞之半及六至七志通爲一韻。"非。
⑥ 顧氏云："古與九御通爲一韻。"非。
⑦ 顧氏云："古與五眞之半及六至七志八未十二霽十三祭十四泰十五卦十六怪十七夬十八
　隊十九代通爲一韻。"誤。

二十二稕　　　　二十三問　　　　二十四焮

古當入至部者　近①

二十五願　　　　二十六恩　　　　二十七恨

二十八翰　　　　二十九換

古當入支部者②　寘

三　十　諫　　　　三十一襇　　　　三十二霰

三十三線③　　　　三十四嘯　　　　三十五笑

三十六效　　　　三十七号④　　　　三十八箇

古當入魚部者　箇

三十九過　　　　四　十　禡

(1)古當入魚部者　禡罵價嫁稼亞鏬墿迓訝䠧咤奼冠詐乍蜡謝榭髂暇芐藉夜蝑柘樝蔗嗃炙舍赦射霸挩呉艛崋樓跨胯嗄絮⑤

(2)古當入歌部者　駕䰉化

四十一漾　　　　四十二宕　　　　四十三映

(1)古當入陽部者　映詇鏡竟競倞慶病孟柄悷詠泳行偋榜

(2)古當入耕部者　敬檠甇偵

(3)古當入真部者　命⑥

四十四静　　　　四十五勁　　　　四十六徑

四十七證　　　　四十八嶝　　　　四十九宥

①　"近"當依段玉裁入文部。

②　其實當入月部。

③　顧氏云："古與二十一震二十二稕二十三問二十四焮二十五願二十六恩二十七恨二十八翰二十九換三十諫三十一襇三十二霰通爲一韻。"非。

④　顧氏云："古與三十四嘯三十五笑三十六效通爲一韻。"非。

⑤　"詐"以下等字大部分當入古韻鐸部。

⑥　"命"字當依孔廣森入耕部。

（1）古當入支部者① 宥祐又佑囿侑疢廄舊副富

（2）古當入幽部者② 救究宙疛癅狩獸臭岫袖綬篍畜廖霤翏宑秀
繡就粙復褒售晝呹噣驟

五 十 候

（1）古當入魚部者③ 候逅寇鷇仆豆竇脰逗窬鬭耨漱奏構姤雛轂
媾覯膜湊陋漏鏤瘻詢

（2）古當入幽部者 茂貿戊柍

五十一幼

古當入幽部者 幼謬

五十二沁	五十三勘	五十四闞
五十五豔	五十六㮇	五十七釅
五十八陷	五十九鑑	六　十　梵④

入　聲

一　屋

（1）古當入魚部者⑤ 屋獨讀犢瀆穀轂谷斛哭縠禿啄速嗽涑禄鹿
族蔟鏃僕扑卜木鶩臼

（2）古當入幽部者⑥ 熇爒暴瀑匑鵒複鍑復痩縮飀謖酋擣六陸毀
蓼僇勠逐軸妯舳柚蓫鞠匊麴熟孰淑璹俶育翟蹴螻肉祝矠叔倏菽儵僗
儵透畜悆竹築蹙蹴衄覆墺澳陸窫腴煜奧懊肅橚蟏宿鷫磟潚目繆穆福

---

① 其實當入古韻之部。
② 有一小部分當入古韻覺部。
③ 大部分當入古韻侯部，小部分當入古韻屋部，又一部分當入古韻職部。
④ 顧氏云："古與五十二沁五十三勘五十四闞五十五豔五十六㮇五十七釅五十八陷五十九
　鑑通爲一韻。"誤。
⑤ 其實當入古韻屋部。
⑥ 這些字一部分古屬覺部，另一部分古屬沃部，又一部分古屬職部。

幅蝠菖楅偪輻伏服鵩鞴箙畐絥鞁菔匐鬒蓄郁黬彧鱊黬棫牧坶囿

二　　沃

(1)古當入幽部者①　沃鋈毒纛篤督酷硞焅嚳鵠梏牿糕告部祰陪瑁椙娼歊襮

(2)古當入魚部者②　僕槈傉

三　　燭

古當入魚部者③　燭噣蠋玉獄頊㬥㬧曓局襡屬觸辱溽束欲鵒谷慾鋊浴躅録緑曲斸足贖幞促趗續粟亍旭勖

四　　覺

(1)古當入幽部者④　覺較榷樂瀺穛箾斆倬菿卓駁趵爆曝駮邈懇藐眊皃雹跑爮㼎礐鞄颮㱿塙嬥濯箹掉逴踔犖學嶨嚳滈

(2)古當入魚部者⑤　縠角桷觳嶽岳鷟浞鸑捉朔欶嗽數斲椓琢𡟲斀剥撲璞墣樸朴㪇㲉慤埆濁鐲渥握楃幄偓喔黷确踀婇齪

五　　質

古當入支部者⑥　質郅晊銍桎礩懫蛭日實秩悉膝一壹七漆匹鶺吉昵逸溢軼跮栗慄颲溧鷅窒庢挃齛疾嫉失室垔謐必畢蓽韠蹕觱邲比柲坒泌汩密弼乙筆暨　率帥聉

六　　術

古當入支部者⑦　術述誶潏卒啐邮恤珬鷸律膟黜怵出

---

① 其實當入覺部。

② 其實當入屋部。

③ 其實當入屋部。

④ 其實當入覺部和沃部。

⑤ 其實當入沃部和屋部。

⑥ 其實當入質部。"率帥聉"當入物部。

⑦ 其實當入物部。

七　櫛

古當入支部者①　　櫛瀄瑟

八　物

古當入支部者②　　物弗紱緋黻芾甶鬱尉熨蔚屈詘掘怫咈颰拂袚峞芾髴

九　迄

古當入支部者③　　迄仡汔吃乞

十　月

古當入支部者④　　月伐罰莋阫越鉞瑞蒙蹷劂撅鱖噦橜闕髮發謁歇羯揭竭碣怵

十一　没

古當入支部者⑤　　没汨勃悖浡誖字悷突忽兀哮咄碎窟額圣卒捽崒滑倅

十二　曷

古當入支部者⑥　　曷褐鶡餲喝怛闒獺鱖汏噶遏藹竭剌癩糲渴竭鶡磕達嗽蘗葛割輵駒匃栗縭

十三　末

古當入支部者⑦　　末昧眜秣鞢眛佅妹沬撥括檜劊闊活鬠奪攰挩痬豁濊藙襘柿倪脫捋掇役撮跋較簸坺茇脄

---

① 其實當入質部。
② 其實當入物部。
③ 其實當入物部。
④ 其實當入月部。
⑤ 其實當入物部。
⑥ 其實當入月部。
⑦ 其實當入月部。

十四黠

古當入支部者① 黠拔菝八扒㕯察䕓扴忦稭矿軋契猰殺鎩菝䀝隸

十五鎋

古當入支部者② 鎋鶷轄䶎刮咶鎩唽

十六屑

古當入支部者③ 屑楔偰切竊結潔鍥鴶節楶巀血泬闋湀缺玦駃決趹蚗鴂駃訣鈌㚗觖抉穴姪迭垤耋咥絰荎蛈頡𦡲涅截齧蔑蜆臬襭䠥蔑𥇍弽閉噎㝠咽絜挈䫣契撆瞥鐅嫳蹩撇緳戾捩盭唳 譎

十七薛

古當入支部者④ 薛褻紲𢅋䙝泄渫离齛列迾𦓡冽烈洌裂茢栵䅀哲喆傑桀偈熱晢晣折浙靳舌孽櫱滅𡸣愒驚龞憋瞥絶蕝雪悅蛻閱娧爇㨖蜹説拙蝃棁啜輟餟餟醊綴劣埒毳禾澈别轍撤澈嗶訐設威膬徹觼掣瘛抴

十八藥

(1)古當入幽部者⑤ 藥爚櫟躍敫瀹䚥蹻屩灼杓勺䶂繳祏弱綽約虐杓芍䭏削爵雀燋爝嚼嚼謔

(2)古當入魚部者⑥ 略若惹卻却㕮婼噱臄醵嬳縛攫躩礴著櫡掠

十九鐸

(1)古當入魚部者⑦ 鐸度剫莫摸膜漠落洛絡託橐柝作錯厝各閣恪咢愕鄂蕚遻䩾膊搏惡堊蛋亳簿踄薄壑索涸洛昨酢怍笮飵柞秨博鎛

① 其實當入質月兩部。
② 其實當入月部。
③ 其實當入質月兩部。“譎”當入物部。
④ 其實當入月部。
⑤ 其實當入沃部。
⑥ 其實當入鐸部。
⑦ 其實當入鐸部。

髆轉嚩溥霍郭椁臛穫鑊檴攫濩廓

(2)古當入幽部者[①]　樂瘵嗃鄗鰝鶴鑿

(3)古當入陽部者　蟥

二十陌

(1)古當入魚部者[②]　陌貊貘嘆貉白帛伯柏百迫劇戟潹迮窄笮諎齚齰㟙隙貟綌㰒郤㕁額頟詻逆屰客啞壢趚拍魄怕赫嚇垎格茖骼鵅觡鉻挌鮥宅澤擇襗檡虢擭㯤

(2)古當入支部者[③]　屐

二十一麥

(1)古當入支部者[④]　麥脉畫幗馘讗薜責嘖簀債繣核鬲諽革摘謫讁厄搤阸藹

(2)古當入魚部者[⑤]　獲䕶蓷咋啞索索虢愬

(3)古當入幽部者[⑥]　覈繳

二十二昔

(1)古當入魚部者[⑦]　昔腊潟舄惜迹踖借繹睪斁掖奕腋弈液懌譯釋螫尺斥郝石碩炙墌摭柘蹠跖蠚席夕夕席籍藉踖耤射

(2)古當入支部者[⑧]　積踖脊益嗌蜴易適潪刺瘠椑革役辟壁

二十三錫

(1)古當入支部者[⑨]　錫析晳裼緆擊鼜僻鄘歷嫡鏑滴樀鶪敵惕鬄

---

① 其實當入沃部。
② 其實當入鐸部。
③ 其實當入錫部。
④ 其實當入職錫兩部。
⑤ 其實當入鐸部。
⑥ 其實當入沃部。
⑦ 其實當入鐸部。
⑧ 其實當入錫部。
⑨ 其實當入錫部。

剔績彀喫鷿鷄鬩

　　(2)古當入幽部者① 　激獥騖竅轢瓅礫皪櫟濼寥躒的弔迅橄榇翟迪郵蓧笛滌岫糴苗蓿晦掔怒溺戚鼇覰

<h3 style="text-align:center">二十四職</h3>

　　古當入支部者② 　職織膱直力敕趐忒食息寔植埴湜殖識飾軾式極匿測憶薏億臆穡醷抑啬色棘亟慽弋廄翼溴翊匿蜮稷皕衁副側巀蠥嶷觷嶷坴　即

<h3 style="text-align:center">二十五德</h3>

　　(1)古當入支部者③ 　德得則忒慝貸刻克特臘黑墨默賊塞
　　(2)古當入魚部者④ 　趚踖　仆

<h3 style="text-align:center">二十六緝</h3>

　　古當入侵部者⑤ 　十什汁湒翕闟邑斟

<h3 style="text-align:center">二十七合</h3>

　　古當入侵部者⑥ 　合頜磕蹋鞈嚃霅妠軜咠罨鞥媕庵趁歒

<h3 style="text-align:center">二十八盍</h3>

　　古當入侵部者⑦ 　盍偒傝盒

<h3 style="text-align:center">二十九葉</h3>

　　古當入侵部者⑧ 　萐詀姑魘壓厴厭

---

① 　其實當入沃部。
② 　其實當入職部。"即坴"入質部。
③ 　其實當入職部。
④ 　其實當入職部。"仆"入屋部。
⑤ 　其實當入緝部。
⑥ 　其實當入緝部。
⑦ 　其實當入緝葉兩部。
⑧ 　其實當入葉部。

三十帖

古當入侵部者① 怗帖鞊貼慝惦墊埝敜祴婡

三十一洽

古當入侵部者② 鹹賺

三十二狎

古當入侵部者③ 鴨譀

三十三業

古當入侵部者④ 脅腌

三十四乏

古當入侵部者⑤ 泛

依照顧氏所定的古韻十部,他在《唐韻正》中的歸字基本上是正確的。至於他的古韻分部不够精密,我們將在下文叙述他的《古音表》時再行討論。

(五)《古音表》

《古音表》是顧氏古音學的總結,是《音學五書》的主要部分。

顧氏分古韻爲十部,即:

(1)東部⑥

1東	1董	1送
2冬	——	2宋

① 其實當入葉部。
② 其實當入緝部。
③ 其實當入葉部。
④ 其實當入葉部。
⑤ 其實當入葉部。
⑥ 韻部的名稱是我們起的。

3 鍾	2 腫	3 用	
4 江	3 講①	4 絳	

（2）支部

5 支半	4 紙*	5 寘*	5 質
6 脂	5 旨	6 至	6 術
7 之	6 止	7 志	7 櫛
			22 茝*
			24 職
8 微	7 尾	8 未	8 物
			9 迄
12 齊	11 薺	12 霽	16 屑
		13 祭	17 薛
			23 錫*
13 佳	12 蟹	14 泰	10 月
14 皆	13 駭	15 卦	11 沒
15 灰	14 賄	16 怪	12 曷
16 咍	15 海	17 夬	13 末
		18 隊	14 黠
		19 代	15 鎋
		20 廢	21 麥*
			25 德
18 尤*	44 有*	49 宥*	1 屋*

（3）魚部

---

① 方框表示本字不在此部。

9 魚	8 語	9 御	1 屋半
10 虞	9 麌	10 遇	2 沃半
11 模	10 姥	11 暮	3 燭
			4 覺半①
9 麻半	35 馬半	40 禡半	18 藥半
19 侯	45 厚	50 候	19 鐸半
			20 陌
			21 麥半
			22 昔半

(4) 真部

17 真	16 軫	21 震
18 諄	17 準	22 稕
19 臻	——	——
20 文	18 吻	23 問
21 殷	19 隱	24 焮
22 元	20 阮	25 願
23 魂	21 混	26 慁
24 痕	22 很	27 恨
25 寒	23 旱	28 翰
26 桓	24 緩	29 換
27 删	25 潸	30 諫
28 山	26 產	31 襇
1 先	27 銑	32 霰

---

① "覺"字應加方框。

2 仙	28 獮	33 線		

(5)幽部

3 蕭	29 篠	34 嘯	1 屋半
4 宵	30 小	35 笑	2 沃半
5 肴	31 巧	36 效	4 覺半
6 豪	32 晧	37 号	18 藥半
			19 鐸半
			23 錫半

18 尤半	44 有半	49 宥半
20 幽	46 黝	51 幼

(6)歌部

7 歌	33 哿	38 箇
8 戈	34 果	39 過
9 麻半	35 馬半	40 禡半
5 支半	4 紙半	5 寘半

(7)陽部

10 陽	36 養	41 漾
11 唐	37 蕩	42 宕
12 庚半	38 梗半	43 映半

(8)耕部

12 庚半	38 梗半	43 映半
13 耕	39 耿	44 諍
14 清	40 静	45 勁
15 青	41 迥	46 徑

(9)蒸部

| 16 蒸 | 42 拯 | 47 證 | |
| 17 登 | 43 等 | 48 嶝 | |

（10）侵部

21 侵	47 寑	52 沁	26 緝
22 覃	48 感	53 勘	27 合
23 談	49 敢	54 闞	28 盍
24 鹽	50 琰	55 豔	29 葉
25 添	51 忝	56 桥	30 怗
26 咸	52 儼	57 釅	31 洽
27 銜	53 慊	58 陷	32 狎
28 嚴	54 檻	59 鑑	33 業
29 凡	55 范	60 梵	34 乏

　　顧氏的最大功勞是開始離析唐韻。上文説過，簡單地合併唐韻不是辦法，吳棫併爲九部，鄭庠併爲六部，仍不免於出韻。顧氏離析唐韻，有些韻分爲兩韻，甚至分爲三韻。例如：

　　（1）支韻分爲兩韻，一半歸支，一半歸歌；

　　（2）尤韻分爲兩韻，一半歸支，一半歸幽；

　　（3）麻韻分爲兩韻，一半歸魚，一半歸歌；

　　（4）庚韻分爲兩韻，一半歸陽，一半歸耕；

　　（5）昔韻分爲兩韻，一半歸支，一半歸魚；

　　（6）錫韻分爲兩韻，一半歸支，一半歸魚；

　　（7）麥韻分爲三韻，一歸支，一歸魚，一歸幽；

　　（8）屋韻分爲三韻，一歸支，一歸魚，一歸幽；

　　（9）沃韻分爲兩韻，一半歸魚，一半歸幽；

　　（10）覺韻分爲兩韻，一半歸魚，一半歸幽；

　　（11）鐸韻分爲兩韻，大半歸魚，小半歸幽；

（12）藥韻分爲兩韻，一半歸幽，一半歸魚。

顧氏離析唐韻，基本上是正確的。但是，爲什麼不像江永那樣分古韻爲十三部，也不像段玉裁那樣分古韻爲十七部呢？同是分析《詩經》用韻，材料相同，所得結論不同，這又是什麼緣故呢？

顧氏的錯誤，主要有四點：

第一，時代定得太寬。我們看他的《唐韻正》舉例直到南北朝，可見他的歷史觀點還不夠徹底。他不懂得，非但南北朝的語音和上古大不相同，就是兩漢的語音也和先秦有別。他説侯魚同部，如"謳，古音於胡反"。《易林·小畜之訟》："蝼蛇循流，東求大魚。豫且舉網，庖人歌謳。"又如"樓，古音閭"。漢艷歌《羅敷行》叶"樓敷隅鉤珠襦鬢頭鋤敷"。他不知道那些漢代的例子是不足以證明先秦古韻的。

第二，誤以非韻爲入韻。例如《詩·周南·葛覃》："言告師氏，言告言歸。""氏"字非韻。《召南·殷其靁》："殷其靁，在南山之陽。何斯違斯，莫敢或遑。振振君子，歸哉歸哉！""靁斯"非韻。《邶風·柏舟》："静言思之，不能奮飛。""之"字非韻。《王風·揚之水》："揚之水，不流束薪；彼其之子，不與我戍申。""水子"非韻。顧氏皆以爲入韻。

第三，誤以合韻爲同韻。例如《詩·陳風·月出》："月出皎兮，佼人僚兮，舒窈糾兮，勞心悄兮。""皎僚悄"與"糾"是宵幽合韻。《大雅·思齊》："雝雝在宮，肅肅在廟。不顯亦臨，無射亦保。""廟"與"保"是宵幽合韻。《小雅·正月》："洽比其鄰，昏姻孔云，念我獨兮，憂心慇慇。""鄰"與"云慇"是真文合韻。《秦風·小戎》："俴駟孔群，厹矛鋈錞，蒙伐有苑。""群錞"與"苑"是文元通韻。顧氏皆以爲同韻。

第四，誤以換韻爲同韻。例如《詩·秦風·小戎》："騏駵是中，騧驪是驂。龍盾之合，鋈以觼軜。言念君子，温其在邑。""中"與"驂"爲韻，押侵部；"合軜"與"邑"爲韻，押緝部。顧氏誤以爲"中"字非韻，而"驂"與"合軜邑"爲韻。

江永認爲顧氏"考古之功多,審音之功淺",確實如此。顧氏不懂等韻學,所用的反切和直音多有不妥和錯誤。依反切的通例,一等字必以一等字爲切,二等字必以二等字爲切,三等字必以三等字爲切,四等字必以四等字爲切,而顧氏往往違背這個通例。例如:

猛,古音莫兩反。猛,二等;兩,三等。

母,古音滿以反。母,一等;以,三等。

藥,以灼切,去聲則音效。藥、灼,三等;效,二等。

古韻平入相配,有一定的對應關係。例如質對脂開三,術對脂合三。顧氏在《古音表》中,以質配支,以昔之半配之,都是錯誤的;只有以術配脂是正確的,而在他所用的反切與直音中又自相矛盾。例如:

質,之日切,平聲則音支。按:當云平聲則音脂。

出,赤律切,平聲則赤知反。按:當云平聲則赤追反。

總之,顧氏雖有這些錯誤,但是功大於過。顧氏是清代古音學的先驅者,他的篳路藍縷之功是不可磨滅的。

第三章　江永的古音學

　　江永（1681—1762），字慎修，婺源人，精於天文數學，古韻學方面，著有《古韻標準》《音學辨微》《四聲切韻表》。《古韻標準》講的是先秦古韻，主要是《詩經》的韻部。《音學辨微》《四聲切韻表》講的是等韻學。他精於等韻學，也就是精於審音，所以他在音韻學上的成就大大超過了顧炎武。這裏專講他的《古韻標準》。

　　江氏分古韻平、上、去聲各十三部，入聲八部，如下：

平　聲

　　第一部　一東　二冬　三鍾　四江

　　第二部　分五支　六脂　七之　八微　十二齊　十三佳　十四皆　十五灰　十六咍　分十八尤　（別收）二十三魂　（別收）八戈　（別收）去聲八未　（別收）去聲十六怪

　　第三部　九魚　分十虞　十一模　分九麻

　　第四部　十七真　十八諄　十九臻　二十文　二十一殷　二十三魂　二十四痕　分一先　（別收）二仙　（別收）二十八山　（別收）八微　（別收）十二齊　（別收）十五青　（別收）十六蒸　（別收）上聲十六軫　（別收）去聲二十二稕

第五部　二十二元　二十五寒　二十六桓　二十七删　二十八山　分一先　二仙　(別收)去聲二十五願

第六部　分三蕭　四宵　分五肴　分六豪

第七部　七歌　八戈　分九麻　分五支　(別收)上聲四紙　(別收)去聲五寘

第八部　十陽　十一唐　分十二庚　(別收)上聲三十六養　(別收)去聲四十一漾　(別收)去聲四十二宕　(別收)去聲四十三映

第九部　分十二庚　十三耕　十四清　十五青

第十部　十六蒸　十七登　(別收)一東

第十一部　分十八尤　二十侯　二十幽　分十虞　分三蕭　分四宵　分五肴　分六豪　(別收)上聲四十五厚

第十二部　二十一侵　分二十二覃　分二十三談　分二十四鹽　(別收)一東　(別收)去聲五十六㮇

第十三部　分二十二覃　分二十三談　分二十四鹽　二十五添　二十六嚴　二十七咸　二十八銜　二十九凡

上　聲

第一部　一董　二腫　三講

第二部　分四紙　五旨　六止　七尾　十一薺　十二蟹　十三駭　十四賄　十五海　分四十四有　分四十五厚　(別收)十六軫　(別收)十七準　(別收)十九隱　(別收)二十八獮　(別收)三十四果　(別收)平聲十四皆　(別收)去聲七志　(別收)去聲十八隊　(別收)去聲四十九宥

第三部　八語　分九麌　十姥　分三十五馬　(別收)四十五厚　(別收)平聲一東　(別收)去聲九御

第四部　十六軫　十七準　十八吻　十九隱　二十一混　二十

二很　分二十七銑　（別收）二十阮

　　第五部　二十阮　二十三旱　二十四緩　二十五潸　二十六產
分二十七銑　二十八獮　（別收）十四賄

　　第六部　二十九篠　三十小　分三十一巧　分三十二晧

　　第七部　三十三哿　三十四果　分三十五馬　分四紙

　　第八部　三十六養　三十七蕩　分三十八梗

　　第九部　分三十八梗　三十九耿　四十靜　四十一迥

　　第十部　四十二拯　四十三等

　　第十一部　分四十四有　四十五厚　四十六黝　分九麌　分二十
九篠　分三十一巧　分三十二晧　（別收）五旨　（別收）去聲五十候

　　第十二部　四十七寢　分四十八感　分五十一忝

　　第十三部　分四十八感　四十九敢　五十琰　分五十一忝　五
十二儼　五十三豏　五十四檻　五十五范

去　聲

　　第一部　一送　二宋　三用　四絳

　　第二部　分五寘　六至　七志　八未　十二霽　十三祭　十四泰
十五卦　十六怪　十七夬　十八隊　十九代　二十廢　分四十九宥

　　第三部　九御　分十遇　十一暮　分四十禡　（別收）五十候
（別收）入聲十九鐸

　　第四部　二十一震　二十二稕　二十三問　二十四焮　二十六
恩　二十七恨　分三十二霰　分三十三線　（別收）三十一襉　（別
收）四十三映　（別收）四十五勁

　　第五部　二十五願　二十八翰　二十九換　三十諫　三十一襉
分三十二霰　分三十三線

　　第六部　分三十四嘯　三十五笑　分三十六效　分三十七号

第七部　三十八箇　三十九過　分四十禡

第八部　四十一漾　四十二宕　分四十三映

第九部　分四十三映　四十四諍　四十五勁　四十六徑

第十部　四十七證　四十八嶝

第十一部　分四十九宥　五十候　五十一幼　分十遇　分三十四嘯　分三十七号　（別收）三十六效　（別收）入聲二沃

第十二部　五十二沁　分五十六梣

第十三部　五十三勘　五十四闞　五十五豔　分五十六梣　五十七釅　五十八陷　五十九鑑　六十梵

入　聲

第一部　一屋　分二沃　三燭　分四覺　（別收）二十三錫（別收）去聲五十候

第二部　五質　六術　七櫛　八物　九迄　十一没　分十六屑分十七薛　（別收）二十四職

第三部　十月　十二曷　十三末　十四黠　十五轄　分十六屑十七薛

第四部　十八藥　十九鐸　分二沃　分四覺　分二十陌　分二十一麥　分二十二昔　分二十三錫　（別收）去聲九御　（別收）去聲四十禡

第五部　分二十一麥　分二十二昔　分二十三錫　（別收）三燭

第六部　分二十一麥　二十四職　二十五德　（別收）一屋（別收）去聲七志　（別收）去聲十六怪　（別收）去聲十八隊　（別收）去聲十九代　（別收）平聲十六咍　（別收）二沃

第七部　二十六緝　分二十七合　分二十九葉　分三十一洽

第八部　分二十七合　二十八盍　分二十九葉　三十帖　三十

一洽　分三十二狎　三十三業　三十四乏

　　所謂“分某韻”,指唐韻某韻分隸古韻兩部。所謂“別收”,指韻本不通,只有一兩個字偶通,其聲調相同者,叫做“別收某韻”;聲調不同者,叫做“別收某聲某韻”。這個體例是比較完善的。

　　《古韻標準》共收《詩經》入韻的字一千九百多個,另收先秦兩漢音之近古者若干字,叫做“補考”。其於《詩經》入韻之字,有“本證”,有“旁證”。“本證”指《詩經》的例子,“旁證”指其他各書(如《易經》《左傳》《楚辭》)的例子。這也體現了江永治學的謹嚴。

　　兹將江氏古韻平、上、去聲十三部、入聲八部做成一個詳表,以便觀覽①。

一、東　部

一　東	一　董	一　送	（一屋）
東同童僮中蟲沖忡終蟲崇戎躬宮融窮豐充空公工功攻蒙濛龐訌潨聰恫總樅蓬逄莑聾	幪總㗛動	送控仲	
二　冬	——	二　宋	（二沃）
冬宗		宋	
三　鍾	二　腫	三　用	（三燭）
鍾龍松衝罿容庸墉鏞傭蚃凶訩顒雝廱饔濃襛重從縫蜂丰卬恭共樅封	龍（寵）勇尰竦	用誦訟	
四　江	三　講	四　絳	（四覺）
厖邦降雙江釭杠尨駹窗缸洚逄腔幢撞橦悐椿淙	港蚌玤項	巷	

────────────

① 在表中,《詩經》入韻的字和其他各書入韻的字合併在一起,不再區別。

二、支　部

分五支	分四紙	分五寘	分二十二昔 分二十三錫
支枝觿萎倭吹岐佽疷 祁提卑紙斯雌知簁 和蘂①	砥氏燬沘爾 邐灑灑訛徙 鮮癬獺②	辟罯積柴刺易	入聲第五部
			脊蹐益易蜴適辟璧 辟錫晢蹢弔鷸狄翟 剔惕績幭甓鷊局③
六　脂	五　旨	六　至	五質　六術　七櫛
脂祇夷姨楷師毗脽資 饑鴟茨遲坻私尸菩黎 葵追龜維惟遺鱟綏逵 騤眉湄麋鄙悲雛伾 駓屎	旨指底視美 否兕几姊秭 匕妣矢洧鮪 死履水藟秠 唯鷊火④	至位遂隧樾 穟穗醉誶類 閟悶匱備利 棄稗寐悸伏 四駟季比畀 萃瘁地肆勩 懟出祐懫饋 寔躓示摯鼻淚	入聲第二部
			質日實秩一壹七漆 匹吉逸栗慄窒桎疾 室畢佖轚恤吉密述 卒卒恤律出櫛瑟即⑤
七　之	六　止	七　志	二十四職 分二十一麥
之飴時埘疑思絲淇騏 詩僛姬其基箕貍熙治蚩 茲𩰚	止沚趾恃喜 紀以己苢似 耜祀氾史使 耳里理李鯉 裏始起芑杞 屺士仕俟涘 子梓秄齒矣 蓷恥祉敏隼 事⑥牝準㐰⑦	識寺嗣試字 異貽事忌熾 饎詒竢置吏思	入聲第六部
			職織直力敕飭食息 識飾式奭極暱億色 穡棘襋亟弋翼稷蜮 域緎淢側巘麥𤰇𪗉 軾殖戒索翊意⑧

---

① 別收八戈"和蘂"。

② 別收二十八獮"鮮癬獺"。

③ 別收三燭"局"。

④ 別收三十四果"火"。

⑤ 別收二十四職"即"。

⑥ 別收去聲七志"事"。

⑦ 別收十六軫"敏牝",十七準"準",十九隱"㐰"。

⑧ 別收去聲七志"意"

續表

八　微	七　尾	八　未	八物　九迄
微薇圍違霏騑飛腓威祈畿頎幾晞衣依歸畏①	尾依豈菲韡煒葦近②	謂渭蔚溉塈貴氣喟	入聲第二部
			物弗拂茀芾仡
十二齊	**十一薺**	**十二霽**	**分十六屑　分十七薛**
齊蠐妻萋淒氏黃兮棲犀躋隮懠迷圭擕蠲鮮③	薺禮醴鱧體涕濟沛弟禰泥瀰	濟穧裼髢替帝嚔棣翳瞖惠嘒戾繫睨汰締蒂	入聲第二部
			結節噎血闋穴垤瓞設徹
—	—	**十三祭**	**分十六屑　分十七薛**
		歲衛稅説蹶晢晰逝泄厲栵愒愒揭世偈掃澒蔽曳掣掣裔滯滴霈寱勢樊	入聲第三部
			結袺節威襪截烈桀傑舌孽滅雪説閲説憉孑偈缺熱曤
—	—	**十四泰**	**十二曷　十三末**
		艾大害帶肺旆茷兌噦外祋薈脱貝沛蓋磕籟會藹蔡	入聲第三部
			害褐怛闥達曷渴蘗葛秝撥括佸活闊活奪瀎撮説捋掇茇軷末割
十三佳	**十二蟹**	**十五卦**	**分二十一麥**
佳崖涯	解	解粹	入聲第五部
			簀謫適厄

---

① 別收去聲八未"畏"。
② 別收十九隱"近"。
③ 別收一先"蠲",二仙"鮮"。

續表

十四皆	十三駭	十六怪	十四黠　十五鎋	
階嗜湝懷霾荄痎諧排乖淮豺儕埋齊壞①	駭楷皆偕②	療屆介拜齘怪	入聲第三部	
			靫	
——	——	十七夬	十五鎋	
		邁敗蕑快	入聲第三部	
十五灰	十四賄	十八隊	十一沒	
虺回枚梅媒鮇靁儡隤穨崔摧嵬推敦③	悔罪悔晦④	駁佩悖拔妹痗誨晦對退潰内背沬眛	入聲第二部	
			沒忽	
十六咍	十五海	十九代	二十五德	
哀來萊臺哉偲才能咍開埃茝駘該財裁材灾胎孩	海宰殆怠采在醢改亥茝等⑤	逮載愛優代態再慨	入聲第六部	
			德得則忒慝克特螣黑賊塞北匐國繀惑默背⑥載⑦來⑧告⑨	
——	——	二十廢	十　月	
		吠哕刈穢	入聲第三部	
			月伐越鉞蕨闕髮發揭竭朅刖	

---

① 別收去聲十六怪"壞"。
② 別收平聲十四皆"皆偕"。
③ 別收二十三魂"敦"。
④ 別收去聲十八隊"悔晦"。
⑤ 別收四十三等"等"。
⑥ 別收去聲十八隊"背"。
⑦ 別收去聲十九代"載"。
⑧ 別收平聲十六咍"來"。
⑨ 別收二沃"告"。

續表

分十八尤	分四十四有	分四十九宥	別收一屋
尤訧郵牛丘裘俅仇紑謀脱不罘	有右友久玖婦負臼不舊①	又侑宥疚富	入聲第六部
			福輻菖伏服穆或牧
——	分四十五厚	——	
	母畝拇		

三、魚　部

九　魚	八　語	九　御	十八藥
魚書舒紓居琚据椐車渠餘輿旟譽畲胥苴砠沮樗邪廬蘆除且袪虛菹去②	語圄敔旅紵羜與予渚女茹暑鼠黍處湑女許虛秬所楚阻沮舉筥緒鱮萸戎③助④	御據去庶著除助飫茹洳豫譽著迎慮曙遽蘧詐詛處豆⑤穫⑥	入聲第四部
			藥籥躍蹻若綽虐削爵臄謔雀酌約爍醵鵲射庶⑦夜⑧
分十虞	分九麌	分十遇	十八藥
虞娛吁訏盱芋夫膚	麌噳俣羽雨宇甫父脯膴武舞務父釜輔冔栩訏踽	附舁瞿孺具懼數傅賦	縛戄

---

① 別收去聲四十九宥“舊”。
② 別收去聲九御“去”。
③ 別收平聲一東“戎”。
④ 別收去聲九御“助”。
⑤ 別收五十候“豆”。
⑥ 別收入聲十九鐸“穫”。
⑦ 別收去聲九御“庶”。
⑧ 別收去聲四十禡“夜”。

續表

十一模	十　姥	十一暮	十九鐸
蒲胡乎壺狐辜呱徒塗圖屠瘏荼帑憮租俎蘇烏都鋪痡戲①	土吐杜土魯虜堵鼓瞽罟酤鹽股羖五午祖組虎潕許怒苦户祜岵怙酤扈浦補垢②莽③姱④	莫度數路露吐顧故固愬素怒圃惡呼作步索妒錯洿寤璐慕瓠絡莵賈袴賂	入聲第四部
			度莫癨落樂駱雒槖擇作鑿錯閣恪咢惡薄壑熇貉酢博襮諾霍穫濩廓鞹索柝作酪帛魄尊簿託諤寞亳幕霍胙柞
分九麻	分三十五馬	分四十禡	分二十陌
罝華家葭瓜瑕騢犯牙闍蟆奢賒邪斜遮姱夸猢遐霞鰕巴芽銜窊查	馬者野嘏夏下寫且舍寡社假雅赭	禡稼罜暇夜射柘假舍	分二十一麥
			分二十二昔
			入聲第四部
			貃白伯柏戟紒逆客赫格宅澤獲昔烏踖繹奕懌數射尺石碩炙席蓆夕藉虢啞樀庶迫掖釋蹠陌擇譯領幄斮籍百斥赤

---

① 別收去聲五實"戲"。
② 別收四十五厚"垢"。
③ 別收三十七蕩"莽"。
④ 別收平聲九麻"姱"。

四、真　部

十七真	十六軫	二十一震	（五質）
振姻駰禋新薪辰晨臣人仁神親申身信賓濱粼麟陳填塵頻蘋巾麕囷民泯緍瘣貧令苓零①矜畛②	畛忍盡引閔閵	信胤爐堲佞③命④令⑤	
十八諄	十七準	二十二稕	（六術）
詢洵淳犉滑春淪輪旬鈞均		順	
十九臻			（七櫛）
臻榛蓁溱莘詵			
二十文	十八吻	二十三問	（八物）
聞雲云耘員焚群薰君芬雰煇旂揮暉翬沂⑥賁⑦		問訓愠盼⑧	
二十一殷	十九隱	二十四焮	（九迄）
殷慇勤芹欣			
二十三魂	二十一混	二十六慁	（十一没）
昆門璊礅孫飧存錞啍奔焞	壼	遜	

---

① 別收十五青"令苓零"。
② 別收十六蒸"矜"，上聲十六軫"畛"。
③ 別收四十六徑"佞"。
④ 別收四十三映"命"。
⑤ 別收四十五勁"令"。
⑥ 別收八微"煇旂揮暉翬沂"。
⑦ 別收去聲五寘"賁"。
⑧ 別收三十一襉"盼"。

續表

二十四痕	二十二很	二十七恨	——
分一先	分二十七銑	分三十二霰	（分一屑）
先千天堅賢田闐年顛巔淵玄芉煙咽憐畋佃實瑱牽眠螾編翩川鳶偏篇穿幀①鰥羂掔②西③甸④	苑⑤	先倩電甸	

五、元　部

二十二元	二十阮	二十五願	（十月）
原園垣援媛燔樊繁袢番蕃幡藩翻諼狟言軒憲⑥	遠反阪婉綣咺	願怨獻	
二十五寒	二十三旱	二十八翰	（十二曷）
翰單安難餐嘆嘽檀殘干乾鼉鄱鄱番⑦	亶癉罕	旦岸衍漢爛粲骭贊歡	
二十六桓	二十四緩	二十九換	（十三末）
丸完溥博冠欒寬煖⑧	管館痯	涣貫亂鍛袢泮宦半縵判	
二十七删	二十五潸	二十諫	（十四黠）
關環蠻顏菅	板僴	諫澗晏鴈汕慢刕	

①　別收二仙"翩川鳶偏篇穿幀"。
②　別收二十八山"鰥羂掔"。
③　別收十二齊"西"。
④　別收去聲三十二霰"甸"。
⑤　別收二十阮"苑"。
⑥　別收去聲二十五願"憲"。
⑦　別收十歌"鼉"，八戈"鄱鄱番"。
⑧　別收上聲二十四緩"煖"。

續表

二十八山	二十六産	二十一襉	（十五轄）
山間萠閑	簡		
分一先	分二十七銑	分三十二霰	（分十六屑）
肩	殄	霰睍見宴燕縣	
二　仙	二十八獮	三十三線	（十七薛）
仙遷然㫋梴廛連漣泉宣儇還悁虔愆卷鬈焉	衍踐埏僤巘變轉卷選㜺洒洗①	展彥援媛弁羨變禪賤	

六、宵　部

分三蕭	分二十九篠	分三十四嘯	分二十三錫
恌苕蜩僚脁曉	皎鳥僚夢	弔	入聲第四部
			櫟旳翟溺激檄礫
四　宵	三十小	三十五笑	十八藥
消逍翛朝調嚻驕譙鷮椒蟂遙搖謠瑤昭鑣麃瀌苗要夒喬夭漂飄嘌趬茇燎	小旐趙沼少摽紹躑糾悄	笑照炤曜召燎約燿	入聲第四部
			藥籥躍蹻若綽虐削爵臄謔雀酌約
分五肴	分三十一巧	分三十六效	分四覺
毃郊巢		傚教罩効	入聲第四部
			較駮藐濯翯朔逴樂
分六豪	分三十二晧	分三十七号	分二沃
號勞高膏蒿毛旄刀忉桃敖嗷嚻	鎬潦倒藻懆	盜悼到倒敖芼蓬勞懆暴	沃

---

① 別收十四賄“洒洗”。

七、歌　部

七　　歌	三十三哿	三十八箇	十二曷
歌嵯傞多娑佗紽瘥莪俄莪他羅那難何荷河阿	瑳我儺可左	賀佐貨	入聲第三部
			害褐怚闒達曷渴蘖葛
八　　戈	三十四果	三十九過	十三末
過婆磨吪訛波蓑和	禍	佗破	入聲第三部
			秣撥括佸活闊活奪瀎撮說捋掇芨鈸
分九麻	分三十五馬	分四十禡	——
麻嗟蛇嘉加珈差沙鯊騧鬢化①	瓦	駕化	
分五支	分四紙	——	——
爲陂羆錡犧宜儀皮離罹施椅猗池馳移廖匜麄撝倭縻糜乑贏披隨虧窺奇羈畸羲巇崎碕犧鸏疲罷籬蘺蠡醨彲螭漪規箟蠡靡蟻醷阤②議義僞③	掎杝		

---

①　別收去聲四十禡"化"。
②　別收上聲四紙"靡蟻醷阤"。
③　別收去聲五寘"議義僞"。

八、陽　部

十　陽	三十六養	四十一漾	（十八藥）
陽楊揚錫羊洋瘍詳祥翔良梁粱糧涼香鄉商傷湯觴房魴防章璋昌羌姜彊疆長腸場張棖穰瀼方襄驤相箱將漿亡忘望牀常裳嘗霜爽牆鏘將蹌瑲鶬斯筐王央泱狂享饗①讓愴②	養兩仰掌爽罔往王	向上尚望睍相匠壯放恙量暢狀將	
十一唐	三十七蕩	四十二宕	（十九鐸）
唐螗堂狼稂倉蒼岡剛綱桑喪康荒黃簧皇煌遑光洸湯鏜行杭頏芒藏牂囊雱旁傍卬藏抗伉當浪③	蕩湯廣	藏喪亢葬	
分十二庚	分三十八梗	分四十三映	（分二十陌）
庚羹蝱喤祊觥彭英亨京明盟兵兄卿衡珩更秔阬坑盲橫鍠亨鎗瑛鵬棖堂鯨迎胻蘅萌氓④鍚⑤慶⑥	梗怲景永炳	競泳	

---

① 別收上聲三十六養“享饗”。

② 別收去聲四十一漾“讓愴”。

③ 別收去聲四十二宕“抗伉當浪”。

④ 別收十三耕“萌氓”。

⑤ 別收十四清“鍚”。

⑥ 別收去聲四十三映“慶”。

九、耕　部

分十二庚	分三十八梗	分四十三映	（分二十陌）
平苹鳴鷖瑩生甥牲笙	頛	敬	
十三耕	三十九耿	四十四静	（二十一麥）
丁嚶爭			
十四清	四十静	四十五勁	（二十二昔）
清菁青旌盈楹贏營楨禎成城程醒聲正征名傾瞏縈嚳①	騁屏領	政正姓聘命令	
十五青	四十一迥	四十六徑	（二十三錫）
青經涇刑庭霆馨星靈寧聽冥屏甯②	冥	定聽	

十、蒸　部

十六蒸	四十二拯	四十七證	（四十二職）
蒸烝承懲陵膺馮冰拥繩乘升勝陾兢興弓夢雄熊③		乘	
十七登	四十三等	四十八嶝	（二十五德）
登登崩增憎朋弘肱薨騰縢恒			

---

① 別收去聲四十三映"嚳"。
② 別收去聲四十六徑"甯"。
③ 別收一東"弓夢雄熊"。

十一、幽　部

分十八尤	四十四有	四十九宥	一　屋
憂優流旒劉秋由悠悠游遊猶揄逌脩抽妯瘳周洲舟鱐醻柔蹂收鳩搜休囚襏求綠獻球籙述仇浮罩矛髦猱	柳罶懰杻狃朽韭首手醜魗皀缶舅咎誘莠槱受壽酒	救究疚狩褎臭祝秀繡裒售	入聲第一部 腹復覆六陸軸蓬菊鞠淑俶育祝菽畜慉蹙燠奧薁蕭夙宿穆目竺竹孰肉戮
十九侯	四十五厚	五十候	一　屋
侯垏諏裒叟①	厚后後牡斗者筍枸藪口奏趣取戊茂②講棓蚸③	鏉逅豆句媾覯漏鷇④	入聲第一部 屋讀獨縠穀谷樕禄鹿族僕卜木沐淋涑瀆哭樸穀漉奏⑤
二十幽	四十六黝	五十一幼	——
分十虞	分九麌	分十遇	三　燭
愚隅芻濡株殳渝榆愉驅趨蔞孚樞姝踹駒禺齵襦須需誅邾跦裯貙殊踰臾區軀摳朱珠腰符鳧瓴雛邾輸厨拘	侮愈瘉粔數蔀傴俯乳軌籅⑥	齲樹附裕遇	入聲第一部 屬玉獄蠋辱束欲綠曲局足續藚粟俗觸繻鸀
分三蕭	分二十九篠	分三十四嘯	二十三錫
蕭瀟條聊簫寥	擾	歊	入聲第一部 迪戚覤慼
分四宵	——	——	——
陶儦			

---

①　別收上聲四十五厚"叟"。
②　別收去聲五十候"戊茂"。
③　別收三講"講棓蚸"。
④　別收入聲二沃"鷇"。
⑤　別收去聲五十候"奏"。
⑥　別收五旨"軌籅"。

續表

分五肴	分三十一巧	分三十六效	四　覺
膠恔呶茅包苞匏炮咆	飽卯苇昴巧講	覺孝	入聲第一部
			角琢濁渥桷嶽
分六豪	分三十二晧	分三十七号	分二沃
牢謷囊慆慅袍陶綯翻敖曹漕嗥皋搔褒濤檮遭螬猱	昊晧老道稻埽檮搞草慅蚤棗皁造好寶保鴇考栲嫂討抱鴇	蹈翻冒報好告奧竈	入聲第一部
			毒篤告

十二、侵　部

二十一侵	四十七寢	五十二沁	二十六緝
駸鸞林臨琛煁諶深心琴芩欽衾歆今金衿音陰參風楓①	寢枕諗甚葚黮錦	譖	入聲第七部
			隰輯集入濕揖及蟄笠急泣禽溼邑悒湆
分二十二覃	分四十八感		分二十七合
驂南男湛耽潭楠	菼坎窞		入聲第七部
			合軜
分二十三談	——	——	——
三			
分二十四鹽	——	——	分二十九葉
綅潛僭②			入聲第七部
			楫厭

---

① 別收一東"風楓"。

② 別收去聲五十六𣜢"僭"。

續表

—	分五十一忝	分五十六㮇	—
	簟	僭	
—	—	—	分三十二洽
			入聲第七部
			洽

十三、談　部

分二十二覃	分四十八感	五十三勘	分二十七合
涵			入聲第八部
分二十三談	四十九敢	五十四闞	二十八盍
談惔餤甘藍	敢欻	濫	入聲第八部
分二十四鹽	五十琰	五十五豔	分二十九葉
詹瞻襜	貶		入聲第八部
			葉涉鞻捷
二十五添	分五十一忝	分五十六㮇	三十帖
	玷		入聲第八部
二十六嚴	五十二儼	五十七釅	三十一業
嚴	儼		入聲第八部
			業
二十七咸	五十三豏	五十八陷	分三十二洽
讒	斬	監	

續表

二十八銜	五十四檻	五十九鑑	三十三狎
嚴監	檻		入聲第八部
			甲
二十九凡	五十五范	六十梵	三十四乏
			入聲第八部
			法乏

　　《古韻標準》沒有說明入聲與平、上、去聲的對應，這個表中入聲與平、上、去聲的對應，是根據《四聲切韻表》定出來的。江氏雖有異平同入之說，那是就等韻學而論，其實先秦古韻，除緝葉兩部與陽聲韻相配以外，其餘入聲各部都是與陰聲韻相配的。因此，我們在其他陽聲韻的入聲欄只加括號，而入聲的具體例子都附在陰聲韻的後面（緝葉兩部除外）。

　　江氏原來各個韻部沒有名稱，表中各部的名稱（如東部、支部）是我加上去的。

　　江氏推崇顧炎武，同時也指出他的缺點。他說：

　　　　近世音學數家毛先舒稚黃、毛奇齡大可、柴紹炳虎臣各有論著，而昆山顧炎武寧人爲特出。余最服其言曰："孔子傳《易》，亦不能改方音。"又曰："韓文公篤於好古，而不知古音。"非具特識，能爲是言乎？有此特識，權度在胸，乃能上下古今，考其同異，訂其是非；否則彼以爲韻則韻之，何異侏儒觀優乎？細考《音學五書》，亦多滲漏。蓋過信"古人韻緩不煩改字"之說，於"天田"等字皆無音。《古音表》分十部，離合處尚有未精，其分配入聲多未當。此亦考古之功多，審音之功淺，每與東原歎惜之。今分平、上、去聲皆十三部，入聲八部，實欲彌縫顧氏之書。

　　江氏此論,最爲公允。江氏之所以寫《古韻標準》,其目的就在於對顧炎武的著作加以補充修正。

　　江氏古韻十三部,比顧炎武多了三部,這是因爲顧氏真元不分,侵談不分,幽宵不分。顧氏入聲併入陰聲,江氏入聲獨立。這是顧、江主要不同之處。

　　江氏的主要貢獻在於:

　　一、江氏入聲獨立,這是很大的發明。後來戴震古韻九類二十五部,黄侃古韻二十八部,都是陰、陽、入三分,都是受了江氏的影響。其實江氏的古韻是二十一部。章炳麟説:"江氏初爲《古韻標準》,蓋實與戴東原戮力,同人相配,已肇陰陽對轉之端。"①這話也是對的。

　　二、江氏精於等韻學(等韻學實際上是中國古代的語音學),所以他的《四聲切韻表》按等呼排列,有條不紊。他説:

　　　　去聲獨有六十部者,臻無去,去一部;祭泰夬廢無平上,又多四部也。四部無平上而有入。祭之入薛(力按:祭薛都屬三等);泰之入曷末(力按:泰與曷末都屬一等);夬之入鎋(力按:夬鎋皆屬二等);廢之入月(力按:廢月都屬三等,而且都只有喉牙與輕脣)。若卦者,佳蟹之去,其入爲麥(力按:佳蟹卦麥都屬二等);怪者皆駭之去,其入爲黠(力按:皆駭怪黠都屬二等);隊者灰賄之去,其入爲没(力按:灰賄隊没都屬合口一等);代者哈海之去,其入爲德(力按:哈海代德都屬開口一等)。觀表所列音類等第,條理秩然。顧寧人《古音表》乃以泰承佳蟹,卦承皆駭,怪承灰賄,夬承哈海,隊代皆無平上。一韻失次,諸韻皆誤。又以月爲泰入,没爲卦入,曷爲怪入,末爲夬入,黠爲隊入,鎋爲代入,亦非其倫類。蓋顧氏等韻之學甚疏,故至此茫然,紛如亂麻。今正之。

---

① 章炳麟《重鎸古韻標準序》。

這些議論都是正確的。

三、江氏"歛侈"之説，亦甚精確。所謂"歛"（又叫"弇"），就是[ə]系統；所謂"侈"，就是[a]系統。江氏分真元爲兩部，真是[ə]系統，元是[a]系統。江氏説：

> 自十七真至下平二仙凡十四韻，説者皆云相通，愚獨以爲不然。真諄臻文殷與魂痕爲一類。口歛而聲細（力按：口歛指口腔較小，聲細是陪音較高），元寒桓删山與仙爲一類，口侈而聲大（力按：口侈指口腔較大，聲大指陪音較低），而先韻者界乎兩類之間，一半從真諄，一半從元寒者也。

真元分立，後人奉爲圭臬，而不知江氏當時創始之難。《唐韻》的次序是真十七、諄十八、臻十九、文二十、殷二十一、元二十二、魂二十三、痕二十四、寒二十五、桓二十六、删二十七、山二十八、下平先一、仙二，又注云真諄臻同用，文殷同用，元魂痕同用，寒桓同用，删山同用，先仙同用。若非精通音理，怎敢把元韻從魂痕的隊伍裏抽出來，歸入寒桓的行列？江氏説：

> 韻書次第，似有精意。獨於二十一殷之後，繼以二十二元、二十三魂、二十四痕；上聲十九隱之後，繼以二十阮、二十一混、二十二很；去聲二十四焮之後，繼以二十五願、二十六恩、二十七恨。吾甚疑焉。夫元者寒桓删山之類，魂痕者真諄臻文殷之類，其次當魂第二十二、痕第二十三、元第二十四。使之各就其類，上去亦如之，則兩部之疆界清矣。何爲紊其先後，使兩部分錯，自兹始乎？唐人之定同用、獨用也，吾又甚疑焉。魂痕，相類者也；元與魂痕，不類者也。著之律令，當定元獨用，魂痕同用，上去亦如之，雖部次稍雜，而音類不雜。奈何合異類者而許其通，使後人遂得併三韻爲一韻乎？近人亦有疑元韻不諧者，不知劉淵之併魂痕

耶？不知唐人律令先之耶？究其故，由漢魏以來，音韻已雜，元魂痕混用者多，唐人遂許其通。惜無有考《詩》韻以正之者。《詩》中未用痕韻，其用魂韻者，必從真諄文之類，其用元韻者，必從寒桓刪山仙之類，未有併用元魂於一章者。不獨《詩》爲然，《書》《易》《儀禮》《左傳》《楚辭》《老》《莊》、諸子，亦鮮有元魂痕混用者，蓋非其類，音不諧於耳故也。

江氏爲了證明真元分立，還舉例證明真元同在一章而不相雜。例如：

采苓采苓，首陽之巔。人之爲言，苟亦無信。舍旃，舍旃，苟亦無然。人之爲言，胡得焉？（《唐風·采苓》）

苓、巔、信，真部；旃、然、言、焉，元部。

崧高維嶽，駿極于天。維嶽降神，生甫及申。維申及甫，維周之翰。四國于蕃，四方于宣。（《大雅·崧高》）

天、神、申，真部；翰、蕃、宣，元部。

又舉例證明兩部分兩章而不雜。例如：

坎坎伐檀兮，寘之河之干兮，河水清且漣猗。不稼不穡，胡取禾三百廛兮？不狩不獵，胡瞻爾庭有縣貆兮？彼君子兮，不素餐兮！（《魏風·伐檀》首章）

檀、干、漣、廛、貆、餐，元部。

坎坎伐輪兮，寘之河之漘兮，河水清且淪兮。不稼不穡，胡取禾三百囷兮？不狩不獵，胡瞻爾庭有縣鶉兮？彼君子兮，不素飧兮！（《魏風·伐檀》三章）

輪、漘、淪、囷、鶉、飧，文部①。

---

① 文部，江氏併入真部。

緝緝翩翩，謀欲譖人。慎爾言也，謂爾不信。(《小雅·巷伯》三章)

翩、人、信，真部。

捷捷幡幡，謀欲譖言。豈不爾受，既其女遷。(《小雅·巷伯》四章)

幡、言、遷，元部。

營營青蠅，止于樊。豈弟君子，無信讒言。(《小雅·青蠅》首章)

樊、言，元部。

營營青蠅，止于榛。讒人罔極，構我二人。(《小雅·青蠅》三章)

榛、人，真部。

又舉例證明兩部多用韻而不雜。例如：

出其東門，有女如雲。雖則如雲，匪我思存。縞衣綦巾，聊樂我員。(《鄭風·出其東門》)

門、雲、雲、存、巾、員，文部①。

陟彼景山，松柏丸丸。是斷是遷，方斲是虔。松柏有梴，旅楹有閑。寢成孔安。(《商頌·殷武》)

山、丸、遷、虔、梴、閑、安，元部。

及爾偕老，老使我怨。淇則有岸，隰則有泮。總角之宴，言笑晏晏。信誓旦旦，不思其反。(《衛風·氓》)

怨、岸、泮、宴、晏、旦、反，元部。

猗嗟孌兮，清揚婉兮。舞則選兮，射則貫兮。四矢反兮，以禦亂兮。(《齊風·猗嗟》)

---

① 文部，江氏併入真部。

變、婉、選、貫、反、亂，元部。

江氏侵談分立，也是根據同一原則。江氏認爲，侵部"古音口弇呼之"，與談部之侈口者有別。

由真元分立、侵談分立的事例看來，江氏不但考古之功多，而且審音之功深。考古與審音是有機地聯繫着的。語言是有它的系統性的。不懂語言的系統性而侈談考古，沒有不失敗的。

四、江氏比顧氏能更多地離析唐韻。其所以能把顧氏的古韻十部增加十三部，全憑更多地離析唐韻。現在舉出重要的幾點來説：

（1）江氏分虞韻爲兩部，以"虞娛吁盱訏芋夫膚"等字入第三部（魚部），以"愚隅貗濡株殳渝榆愉驅趨蔞孚樞姝踙駒"等字入第十一部（幽部）。這是一大發明，後代音韻學家都同意這種離析。可惜虞＊與侯未能獨立成部，還有待於段玉裁的修正。

（2）江氏分先韻爲兩部，以"先千天堅賢田閫年顛巔淵玄"等字入第四部（真部），以"肩"等字（去聲"霰骿見燕宴"等字）入第五部（元部），又別收山韻"鰥艱"二字入第四部。這又是一大發明。後來段玉裁分真文元爲三部，以"先鰥艱"入文部，這是江永學説的發展。

（3）江氏分覃談鹽各爲兩部，以覃韻的"驂男南湛眈"、談韻的"三"字、鹽韻的"綅"字入第十二部（侵部），以覃韻的"涵"字、談韻的"談惔餤甘藍"等字、鹽韻的"詹瞻袡"等字入第十三部（談部）。這種分析，基本上也是正確的。但不如江有誥以覃歸十二部，以談鹽歸十三部，以"三綅涵"作爲別收，更妥當些。

江氏也不是沒有缺點的。他的主要缺點有三點：

第一，他不知支脂之當分爲三部。從入聲的對應上，支脂之的畛域是很清楚的。從江氏《四聲切韻表》看，支佳的入聲是昔麥；脂微齊皆灰的入聲是質術迄物屑黠没；之咍的入聲是職德，界限分明。江氏已經走到了真理的邊緣,更進一步就能達到支脂之分立。可惜得很,這一步有待于他的徒孫段玉裁替他完成。

第二,他的入聲分部不够妥當。依後人的研究,先秦古韻入聲當分爲十一部,而江氏只分爲八部。江氏的入聲第一部當分爲屋覺兩部,以"屋讀獨轂穀谷楸禄鹿族僕卜木沐霂屬玉獄蠋辱束欲綠曲局足續蕢粟角柷濁渥"等字入屋部,以"腹覆復六陸軸蔋菊鞠淑俶育祝菽畜惱懊慼迪戚奥蕭夙宿穆毒篤告"入覺部[①]。江氏入聲第二部當分爲質物兩部,以"質日實秩一壹七漆匹吉逸栗慄室桎疾室畢佖韠佖密櫛瑟結節噎血闋穴即設徹"等字入質部,"述卒律出"等字入物部[②]。江氏的入聲第四部當分爲藥鐸兩部,以"藥籥躍蹻綽虐削爵謔沃樂熇襮較駮貌濯嚻鑿櫟的翟溺"等字入藥部,"度莫瘼落駱雒橐槖作錯閣恪咢惡薄壑貉酢博諾霍穫獲濩廓鞹貊伯白柏戟柞綌逆客赫格宅澤昔烏踖繹奕斁尺石碩炙席蓆藉夕"等字入鐸部。這一部錯誤最大,後來戴震、段玉裁等人都没有這樣做。

由於分部不妥,結果是四聲相配的錯誤。江氏在《四聲切韻表》中,以"虐"承"魚"、以"矍"承"俱"、以"爵"承"蛆"、以"嚼"承"沮"、以"削"承"胥"、以"酌"承"諸"、以"綽"承"杵"、以"鑠"承"書"、以"杓"承"蜍"、以"謔"承"虛"、以"約"承"於"、以"藥"承"余",都是錯誤的。

第三,他的異平同入之説本來是合理的,但只限於陰陽同入,如東侯同入、真質同入、陽魚同入等。至於三韻共一入,就成問題了。查他的《四聲切韻表》中,三韻共一入者有兩處:一處是歌泰寒同入,另一處

---

① 段玉裁在他的《六書音均表》中,屋覺也混爲一部。後來他在《答江晉三論韻》中接受江有誥的意見才分爲兩部。

② 章炳麟建立隊部,黄侃建立没部,才把質物兩部分開了。

是魚宵陽同入。歌泰寒同入還有可説，因爲泰韻本來也是入聲（長入）；魚宵陽同入則是講不通的，其實只有魚陽同入（鐸）而宵自有入（藥）①。由於江氏把入聲藥鐸混爲一部，所以平入相配就亂了。

　　總之，江永是清代古音學家中的卓越人物，我們不能以後代的成就來苛求他。

———————

① 　宵部没有陽聲韻相配。

第四章　段玉裁的古音學

段玉裁(1735—1815)，字若膺，號茂堂，江蘇金壇人。他師事戴震，精於音韻訓詁，兼通經史。他以數十年的精力，寫成《説文解字注》。其他著作有《六書音均表》(1775)、《經韻樓集》等。這裏專講段氏的古音學。

段玉裁是戴震的弟子，但是古音學的成就在戴氏之前，所以我們先講段玉裁。

《六書音均表》共分五部分：(一)今韻古分十七部表；(二)古十七部諧聲表；(三)古十七部合用類分表；(四)《詩經》韻分十七部表；(五)群經韻分十七部表。現在分別加以論述。

(一)今韻古分十七部表

這個表是講古韻與今韻(《廣韻》)的對應。段氏分古韻爲十七部，其與今韻的對應如下表：

第一部	七之 十六咍	六止 十五海	七志 十九代	二十四職 二十五德
第二部	三蕭 四宵 五肴 六豪	二十九篠 三十小 三十一巧 三十二皓	三十四嘯 三十五笑 三十六效 三十七号	
第三部	十八尤 二十幽	四十四有 四十六黝	四十九宥 五十一幼	一屋 二沃 三燭 四覺
第四部	十九侯	四十五厚	五十候	
第五部	九魚 十虞 十一模	八語 九麌 十姥	九御 十遇 十一暮	十八藥 十九鐸
第六部	十六蒸 十七登	四十二拯 四十三等	四十七證 四十八嶝	
第七部	二十一侵 二十四鹽 二十五添	四十七寑 五十琰 五十一忝	五十二沁 五十五豔 五十六㮇	二十六緝 二十九葉 三十帖
第八部	二十二覃 二十三談 二十六咸 二十七銜 二十八嚴 二十九凡	四十八感 四十九敢 五十二豏 五十三檻 五十四儼 五十五范	五十三勘 五十四闞 五十七陷 五十八鑑 五十九釅 六十梵	二十七合 二十八盍 三十一洽 三十二狎 三十三業 三十四乏
第九部	一東 二冬 三鍾 四江	一董 二腫 三講	一送 二宋 三用 四絳	
第十部	十陽 十一唐	三十六養 三十七蕩	四十一漾 四十二宕	
第十一部	十二庚 十三耕 十四清 十五青	三十八梗 三十九耿 四十靜 四十一迥	四十三映 四十四諍 四十五勁 四十六徑	

續表

第十二部	十七真 十九臻 一先	十六軫 二十七銑	二十一震 三十二霰	五質 七櫛 十六屑
第十三部	十八諄 二十文 二十一欣 二十三魂 二十四痕	十七準 十八吻 十九隱 二十一混 二十二很	二十二稕 二十三問 二十四焮 二十六慁 二十七恨	
第十四部	二十二元 二十五寒 二十六桓 二十七删 二十八山 二仙	二十阮 二十三旱 二十四緩 二十五潸 二十六產 二十八獮	二十五願 二十八翰 二十九換 三十諫 三十一襇 三十三線	
第十五部	六脂 八微 十二齊 十四皆 十五灰	五旨 七尾 十一薺 十三駭 十四賄	六至 八未 十二霽 十三祭 十四泰 十六怪 十七夬 十八隊 二十廢	六術 八物 九迄 十月 十一沒 十二曷 十三末 十四黠 十五鎋 十七薛
第十六部	五支 十三佳	四紙 十二蟹	五寘 十五卦	二十陌 二十一麥 二十二昔 二十三錫
第十七部	七歌 八戈 九麻	三十三哿 三十四果 三十五馬	三十八箇 三十九過 四十禡	

乍看起來,這個表似乎有漏洞。第一部應該有尤韻字,如"牛謀"

等;第四部應該有虞韻字,如"駒隅"等;第五部應該有麻韻字,如"家華"等;第十部應該有庚韻字,如"兄兵"等;第十六部應該有齊韻字,如"提携"等;第十七部應該有支韻字,如"皮儀"等;第三部應該有蕭肴豪韻字,如"蕭條、包茅、牢騷"等。其實這不是漏洞,因爲段氏認爲這些字是轉音,而不是古本音。段氏説:

> 玉裁保殘守闕,分別古音爲十七部,凡一字而古今異部,以古音爲本音,以今音爲音轉。如"尤"讀怡,"牛"讀疑,"丘"讀欺,必在第一部,而不在第三部者,古本音也;今音在十八尤者,音轉也。舉此可以隅反矣。

> 第一部之韻音轉入於尤,第三部尤幽韻音轉入於蕭宵肴豪,第四部侯韻音轉入於虞,第五部魚虞模韻音轉入於麻,第六部蒸韻音轉入於侵,第七部侵鹽韻音轉入於覃談咸銜嚴凡,第二部至第五部、第六部至第八部音轉皆入於東冬鍾,第九部東冬鍾韻音轉入於陽唐,第十部陽唐韻音轉入於庚,第十一部庚耕清青韻音轉入於真,第十二部真先韻音轉入於文欣魂痕,第十三部文欣魂痕韻音轉入於元寒桓删山仙,第十三部、第十四部音轉皆入於脂微,第十五部脂微齊皆灰韻音轉入於支佳,第十六部支佳韻音轉入於脂齊歌麻,第十七部歌戈韻音轉亦多入於支佳。此音轉之大較也。

段氏在《〈詩經〉韻分十七部表》中一一標出古本音,可以參看。

段氏把古韻分爲十七部,比江永多出四部,因爲他把支脂之分爲三部,真文分爲兩部,尤侯分爲兩部。顧炎武、江永在平入分配上不甚妥當,段氏也把它改正過來了。他在《寄戴東原先生書》中叙述他的古韻分部的過程説:

> 庚辰入都門,得顧亭林《音學五書》讀之,驚怖其考據之博。癸未游於先生之門,觀所爲江慎修行略,又知有《古韻標準》一書,

與顧氏少異，然實未能深知之也。丁亥自都門歸，憶《古韻標準》所稱：元寒桓删山先仙七韻與真諄臻文欣魂痕七韻《三百篇》内分用，不如顧亭林、李天生所云自真至仙古爲一韻之説。與舍弟玉成取《毛詩》細繹之，果信。又細繹之，真臻二韻與諄文欣魂痕五韻《三百篇》内分用，而江氏有未盡也。蕭宵肴豪與尤侯幽分用矣，又細繹之，則侯與尤幽《三百篇》内分用，而江氏有未盡也。支脂之微齊佳皆灰咍九韻，自來言古韻者合爲一韻，及細繹之，則支佳爲一韻，脂微齊皆灰爲一韻，之咍爲一韻，而顧氏、江氏均未知之也。又細繹其平入之分配，正二家之蹖駁。

由此看來，段氏有四大發明：第一是支脂之分用；第二是真文分用；第三是尤侯分用；第四是平入分配比較適當[1]。

段氏《六書音均表》一出，錢大昕譽爲"鑿破混沌"[2]。戴震對於段氏支脂之三分的發現，特別欣賞，贊不絶口。在給段氏的信中説：

> 大著辨別五支、六脂、七之，如清真蒸三韻之不相通，能發自唐以來講韻者所未發。今春將古韻考訂一番，斷從此説爲確論。

他在《六書音均表》裏又説：

> 若夫五支異於六脂，猶清異於真也；七之又異於支脂，猶蒸又異於清真也。實千有餘年莫之或省者，一旦理解，按諸《三百篇》劃然，豈非稽古大快事歟！

支與清、脂與真、之與蒸，都是陰陽對轉的關係。由清真蒸的不相通，悟到支脂之的不相通，真是精思妙悟。在研究方法上，是值得贊揚的。

戴震對段氏的古音學也有不滿意的地方。他認爲：（一）尤侯不必

---

①　平入分配不盡適當，詳見下文。

②　語見段玉裁《寄戴東原先生書》。

分立；（二）支脂與之應放在一起，不應之部列第一，而脂支遠在第十五、十六；（三）應採用顧亭林平仄通押之説，不應區別平仄。段氏爲自己辯解説①：

> 抑先生曾言：尤侯兩韻可無用分。玉裁考周秦漢初之文，侯與尤相近而必獨用。先生又言：十七部次第不能深曉。支脂之析爲三部，能發自唐以來講韻者所未發，但何以不列於一處，而以之第一，脂第十五，支第十六。玉裁按，十七部次第出於自然，非有穿鑿，取第三表細繹之可知也。之咍音與蕭尤近，亦與蒸近；脂微齊皆灰音與諄文元寒近；支佳音與歌戈近，實韻理分劈之大耑。先生又言：顧亭林平仄通押之説未爲非，所定四聲似更張大甚。玉裁按，今四聲不同古，猶古部分不同今，抽繹遺經雅記，差可自信其非妄。以上三者皆不敢爲苟同之論，惟求研審音韻之真而已。

支脂之分立是段氏的創見，對後代音韻學的影響很大。

段氏説：

> 五支、六脂、七之三韻，自唐人功令同用，鮮有知其當分者矣。今試取《詩經韻表》第一部、第十五部、第十六部觀之，其分用乃截然。且自《三百篇》外，凡群經有韻之文，及楚騷、諸子、秦漢、六朝、詞章所用，皆分別謹嚴。隨舉一章數句，無不可證。或有二韻連用，而不辨爲分用者。如《詩·相鼠》二章"齒、止、俟"，第一部也；三章"體、禮、死"，第十五部也②。《魚麗》二章"鱧、旨"，第十五

---

① 段玉裁《寄戴東原先生書》。
② 《詩·鄘風·相鼠》："相鼠有皮，人而無儀。人而無儀，不死何爲？""相鼠有齒，人而無止。人而無止，不死何俟？""相鼠有體，人而無禮。人而無禮，胡不遄死？"第一章押第十七部，因爲已屬歌部，所以不舉爲例。

部也；三章"鯉、有"，第一部也①。《板》五章"懠、毗、迷、尸、屎、葵、資、師"，第十五部也；六章"篾、圭、攜"，第十六部也②。《孟子》引齊人言，"雖有智慧"二句，第十五部也；"雖有鎡基"二句，第一部也③。屈原賦"寧與騏驥抗軛"二句，第十六部也；"寧與黃鵠比翼"二句，第一部也④。秦琅邪臺刻石自"維卅六年"至"莫不得意"凡二十四句，以"始紀子理士海事富志字載意"韻，第一部也；自"應時動事"至"莫不如畫"凡十二句以"帝地懈辟易畫"韻，第十六部也⑤。倘以《相鼠》"齒"與"禮死"成文，《魚麗》"鯉"與"旨"爲韻，則自亂其例而非韻。玉裁讀坊本《詩經·竹竿》二章："泉源在左，淇水在右。女子有行，遠父母兄弟。"每疑"右"爲古韻第一部字，"弟"爲第十五部字，二字古鮮合用，及考唐石經、宋本《集傳》⑥，明國子監注疏本，皆作"遠兄弟父母"，而後其疑豁然。三部自唐以前，分別最嚴。蓋如真文之與庚清與侵，稍知韻理者皆知其不合用也。自唐初功令不察，支脂之同用，佳皆同用，灰咍同用，而古之劃爲三部，始湮没不傳。迄今千一百餘年，言韻者莫有見及此者矣！

---

① 《詩·小雅·魚麗》："魚麗于罶，鲿鯊；君子有酒，多且旨。""魚麗于罶，鰋鯉；君子有酒，多且有。"

② 《詩·大雅·板》："天之方懠，無爲夸毗。威儀卒迷，善人載尸。民之方殿屎，則莫我敢葵。喪亂蔑資，曾莫惠我師。""天之牖民，如壎如篪，如璋如圭，如取如攜。"

③ 《孟子·公孫丑上》："齊人有言曰：'雖有智慧，不如乘勢；雖有鎡基，不如待時。'"

④ 《楚辭·卜居》："寧與騏驥抗軛乎？將隨駑馬之迹乎？寧與黃鵠比翼乎？將與雞鶩爭食乎？"

⑤ 秦琅邪臺刻石："維二十六年，皇帝作始，端平法度，萬物之紀。以明人事，合同父子。聖智仁義，顯白道理。東撫東土，以省卒士。事已大畢，乃臨于海。皇帝之功，勤勞本事。上農除末，黔首是富。普天之下，摶心揖志。器械一量，同書文字。日月所照，舟輿所載，皆終其命，莫不得意。應時動事，是維皇帝。匡飭異俗，陵水經地。憂恤黔首，朝夕不懈。除疑定法，咸知所辟。方伯分職，諸治經易。舉錯必當，莫不如畫。"

⑥ 指朱熹《詩集傳》。

又説：

> 職德爲第一部之入聲，術物迄月没曷末黠鎋薛爲第十五部之
> 入聲，陌麥昔錫爲第十六部之入聲。顧氏於三部平聲既合爲一，
> 故入聲亦合爲一。古分用甚嚴，即唐初功令，陌麥昔同用，錫獨
> 用，職德同用，亦未若平韻之捃合五支、六脂、七之爲一矣。

真文分立，也是段氏的創見。他説：

> 上平十七真、十九臻，下平一先，上聲十六軫、二十七銑，去聲二
> 十一震、三十二霰，入聲五質、七櫛、十六屑，爲古韻第十二部；十八
> 諄、二十文、二十一欣、二十三魂、二十四痕，上聲十七準、十八吻、十
> 九隱、二十一混、二十二很，去聲二十二稕、二十三問、二十四焮、二
> 十六恩、二十七恨，爲古韻第十三部；二十二元、二十五寒、二十六
> 桓、二十七删、二十八山，下平二仙，上聲二十阮、二十三旱、二十四
> 緩、二十五潸、二十六產、二十八獮，去聲二十五願、二十八翰、二十
> 九换、三十諫、三十一襇、三十三線，爲古韻第十四部。《三百篇》及
> 群經屈賦分用畫然。漢以後用韻過寬，三部合用。鄭庠乃以真文元
> 寒删先爲一部。顧氏不能深考，亦合真以下十四韻爲一部。僅可以
> 論漢魏間之古韻，而不可以論《三百篇》之韻也。江氏考《三百篇》，
> 辨元寒桓删山仙之獨爲一部矣，而真臻一部與諄文欣魂痕一部分用
> 尚有未審。讀《詩經韻表》而後見古韻分別之嚴。唐虞時"明明上
> 天，爛然星陳，日月光華，弘于一人"，第十二部也；"南風之薰兮，可
> 以解吾民之愠兮"，第十三部也；"卿雲爛兮，糺縵縵兮，日月光華，
> 旦復旦兮"，第十四部也。三部之分，不始於《三百篇》矣①。

---

① "卿雲、明明"兩歌出於《尚書大傳》，"南風"歌出於《孔子家語》，皆不可信爲唐虞時代的
詩歌；但以此證明三部分用，則是可以的。

第十二部入聲質櫛韻,漢以後多與第十五部入聲合用;三百篇分用畫然。如《東方之日》一章不與二章一韻;《都人士》三章不與二章一韻,可證①。

侯部獨立,也是段氏的創見。他說:

> 下平十九侯、上聲四十五厚、去聲五十候,爲古韻第四部;上平九魚、十虞、十一模,上聲八語、九麌、十姥,去聲九御、十遇、十一暮,入聲十八藥、十九鐸,爲古韻第五部,《詩經》及周秦文字分用畫然。顧氏誤合侯於魚爲一部,江氏又誤合侯於尤爲一部,皆考之未精。顧氏合侯於魚,其所引據,皆漢後轉音,非古本音也。侯古音近尤而別於尤。近尤,故入音同尤②;別於尤,故合諸尤者亦非也。

(二)古十七部諧聲表③

段玉裁說:

> 一聲可諧萬字,萬字而必同部,同聲必同部。明乎此,而部分、音變、平入之相配、四聲之今古不同,皆可得矣。

又說:

---

① 《詩·齊風·東方之日》:"東方之日兮,彼姝者子,在我室兮。在我室兮,履我即兮。""東方之月兮,彼姝者子,在我闥兮。在我闥兮,履我發兮。"
《詩·小雅·都人士》:"彼都人士,臺笠緇撮;彼君子女,綢直如髮。我不見兮,我心不說。""彼都人士,充耳琇實;彼君子女,謂之尹吉。我不見兮,我心苑結。"
② 侯幽不同入,段氏誤。
③ 爲了節省篇幅,下文的表中省略了"聲"字。

考周秦有韻之文,某聲必在某部,至嘖而不可亂。故視其偏旁以何字爲聲,而知其音在某部,易簡而天下之理得也。許叔重作《説文解字》時未有反語,但云某聲,"某聲"即以爲韻書可也。自音有變轉,同一聲而分散於各部各韻。如一"某聲"而"某"在厚韻,"媒腜"在灰韻;一"每聲"而"悔晦"在隊韻,"敏"在軫韻,"晦痗"在厚韻之類,參縒不齊,承學多疑之。要其始,則同諧聲者必同部也。

段氏根據這個原理,作《古十七部諧聲表》。兹照録如下:

第 一 部

絲 台 枲 里 貍 來 思 其 𦣞 龜 𠩺 犛 又 有 尤
右 而 丌 𨑢 之 事 蚩 市 某 才 𢦏 在 母 佩 久
臺 式 以 能 矣 疑 亥 郵 牛 茲 玆 畐 富 不 丕
甾 巛 甾 辭 司 丘 采 友 否 音 宰 啚 止 齒 巳
己 耳 士 喜 寺 時 史 吏 負 畁 緋 戒 婦 舊 乃
異 北 食 戠 子 畜 意 再 葡 備 直 悳 圣 弋 則
賊 革 或 彧 息 亟 力 防 棘 嗇 黑 匿 畟 色 塞
仄 矢 𠬝 服 麥 克 㝵 得 伏 牧 墨 皕 茍

第 二 部

毛 樂 臬 澡 尞 小 丿 少 票 麃 㬥 暴 夭 芺 敖
卓 勞 龠 翟 爵 交 虐 高 喬 刀 召 到 兆 苗 䍃
要 爻 肴 孝 教 学 鑿 巢 弔 堯 囂 盜 勺 隺 弱
皃 貌 梟 号 號 了 叏 皀

第 三 部

九 厹 尻 州 求 流 六 坴 竈 休 舟 㥑 憂 汓 游

髟壽秀頁籑鳥復蜀禿
舀咠囚百僂祝箹㲋埶
翏丐收首保孝竹青廖
夲糗丩帚考昊學奧鹿
秋焦蚤雒丂夰臼玉夙
夒匋叉罶丑艸菊曲局
戚救包爪畜戊屮款佰卜
叔柔叜牢牡宂咎束薅攴
未柔老由臼夒哭齒賣豕
肅矛臭手缶㸚獄毒粟逐
脩周酋報㸚韭屋育业
修留酉好阜棗屋育粟
條幽幽冒卓受族育录
攸卯丝月守肘角告珏
曹森孚冂道劉谷肉木目

第　四　部

俞奏走
須走
需府
攵付㔈
几厚翌
侯咠翌
藍口畫
區侮扁
廚臾具
尌後具
壴聚豆
禹㝷冓
朱取斗
句后主
婁芻、

第　五　部

夫各魚麤正戶圉章咢
瓠居惡席石許寡卻赦
雩古亞度巫午旅谷赤
夸雐去庶毋予隻擇百
蕚慮射暮無吾予蒦尺
琴盧亦賈夕五烏舁帛
于慮御而土雨宁山白
浦虍卸瞿乎兆夏朔炙
專吳與冊羽鼓斥霹
甫巴与素圅處鼓斥耤
父車於涂㞷女禹屰耤
奢家烏余奴下黍㡛昔
者貈瓜舍壺鹵鼠魯乇
沮叚路穌榘呂武若戠
且牙洛鼄巨馬隹蠱郭

鍪 𡧉 霍 霸 叒 迁

第 六 部

瞢 夢 蠅 朋 弓 曾 升 䧹 灷 朕 興 夌 亙 恆 丞
烝 承 徵 兢 厶 厷 仌 登 豋 乘 仍 爯 稱 巹 䔲

第 七 部

咸 鹹 覃 林 心 今 念 金 酓 欽 歆 凡 風 羊 南
㚔 執 男 琴 彡 得 甚 音 先 兓 朁 侵 錦 罙 壬
任 品 㸒 淫 占 黏 乏 三 參 𢦔 韱 㔾 氾 从 兼
廉 僉 閃 㐁 甜 冄 㐭 稟 審 弇 猒 厭 咠 戢 及
立 溼 亼 㬎 隰 合 拾 邑 雥 集 入 十 叶 聶 習
爕 龖 劦 協 㚕 廿 卅

第 八 部

函 臽 峪 監 鹽 炎 剡 熊 焱 敢 厰 嚴 广 詹 斬
毚 甘 奄 燮 欠 冘 妾 甲 枼 涉 法 業 疌 曄 巤
耴 夾 盍 曷 舌 籋 沓 帀

第 九 部

中 躳 宮 東 重 童 龍 公 蟲 冬 夅 降 隆 丰 奉
夆 逢 用 甬 庸 从 𨑒 囱 悤 同 農 邕 雝 宋 戎
封 容 工 巩 空 送 充 共 雙 冢 蒙 凶 匈 兇 癹
宗 崇 嵩 豐 眾 尨 厖 竦 冡 茸

第　十　部

王	行	衡	坓	匡	往	狂	网	岡	黃	廣	易	鍚	陽	湯
兯	醬	將	臧	永	方	放	旁	皇	亢	兵	光	京	羊	羨
毆	襄	庚	康	唐	皀	鄉	卿	上	置	彊	強	兄	桑	爽
尣	梁	彭	央	昌	囧	明	网	兩	相	享	向	尚	良	堂
象	皿	孟	印	慶	丙	更	章	商	亡	亢	喪	長		量
羹	詰	競	香	弜	秉	䨠	亞	蛊	立	介	亡			

第十一部

熒	丁	成	亭	正	生	盈	鳴	殸	壬	廷	呈	戔	戴	青
鼎	名	平	寍	寧	甯	嬰	粤	敬	一	冥	鼏	爭	頃	开
并	貞	霝	坙	井	耿	同	鬬	幸	晶	省				

第十二部

秦	卂	人	儿	舜	瀕	寅	丏	穻	賓	舟	身	旬	巹	信
辛	羠	新	令	天	田	千	年	因	命	申	陳	電	仁	真
顛	佞	匀	旬	雨	閵	進	矤	胤	臤	賢	堅	弦	宓	蠡
民	妻	畾	玄	牽	引	矜	質	八	貝	穴	匹	必	日	瑟
盎	替	實	吉	壹	頡	七	徹	七	卪	即	節	抑	失	栗
夳	漆	至	室	畢	一	乙	血		逸	印				別

第十三部

先	辰	晨	脣	困	麋	屯	春	門	殷	分	釁	薑	艮	西
亜	免	昏	孫	奔	賁	君	員	㲋	鰥	昆	韋	敦	瑘	川
雲	云	存	巾	侖	堇	壼	文	彣	吝	㝬	豩	幽	軍	斤

刃　典　㬎　溫　縕　靣　熏　焚　彬　豚　盾　参　舛　舜　殄
寸　筋　蚰　㬱　㥁　隱　乚　圂　㒼

第十四部

重　專　袁　睘　釆　㒳　卷　叩　㫃　厂　户　彦　雁　鴈　旦
半　辛　言　泉　邊　歡　難　原　䜌　官　臷　襄　展　卵　爰
反　誾　亘　宣　桓　見　連　莧　寬　卅　絲　䜌　夗　宛　〵
干　岸　旱　罕　晏　宴　匽　安　夏　瓜　軋　奻　亶　番　柬
闌　蘭　叩　蘿　單　患　免　夐　肩　弁　冊　山　嵞　戔　㫃
閑　廛　丹　焉　狀　縣　然　元　完　冠　冃　絲　豈　衍　憲
楸　散　潸　槑　樊　延　虜　獻　次　羨　鯀　贊　段　燕　丸
虔　羴　鮮　爨　攀　寒　寋　姦　面　般　煩　雋　示　豪　箅
谷　沿　袞　班　建　算　芊　犬　删　片　隹　扶　允　夋　萬
彔　㲋　斷

第十五部

妻　飛　皆　自　帥　歸　厶　私　攵　衣　鬼　嵬　垔　貴　畾
眔　襄　綏　枚　几　禾　示　視　祁　役　散　豈　微　非　口
韋　幾　佳　崔　唯　雛　夷　匕　尼　旨　稽　耆　齊　尾　犀
虫　犀　眉　畏　希　氏　底　底　奞　㒼　攵　戻　威　癸　比
囙　米　廩　皋　罪　伊　委　回　回　尸　次　戻　利　祝　黎
毇　毀　尒　爾　鼺　豐　死　弟　帅　美　既　此　火　水　矢
兒　二　履　肄　棄　奉　捧　兌　气　无　率　怸　愛　胃　吠
四　豕　爾　季　采　惠　對　卒　未　市　位　貝　退　出　隶
彗　慧　屮　尉　发　切　穎　類　內　字　哲　帶　砅　蟣　屬
丏　曷　离　羍　丰　初　契　害　折　哲　　　戌　歲　薉　外

世　貰　欻　厥　威　祭　医　殹　歺　列　大　介　癹　發　伐
丨　戉　丿　叕　戌　乎　昏　聑　屮　辥　薛　躃　櫗　轍
桀　夆　達　月　舌　最　奪　截　林　聿　律　弗　受　乞　系
衰　妃　配　肥　兀　自　臬　白　喬　术　曳　制　鼻　旻　祟
叔　寁　竄　末　夬　勿　叔　器　執　肖　敝　与　向　算　蓋
繼　會　巜　杀　殺　介　由　畀　首　刺　賴　骨　厷　突　乙
曰　軋　曶　𣥂　銳　屬　鬱　帚　毳　尐　摯

第十六部

支　巂　知　是　智　卑　斯　八　氏　衹　疧　厂　虒　圭　佳
卮　奊　兒　規　鳲　徙　彖　蠡　厷　絲　乚　豸　麗　危　兮
只　鶮　益　蠲　帝　啻　適　易　析　晢　朿　策　速　責　刺
辟　鬲　翳　鶪　脊　臭　鷊　解　厄　乞　狄　迹　秝　厤　歷
役　閲　畫　辰　派　冊　鷇　繫　糸　縈　買

第十七部

它　沱　佗　咼　咼　過　哥　為　皮　乇　可　何　离　離　也
地　施　也　義　儀　義　加　嘉　多　宜　奇　猗　差　麻　靡
我　羅　羅　咠　罷　羆　丞　垂　匕　化　吹　丂　左　沙　瓦
陸　隋　嘴　隨　坐　禾　和　穌　果　裸　朵　崔　肙　瑣　惢
卧　戈　贏　牛　酥

　　段氏的古十七部諧聲表基本上是正確的。但也有錯誤和不足之處。錯誤在於把一些第四部(侯部)的入聲字歸入第三部,這些字是:

谷　角　族　屋　哭　獄　足　束　欶　壴　賣　辱　蓐
曲　玉　蜀　粟　鹿　業　卜　局　禿　木　彔　豕

不足之處是東冬未分立,月物未分立,真質未分立。下文將再論及。

（三）古十七部合用類分表

段氏古韻十七部的次序安排是有意義的。他説：

> 今韻二百六部，始東終乏。以古韻分之，得十有七部。循其條理，以之咍職德爲建首，蕭宵肴豪音近之，故次之。幽尤屋沃燭覺音近蕭，故次之。侯音近尤，故次之。魚虞模藥鐸音近侯。故次之。是爲一類。蒸登音亦近之，故次之。侵鹽添緝葉怗音近蒸，故次之。覃談咸銜嚴凡合盍洽狎業乏音近侵，故次之。是爲一類。之二類者，古亦交互合用。東冬鍾江音與二類近，故次之。陽唐音近冬鍾，故次之。庚耕清青音近陽，故次之。是爲一類。真臻先質櫛屑音近耕清，故次之。諄文欣魂痕音近真，故次之。元寒桓删山仙音近諄，故次之。是爲一類。脂微齊皆灰術物迄月没曷末黠鎋薛音近諄元二部，故次之。支佳陌麥昔錫音近脂，故次之。歌戈麻音近支，故次之。是爲一類。《易大傳》曰："方以類聚，物以群分。"是之謂矣。

段氏把古韻十七部分爲六類，如下表：

第一類	第一部	平聲之咍 去聲志代	上聲止海 入聲職德
第二類	第二部	平聲蕭宵肴豪 去聲嘯笑效号	上聲篠小巧晧
	第三部	平聲尤幽 去聲宥幼	上聲有黝 入聲屋沃燭覺
	第四部	平聲侯 去聲候	上聲厚
	第五部	平聲魚虞模 去聲御遇暮	上聲語麌姥 入聲藥鐸

續表

第三類	第六部	平聲蒸登 去聲證嶝	上聲拯等
	第七部	平聲侵鹽添 去聲沁豔桥	上聲寑琰忝 入聲緝葉怗
	第八部	平聲覃談咸銜嚴凡 去聲勘闞陷鑑釅梵	上聲感敢豏檻儼范 入聲合盍洽狎業乏
第四類	第九部	平聲東冬鍾江 去聲送宋用絳	上聲董腫講
	第十部	平聲陽唐 去聲漾宕	上聲養蕩
	第十一部	平聲庚耕清青 去聲映静勁徑	上聲梗耿静迥
第五類	第十二部	平聲真臻先 去聲震霰	上聲軫銑 入聲質櫛屑
	第十三部	平聲諄文欣魂痕 去聲稕問焮恩恨	上聲準吻隱混很
	第十四部	平聲元寒桓刪山仙 去聲願翰換諫襉線	上聲阮旱緩潸産獼
第六類	第十五部	平聲脂微齊皆灰 去聲至未霽祭泰怪夬隊廢 入聲術物迄月沒曷末黠鎋薛	上聲旨尾薺駭賄
	第十六部	平聲支佳 去聲寘卦	上聲紙蟹 入聲陌麥昔錫
	第十七部	平聲歌戈麻 去聲箇過禡	上聲哿果馬

　　段氏重訂韻部次序,按讀音遠近分類,這也是段氏的創見。之部爲第一類;宵幽侯魚相近,爲第二類;蒸侵談相近,爲第三類;東陽耕相近,爲第四類;真文元相近,爲第五類;脂支歌相近,爲第六類。拿今天我們古音擬測的眼光看來,第一類爲中元音[ə],第二類爲後元音[u]

[o]①[ɔ][ɑ]，第六類爲前元音[ei][e][ai]②，非常整齊。至於陽聲韻（有鼻音韻尾的韻），第三類爲收[-m]的韻，即[um]③[əm][am]；第四類爲收[-ŋ]的韻部，即[ɔŋ][ɑŋ][eŋ]；第五類爲收[-n]的韻部，即[en][ən][an]。這樣分類是非常合理的。

段氏主張合韻之説。他説：

> 合韻以十七部次第分爲六類求之。同類爲近，異類爲遠。非同類而次第相附爲近，次第相隔爲遠。

這意思是説，合韻並不是隨便任何韻部都可以合用的，而是要分別遠近，近者可合，遠者不可合。例如真元合韻，是因爲真元同屬第五類；之幽合韻，是因爲之部在第一類，幽部在第二類，近類可通。

不知有合韻，則或以爲無韻，或指爲方言，或以爲學古之誤，或改字以就韻，或改本音以就韻。這都是錯誤的。

段氏説：

> 古本音與今韻異，是無合韻之説乎？曰有。聲音之道，同源異派，弇侈互輸，協靈通氣，移轉便捷。分爲十七，而無不合。不知有合韻則或以爲無韻。如顧氏於《谷風》之"嵬萎怨"④，《思齊》之"造士"⑤，《抑》之"告則"⑥，《瞻卬》之"鞏後"⑦，《易·

---

① 幽是[u]，宵是[o]。江有誥把幽部排在宵部之前，更爲合理。

② 歌部，我在《漢語史稿》中擬測爲[a]，在《漢語音韻》中擬測爲[ai]。今從後者。

③ 古韻蒸部和侵部相近，可能來源於[um]。《詩·大雅·大明》七章韻"林興心"，《魯頌·閟宮》五章韻"乘滕弓綏增膺懲承"，皆可爲證。

④ 《詩·小雅·谷風》："習習谷風，維山崔嵬。無草不死，無木不萎。忘我大德，思我小怨。"

⑤ 《詩·大雅·思齊》："肆成人有德，小子有造。古之人無斁，譽髦斯士。"

⑥ 《詩·大雅·抑》："訏謨定命，遠猶辰告。敬慎威儀，維民之則。"

⑦ 《詩·大雅·瞻卬》："藐藐昊天，無不克鞏。無忝皇祖，式救爾後。"

象傳》之"文炳、文蔚,順以從君"是也①。或指爲方音。顧氏於
《毛詩·小戎》之"驂"與"中"韻②,《七月》之"陰"與"沖"韻③,
《公劉》之"飲"與"宗"韻④,《小戎》之"音"與"膺弓縢興"韻⑤,
《大明》之"興"與"林心"韻⑥,《易·屯象傳》之"民"與"正"韻⑦,
《臨象傳》之"命"與"正"韻⑧,《離騷》之"名"與"均"韻是也⑨。
或以爲學古之誤,江氏於《離騷》之"同、調"是也⑩。或改字以就
韻,如《毛傳·匏有苦葉》改"軓"爲"軌"以韻"牡"⑪,《無將大車》
改"疻"爲"痕"以韻"塵"⑫;劉原甫欲改"烝也無戎"之"戎"爲
"戍"以韻"務"是也⑬。或改本音以就韻,如《毛詩》《新臺》之
"鮮",顧氏謂古音"徙"⑭;《小雅·杕杜》之"近",顧氏謂古音
"悸"是也⑮。其失也誣矣!

<hr>

① 《易·革卦》:"大人虎變,其文炳也;君子豹變,其文蔚也;小人革面,順以從君也。"
② 《詩·秦風·小戎》:"騏駵是中,騧驪是驂。"
③ 《詩·豳風·七月》:"二之日鑿冰沖沖,三之日納于凌陰。"
④ 《詩·大雅·公劉》:"食之飲之,君之宗之。"
⑤ 《詩·秦風·小戎》:"蒙伐有苑,虎韔鏤膺。交韔二弓,竹閉緄縢。言念君子,載寢載興。
厭厭良人,秩秩德音。"
⑥ 《詩·大雅·大明》:"殷商之旅,其會如林。矢于牧野,維予侯興。上帝臨女,無貳
爾心。"
⑦ 《易·屯卦》:"雖盤桓,志行正也。以貴下賤,大得民也。"
⑧ 《易·臨卦》:"咸臨貞吉,志行正也。咸臨吉,無不利,未順命也。"
⑨ 《離騷》:"皇覽揆予初度兮,肇錫余以嘉名。名余曰正則兮,字余曰靈均。"
⑩ 《離騷》:"曰勉升降以上下兮,求矩矱之所同。湯禹儼而求合兮,摯咎繇而能調。"
⑪ 《詩·邶風·匏有苦葉》:"濟盈不濡軌,雉鳴求其牡。"
⑫ 《詩·小雅·無將大車》:"無將大車,祇自塵兮,無思百憂,祇自疻兮。"
⑬ 《詩·小雅·常棣》:"兄弟鬩於牆,外禦其務。每有良朋,烝也無戎。"
⑭ 《詩·邶風·新臺》:"新臺有泚,河水瀰瀰。燕婉之求,籧篨不鮮。"
⑮ "卜筮偕止,會言近止,征夫邇止。"

　　段氏合韻的理論是可以成立的。今人的詩歌可以合韻,古人的詩歌爲什麼不可以合韻? 若不容許合韻,先秦韻部只好減少到苗夔七部,這是不合理的。在合韻的問題上,段氏有很精闢的議論。他在《答江晉三論韻》中説:

　　　　足下曰:"表中於顧江二公闕韻之處,悉以合韻當之,竊謂此不必也。凡著書之道,通其所可通,而闕其所不可通,增一合韻之名,則自生枝節矣。"四十年前錢辛楣少詹亦早有是言,僕亦以爲誠然也。但合韻之説,淺人以今與古不合而名之,僕則以古與古不合而名之。僕於《毛詩》,誠有本非韻而斥爲韻者,本可不韻之處而定爲韻者(如戴孔二家所説),有用本韻而謂之合韻者,如戴及足下説"奏附驅裕"字是也①。最誤者《匏有苦葉》本"軌"字,而從正義作"軓",謂之合韻。有考正一篇②,疵纇不少。然如《蝃蝀》之"母",《小戎》《七月》《公劉》《蕩》《雲漢》之"驂陰飲諗臨",《小宛》之"令",《無將大車》之"疷",《谷風》之"怨",《采芑》之"敦焞",《杕杜》之"近",不謂合韻,得乎③? 謂之合而其分乃愈明,有權而經乃不廢。合韻之名,不得不立也。足下謂闕其不可通,非此之謂也。義例炳然,非不可通者。苟盡去之,則僕所分十七部之次第脈絡,亦將不可得而尋矣。

────────────

① 《楚茨》六章的"奏禄"、《角弓》六章的"木附猇屬"、《小戎》一章的"驅續轂鐜玉曲"、《角弓》三章的"裕瘉",段氏原以爲是幽侯合韻,江有誥以爲都是侯部字("猇"字非韻)。這裏段氏改從江有誥。

② 考正一篇見《經韻樓集》。

③ 《杕杜》的"近",當依江有誥不入韻。

合韻大約有四種情況：第一種情況是元音相同，收音不同。例如《抑》的"言：行"（an：ang），《瞻卬》的"鞏：後"（ong：o），《無將大車》的"塵：疧"（en：e）。第二種情況是收音相同，元音相近。例如《召旻》的"茂：止"（mu：tɕiə），《抑》的"告：則"（uk：ək），《生民》的"民：嫄"（en：an），《小戎》的"群錞：苑"（ən：an）。第三種情況是元音相近，收音不相同。例如《新臺》的"泚瀰：鮮"（ei：an），《車攻》的"調：同"（u：ong）。距離太遠的，不能認爲是合韻。第三種情況距離較遠，故此類合韻較爲少見。

（四）《詩經》韻分十七部表

這個表是把《詩經》所有入韻的字分隸於古韻十七部。古本音加三角號△爲記，合韻則於字外加圈。

第　一　部

平　　聲

絲治詒（《邶·綠衣》三章）

霾來來思（《終風》二章）

思來（《雄雉》三章）

淇思姬謀（《泉水》一章）

異貽（《靜女》三章）

尤思之（《鄘·載馳》四章）

蚩絲絲謀淇丘期媒期（《衛·氓》一章）

思哉（六章）

淇思之（《竹竿》一章）

期哉塒來思（《王·君子于役》一章）

佩思來（《鄭·子衿》二章）

鍑偲（《齊·盧令》三章）

哉其之之思哉其之之思（《魏·園有桃》一、二章）

期之（《秦·小戎》二章）

梅裘哉（《終南》一章）

思佩（《渭陽》二章）

梅絲絲騏（《曹·鳲鳩》二章）

貍裘(《豳·七月》四章)

騏絲謀(《小雅·皇皇者華》三章)

疚來(《采薇》三章)

來疚(《杕杜》四章)

來又(《南有嘉魚》四章)

臺萊基期(《南山有臺》一章)

來期思(《白駒》三章)

時謀萊矣(《十月之交》五章)

[麶]謀(《小旻》五章)

箕謀(《巷伯》二章)

丘詩之(七章)

來疚(《大東》二章)

裘試(四章)

梅尤(《四月》四章)

期時來(《頍弁》二章)

能又時(《賓之初筵》二章)

[咳]倗郵(四章)

牛哉(《黍苗》二章)

[麶]飴謀龜時茲(《大雅·緜》三章)

絲基(《抑》九章)

富時疚茲(《召旻》五章)

牛右(《周頌·我將》)

之思哉茲(《敬之》)

[紑][俅]基牛鼒(《絲衣》)

駓騏伾期才(《魯頌·駉》二章)

上　　聲

采友(《周南·關雎》四章)

否母(《葛覃》三章)

苢采苢有(《芣苢》一章)

苢苢(二章、三章)

趾子(《麟之趾》一章)

沚事(《召南·采蘩》一章)

子子子(《殷其靁》一、二、三章)

汜以以悔(《江有汜》一章)

矣李子(《何彼襛矣》一章)

裏已(《邶·綠衣》一章)

子否否友(《匏有苦葉》四章)

沚以(《谷風》三章)

久以(《旄丘》二章)

子耳(四章)

齒止止俟(《鄘·相鼠》二章)

右母(《衛·竹竿》二章)

背痗(《伯兮》四章)

李玖(《木瓜》三章)

浼母母有(《王·葛藟》二章)

李子子玖(《丘中有麻》三章)

子里杞母(《鄭·將仲子》一章)

洧士(《褰裳》二章)

晦已子喜(《風雨》三章)

畝母(《齊·南山》三章)

子已止(《魏·陟岵》一章)

屺母(二章)

食食(《唐·有杕之杜》一、二章)

采已涘右沚(《秦·蒹葭》三章)

鯉子(《陳·衡門》三章)

已矣(《墓門》一章)

耜趾子畝喜(《豳·七月》一章)

止杞母(《小雅·四牡》四章)

杞母(《杕杜》三章)

鯉有(《魚麗》三章)

有時(六章)

杞李子母子已(《南山有臺》三章)

載喜右(《彤弓》二章)

沚喜(《菁菁者莪》二章)

里子(《六月》二章)

喜祉久友鯉矣友(六章)

芑畝試(《采芑》一章)

止試(三章)

有俟友右子(《吉日》三章)

海止友母(《沔水》二章)

士止(《祈父》二章)

仕子已殆仕(《節南山》四章)

士宰史氏(《十月之交》四章)

里痗(八章)

仕殆使子使友(《雨無正》六章)

止否(《小旻》五章)

克富又(《小宛》二章)

采負似(三章)

梓止母裏在(《小弁》三章)

祉已(《巧言》二章)

耻久恃(《蓼莪》三章)

子子子子(《大東》四章)

紀仕有(《四月》六章)

杞子事母(《北山》一章)

止起(《楚茨》五章)

理畝(《信南山》一章)

畝秄薿止士(《甫田》一章)

止子畝喜右否畝有敏(三章)

戒事耜畝(《大田》一章)

止子畝喜(四章)

右有有似(《裳裳者華》四章)

友喜(《車舝》一章)

否史耻怠(《賓之初筵》五章)

識又(《賓之初筵》五章)

食誨載食誨載食誨載(《緜蠻》一、二、三章)

時右(《大雅·文王》一章)

已子(二章)

止子(四章)

涘止子(《大明》四章)

止右理猷事(《緜》四章)

母婦(《思齊》一章)

㊀士(五章)

悔祉子(《皇矣》四章)

芑仕子(《文王有聲》八章)

祀子敏止(《生民》一章)

祀子(二章)

字翼(三章)

秘芑秠猷芑負祀(六章)

時祀悔(八章)

時子(《既醉》五章)

士士子(八章)

紀友士子(《假樂》四章)

里有(《公劉》六章)

饎子母(《泂酌》一章)

止士使子(《卷阿》七章)

式止晦(《蕩》五章)

時舊(七章)

友子(《抑》六章)

李子(八章)

否事耳子(十章)

子止悔(十二章)

里喜能忌(《桑柔》十章)

紀宰㊝右止里(《雲漢》七章)

事式(《崧高》二章)

子里(《韓奕》四章)

理海(《江漢》三章)

子似祉(四章)

子已(六章)

誨寺(《瞻卬》三章)

倍事(四章)

富忌(五章)

㊀止(《召旻》四章)

里里舊(七章)

鮪鯉祀福(《周頌·潛》)

祀子(《雝》)

祉母(《雝》)

以婦士耜猷(《載芟》)

耜猷(《良耜》)

始有子(《魯頌·有駜》三章)

子耳(《閟宮》三章)

熾富背試(五章)

喜母士有祉齒(八章)

有始子(《商頌·玄鳥》)

里止海(《商頌·玄鳥》)

子士(《長發》七章)

入　聲

得服側(《周南‧關雎》三章)

革緎食(《召南‧羔羊》二章)

側息(《殷其靁》二章)

側特忒(《鄘‧柏舟》二章)

麥北弋(《桑中》二章)

麥極(《載馳》四章)

極德(《衛‧氓》四章)

側服(《有狐》三章)

麥國國食(《王‧丘中有麻》二章)

飭力直(《鄭‧羔裘》二章)

食息(《狡童》二章)

克得得極(《齊‧南山》四章)

褋服(《魏‧葛屨》一章)

棘食國極(《園有桃》二章)

輻側直億特食(《伐檀》二章)

麥德國國直(《碩鼠》二章)

翼棘稷食極(《唐‧鴇羽》二章)

棘域息(《葛生》二章)

棘息息特(《秦‧黃鳥》一章)

翼服息(《曹‧蜉蝣》二章)

翼服(《候人》二章)

棘忒忒國(《鳲鳩》三章)

㊣麥(《豳‧七月》六章)

克得(《伐柯》一章)

福食德(《小雅‧天保》五章)

翼服戒棘(《采薇》五章)

牧來載棘(《出車》一章)

棘德(《湛露》三章)

飭服㊣國(《六月》一章)

則服(二章)

翼服服國(三章)

翼奭服革(《采芑》二章)

菖特富異(《我行其野》三章)

翼棘革(《斯干》四章)

特克則得力(《正月》七章)

輻載意(九章)

德國(《雨無正》一章)

蜮得極側(《何人斯》八章)

食北(《巷伯》六章)

德極(《蓼莪》四章)

載息(《大東》三章)

來服(四章)

息國(《北山》四章)

息直福(《小明》五章)

棘稷翼億食祀侑福(《楚茨》一章)

祀食福式稷敕極億(四章)

備戒㊣(五章)

翼彧穡食(《信南山》三章)

㊣賊(《大田》二章)

祀黑稷祀福（四章）

翼福（《鴛鴦》二章）

棘極國（《青蠅》二章）

福德（《賓之初筵》四章）

息暱極（《菀柳》一章）

側極（《緜蠻》二章）

翼國（《大雅·文王》三章）

億服（四章）

德福（七章）

翼福國（《大明》三章）

直載翼（《緜》五章）

載備祀福（《旱麓》四章）

德色革則（《皇矣》七章）

亟來囿伏（《靈臺》二章）

式則（《下武》三章）

德服（四章）

北服（《文王有聲》六章）

匐嶷食（《生民》四章）

背翼福（《行葦》八章）

德福（《既醉》一章）

子德（《假樂》一章）

福億（二章）

翼德翼則（《卷阿》五章）

息國極慝德（《民勞》三章）

克服德力（《蕩》三章）

國德德側（四章）

㤰則（《抑》二章）

賊則（八章）

國忒德棘（十二章）

穧食（《桑柔》六章）

賊國力（七章）

極背克力（十五章）

德直國（《崧高》八章）

則德（《烝民》一章）

德則色翼式力（二章）

棘極（《江漢》三章）

德國（六章）

戒國（《常武》一章）

翼克國（五章）

塞來（六章）

忒背極慝識織（《瞻卬》三章）

稷極（《周頌·思文》）

德則（《魯頌·泮水》四章）

德服馘（五章）

稷福穆麥國穡（《閟宮》一章）

忒稷（三章）

國福（《商頌·殷武》四章）

翼極（五章）

第 二 部

平 聲

芼樂(《周南·關雎》五章)

藻潦(《召南·采蘋》一章)

悄小少摽(《邶·柏舟》四章)

暴笑敖悼(《終風》一章)

夭勞(《凱風》一章)

簫翟爵(《簡兮》三章)

旄郊(《鄘·干旄》一章)

綽較謔虐(《衛·淇奧》三章)

敖郊驕鑣朝勞(《碩人》四章)

勞朝暴笑悼(《氓》五章)

刀朝(《河廣》二章)

桃瑤(《木瓜》二章)

苗搖(《王·黍離》一章)

樂樂(《君子陽陽》一、二章)

消麃喬搖(《鄭·清人》二章)

漂要(《蘀兮》一章)

樂謔藥樂謔藥(《溱洧》一、二章)

倒召(《齊·東方未明》一章)

驕切(《甫田》一章)

(滔)儦敖(《載驅》四章)

桃殽謠驕(《魏·園有桃》一章)

苗勞郊郊號(《碩鼠》三章)

鑿襫沃樂(《唐·揚之水》一章)

鑣驕(《秦·駟驖》三章)

櫟駁樂(《晨風》二章)

巢苕切(《陳·防有鵲巢》一章)

皎僚(糾)悄(《月出》一章)

炤燎紹(慘)(三章)

搖朝切(《檜·羔裘》一章)

膏曜悼(三章)

飄嘌弔(《匪風》一章)

苗膏勞(《曹·下泉》一章)

蔞(蜩)(《豳·七月》四章)

(譙)消翹搖嘵(《鴟鴞》三章)

蒿昭桃傚敖(《小雅·鹿鳴》二章)

郊旐旄(《出車》二章)

罩樂(《南有嘉魚》一章)

苗囂旄敖(《車攻》三章)

嗷勞驕(《鴻雁》三章)

苗朝搖(《白駒》一章)

沼樂炤虐殽(《正月》十一、十二章)

勞囂(《十月之交》七章)

盜暴(《巧言》三章)

蒿勞(《蓼莪》一章)

號勞(《北山》五章)

刀毛觱(《信南山》五章)

鷊教(《車舝》二章)　　　　　舟瑤刀(《公劉》二章)

的爵(《賓之初筵》一章)　　　寮囂笑蕘(《板》三章)

藻鎬(《魚藻》一、二、三章)　虐謔蹻藚謔熇藥(四章)

教傚(《角弓》二章)　　　　　昭樂懆虣教虐蕘(《抑》十一章)

瀌消驕(七章)　　　　　　　　削爵濯溺(《桑柔》五章)

苗膏勞(《黍苗》一章)　　　　藐蹻濯(《崧高》四章)

沃樂(《隰桑》二章)　　　　　到樂(《韓奕》五章)

高勞朝(《漸漸之石》一章)　　苗麃(《周頌·載芟》)

燎勞(《大雅·旱麓》五章)　　樂樂樂(《魯頌·有駜》一、二、三章)

廟保(《思齊》三章)　　　　　藻蹻蹻昭笑教(《泮水》二章)

濯翯沼躍(《靈臺》三章)

第 三 部

平 聲

鳩洲逑(《周南·關雎》一章)　蕭秋(《采葛》二章)

流求(二章)　　　　　　　　　瀟膠瘳(《鄭·風雨》二章)

逵仇(《兔罝》二章)　　　　　休慆憂休(《唐·蟋蟀》三章)

休求(《漢廣》一章)　　　　　聊條聊條(《椒聊》一、二章)

舟流憂游(《邶·柏舟》一章)　周游(《有杕之杜》二章)

舟游求救(《谷風》四章)　　　收軸(《秦·小戎》一章)

漕悠游憂(《泉水》四章)　　　袍矛仇(《無衣》一章)

悠漕憂(《鄘·載馳》一章)　　苃椒(《陳·東門之枌》三章)

瀄舟游憂(《衛·竹竿》四章)　蕭周(《曹·下泉》二章)

憂求憂求憂求(《王·黍離》一、　茅綯(《豳·七月》七章)

　二、三章)　　　　　　　　　銶遒休(《破斧》三章)

脩歗歗淑(《中谷有蓷》二章)　裒求(《小雅·常棣》二章)

柔憂(《采薇》二章)

舟浮休(《菁菁者莪》四章)

矛醻(《節南山》八章)

憂休(《十月之交》八章)

流休(《雨無正》五章)

觩柔㉔求(《桑扈》四章)

浮流㉔憂(《角弓》八章)

幽膠(《隰桑》三章)

茅猶(《白華》一章)

臭孚(《大雅·文王》七章)

求孚(《下武》二章)

㉔蹂叟浮(《生民》七章)

曹牢匏(《公劉》四章)

游休酋(《卷阿》二章)

休述㉔憂休(《民勞》二章)

柔劉憂(《桑柔》一章)

浮滔游求(《江漢》一章)

游騷(《常武》三章)

苞流(五章)

收瘳(《瞻卬》一章)

優憂(六章)

觩柔㉔休(《周頌·絲衣》)

陶囚(《魯頌·泮水》五章)

觩搜(七章)

球旒休綠柔優酋(《商頌·長發》四章)

上　　聲

昂禂猶(《召南·小星》二章)

包誘(《野有死麕》一章)

冒好報(《邶·日月》二章)

手老(《擊鼓》四章)

㉔牡(《匏有苦葉》二章)

慆讎售(《谷風》五章)

埽道道醜(《鄘·牆有茨》一章)

報好報好報好(《衛·木瓜》一、二、三章)

陶翿㉔(《王·君子陽陽》二章)

罦造憂覺(《兔爰》二章)

好造(《鄭·緇衣》二章)

狩酒酒好(《叔于田》二章)

鴇首手阜(《大叔于田》三章)

軸陶抽好(《清人》三章)

手儦好(《遵大路》二章)

酒老好(《女曰雞鳴》二章)

好報(三章)

茂道牡好(《齊還》二章)

栲杻埽考保(《唐·山有樞》二章)

晧繡鵠憂(《揚之水》二章)

褎究好(《羔裘》二章)

好好(《有杕之杜》二章)　　　　酒咎(《北山》六章)

阜手狩(《秦·駟驖》一章)　　　蘩洲姒猶(《鼓鐘》三章)

阜手(《小戎》二章)　　　　　　飽首考(《楚茨》六章)

簋飽(《權輿》二章)　　　　　　酒牡考(《信南山》五章)

缶道翿(《陳·宛丘》三章)　　　阜好莠(《大田》二章)

晧懰受慅(《月出》二章)　　　　首阜舅(《頍弁》三章)

棗稻酒壽(《豳·七月》六章)　　首酒(《魚藻》三章)

蚤韭(八章)　　　　　　　　　　首酒(《瓠葉》二、三章)

務戍(《小雅·常棣》四章)　　　首炮酒醻(四章)

埽簋牡舅咎(《伐木》二章)　　　首罶飽(《苕之華》三章)

壽茂(《天保》六章)　　　　　　草道(《何草不黃》四章)

罶酒(《魚麗》一、二、三章)　　樕趣(《大雅·棫樸》一章)

栲杻壽茂(《南山有臺》四章)　　欲孝(《文王有聲》三章)

草考(《湛露》二章)　　　　　　道草茂苞褎秀好(《生民》五章)

纛好醻(《彤弓》三章)　　　　　祝究(《蕩》三章)

饎老猶醜(《采芑》四章)　　　　酒紹(《抑》三章)

好阜草狩(《車攻》二章)　　　　苟饎報(六章)

戊禱好阜阜醜(《吉日》一章)　　寶好(《桑柔》六章)

苞茂好猶(《斯干》一章)　　　　寶保(《崧高》五章)

卯醜(《十月之交》一章)　　　　考保(《烝民》三章)

猶集咎道(《小旻》三章)　　　　道考(《韓奕》一章)

道草擣老首(《小弁》二章)　　　首休考壽(《江漢》六章)

醻究(七章)　　　　　　　　　　福保(《周頌·烈文》)

好草(《巷伯》五章)　　　　　　牡考(《雝》)

受昊(六章)　　　　　　　　　　壽考(《雝》)

壽保(《載見》)

造⊕考孝(《閔予小子》)

鳥蓼(《小毖》)

糾⊕蓼朽茂(《良耜》)

牡酒(《魯頌·有駜》二章)

茆酒酒老道醜(《泮水》三章)

入　聲

谷谷(《周南·葛覃》一、二章)

角族(《麟之趾》三章)

角屋獄獄足(《召南·行露》二章)

楸鹿束玉(《野有死麕》二章)

鞠覆育毒(《邶·谷風》五章)

束讀讀辱(《鄘·牆有茨》三章)

祝六告(《干旄》三章)

陸軸宿告(《衛·考槃》三章)

告鞠(《齊·南山》三章)

曲簀玉玉族(《魏·汾沮洳》三章)

菽篤(《唐·椒聊》二章)

六襖(《無衣》二章)

⊕續轂犉玉曲(《秦·小戎》一章)

奧菽(《豳·七月》六章)

屋轂(七章)

蜀宿(《東山》一章)

陸復宿(《九罭》三章)

谷木(《小雅·伐木》一章)

轂祿足(《天保》二章)

轂玉(《鶴鳴》二章)

谷束玉(《白駒》四章)

轂粟轂族(《黃鳥》一章)

蓫宿畜復(《我行其野》二章)

祿僕祿屋(《正月》三章)

屋轂祿椓獨(十三章)

粟獄卜轂(《小宛》五章)

木谷(六章)

鞠畜育復腹(《蓼莪》四章)

濁轂(《四月》五章)

奧戾菽戚宿覆(《小明》三章)

⊕祿(《楚茨》六章)

霖渥足轂(《信南山》二章)

木⊕獄屬(《角弓》六章)

綠菊局木(《采綠》一章)

束獨(《白華》一章)

夙育⊕(《大雅·生民》一章)

俶告(《既醉》三章)

祿僕(七章)

鹿轂谷(《桑柔》九章)

迪復毒(十一章)

谷轂⊕(十二章)

蕭穆(《周頌·雝》)

角續(《良耜》)

第 四 部

平　　聲

蔓駒(《周南·漢廣》三章)　　駒株(《陳·株林》一章)

姝隅蹰(《邶·静女》一章)　　駒濡驅諏(《小雅·皇皇者華》二

驅侯(《載驅》一章)　　　　　章)

殳驅(《衛·伯兮》一章)　　　隅趨(《緜蠻》二章)

濡侯渝(《鄭·羔裘》一章)　　渝驅(《大雅·板》八章)

樞榆婁驅愉(《唐·山有樞》一章)　隅愚(《抑》一章)

芻隅逅近(《綢繆》二章)

上　　聲

笱後(《邶·谷風》三章)　　　　附後奏侮(《大雅·緜》九章)

咮媾(《曹·候人》三章)　　　　㊀附侮(《皇矣》八章)

豆㊀具孺(《小雅·常棣》六章)　句鍭樹侮(《行葦》六章)

枸楰耇後(《南山有臺》五章)　　主醹斗耇(七章)

餱具(《無羊》二章)　　　　　厚主(《卷阿》二章)

瘉後口口愈侮(《正月》二章)　　漏覯(《抑》七章)

笱後(《小弁》八章)　　　　　後㊀後(《瞻卬》七章)

樹數口厚(《巧言》五章)　　　　后後(《周頌·雝》)

㊀瘉(《角弓》三章)　　　　　后后(《商頌·玄鳥》)

駒後䐓取(五章)

第 五 部

平　　聲

岨瘏痡盱(《周南·卷耳》四章)　華家(《桃夭》一章)

罝夫(《兔罝》一、二、三章)

居御(《召南·鵲巢》一章)

露夜露(《行露》一章)

牙家(三章)

華車(《何彼襛矣》一章)

葭豝虞虞(《騶虞》一、二章)

故露(《邶·式微》一章)

邪且邪且狐烏車邪且(《北風》一、二、三章)

旟都(《鄘·干旄》二章)

瓜琚(《衛·木瓜》一章)

且且(《王·君子陽陽》一、二章)

蒲許(《揚之水》三章)

路袪惡故(《鄭·遵大路》一章)

車華琚都(《有女同車》一章)

蘇華都且(《山有扶蘇》一章)

闍荼荼且蕑娛(《出其東門》二章)

著素華(《齊著》一章)

圃瞿夜莫(《東方未明》三章)

沮莫度度路(《魏·汾沮洳》一章)

莫除居瞿(《唐·蟋蟀》一章)

袪居故(《羔裘》一章)

夜居(《葛生》四章)

渠餘輿輿(《秦·權輿》一二章)

華家(《檜·隰有長楚》二章)

瓜壺苴樗夫(《豳·七月》六章)

據荼租瘏家(《鴟鴞》三章)

胡膚(《狼跋》一章)

胡膚瑕(二章)

華夫(《小雅·皇皇者華》一章)

家帑圖乎(《常棣》八章)

固除庶(《天保》一章)

作莫家故居故(《采薇》一章)

華車(四章)

華塗居書(《出車》四章)

牙居(《祈父》一章)

樗故居家(《我行其野》一章)

除去芋(《斯干》三章)

魚旟(《無羊》四章)

徒夫(《十月之交》四章)

圖辜鋪(《雨無正》一章)

夫夜夕惡(二章)

都家(七章)

且辜幠(《巧言》一章)

幠辜(《巧言》一章)

舍車盱(《何人斯》五章)

廬瓜菹(《信南山》三章)

蒲居(《魚藻》三章)

餘旟盱(《都人士》五章)

狐車(《何草不黃》四章)

徒家(《大雅·緜》五章)

瑕Ⓧ(《思齊》四章)

椐柘路固(《皇矣》二章)

去呱訏路(《生民》三章)

呼夜(《蕩》五章)

度虞(《抑》五章)

去故莫虞怒(《雲漢》六章)

祖屠壺魚蒲車且胥(《韓奕》三章)

居譽(五章)

車旟舒鋪(《江漢》一章)

惡斁夜譽(《周頌·振鷺》)

沮魚(《潛》)

駵魚祛邪祖(《魯頌·駉》四章)

上　　聲

楚馬(《召南·漢廣》二章)

筥釜(《采蘋》二章)

下女(三章)

下處(《殷其靁》三章)

渚與與處(《江有汜》二章)

茹據愬怒(《邶·柏舟》二章)

羽野雨(《燕燕》一章)

士處顧(《日月》一章)

處馬下(《擊鼓》三章)

下苦(《凱風》三章)

羽阻(《雄雉》一章)

雨怒(《谷風》一章)

處與(《旄丘》二章)

舞處(《簡兮》一章)

俁舞虎組(二章)

虛楚(《鄘·定之方中》二章)

雨Ⓜ(《蝃蝀》二章)

組五予(《干旄》二章)

楚甫(《王·揚之水》二章)

滸父父顧(《葛藟》一章)

野馬馬武(《鄭·叔于田》三章)

馬組舞舉虎所女(《大叔于田》一章)

射御(二章)

楚女女(《揚之水》一章)

鱮雨(《齊·敝笱》二章)

岵父(《魏·陟岵》一章)

鼠黍女顧女土土所(《碩鼠》一章)

鼠女女(二、三章)

楚戶者者(《唐·綢繆》三章)

杜湑踽父(《杕杜》一章)

羽栩鹽黍怙所(《鴇羽》一章)

楚野處(《葛生》一章)

苦下與(《采苓》二章)

楚虎虎禦(《秦·黃鳥》三章)

鼓下夏羽(《陳·宛丘》二章)
栩下(《東門之枌》一章)
紵語(《東門之池》二章)
顧予(《墓門》二章)
馬野(《株林》二章)
羽楚處(《曹·蜉蝣》一章)
股羽野宇户下鼠户處(《豳·七月》五章)
圃稼(七章)
雨土户予(《鴟鴞》二章)
野下(《東山》一章)
宇户(二章)
羽馬(四章)
渚所處(《九罭》二章)
馬盬處(《小雅·四牡》二章)
下栩盬父(三章)
許藇羜父顧(《伐木》二章)
湑酤鼓舞暇湑(三章)
盬處(《采薇》三章)
杜盬(《杕杜》一、二章)
湑寫語處(《蓼蕭》一章)
茹穫(《六月》四章)
鼓旅(《采芑》三章)
午馬麌所(《吉日》二章)
羽野寡(《鴻雁》一章)
野渚(《鶴鳴》一章)
栩黍處父(《黄鳥》三章)
祖堵户處語(《斯干》二章)
雨輔予(《正月》十章)
馬處(《十月之交》四章)
土沮(《小旻》一章)
扈寡(《小宛》五章)
怒沮(《巧言》二章)
者諆虎(《巷伯》六章)
雨女予(《谷風》一章)
夏暑予(《四月》一章)
下土(《北山》二章)
土野暑苦雨罟(《小明》一章)
除莫庶暇顧怒(二章)
處與女(四章)
祖祜(《信南山》四章)
鼓祖雨黍女(《甫田》二章)
湑寫寫處(《裳裳者華》一章)
扈羽胥祜(《桑扈》一章)
譽射(《車舝》二章)
女舞(三章)
湑寫(四章)
楚旅(《賓之初筵》一章)
鼓奏祖(二章)
語羖(四章)

筥予予馬予齬(《采菽》一章)

股下紓予(三章)

鰊者(《采綠》四章)

御旅處(《黍苗》三章)

虎野暇(《何草不黃》三章)

辥祖(《大雅·文王》五章)

旅野女(《大明》七章)

沮父(《緜》一章)

父馬滸下女宇(二章)

怒旅旅祜下(《皇矣》五章)

許武祜(《下武》五章)

御羭(《行葦》三章)

渚處湑脯下(《鳧鷖》三章)

野處旅語(《公劉》三章)

怒豫(《板》八章)

宇怒處圉(《桑柔》四章)

沮所顧助祖予(《雲漢》四章)

馬土(《崧高》五章)

下甫(《烝民》一章)

若賦(二章)

茹吐甫茹吐寡禦(五章)

舉舉助補(六章)

土訏甫嘑虎(《韓奕》五章)

滸虎土(《江漢》三章)

㊏祖父戎(《常武》一章)

父旅浦土處緒(二章)

武怒虎虜浦所(四章)

鼓虡羽鼓圉⊛舉(《周頌·有瞽》)

祜瑕(《載見》)

馬旅馬(《有客》)

女筥黍(《良耜》)

馬野者馬野者馬野者馬野者(《魯頌·駉》一、二、三、四章)

下舞(《有駜》一章)

武祖祜(《泮水》四章)

黍秬士緒(《閟宮》一章)

武緒野虞女旅父魯宇輔(二章)

祖女(三章)

嘏魯許宇(八章)

鼓祖(《商頌·那》)

祖祜所(《烈祖》)

武楚阻旅所緒楚(《殷武》一、二章)

入　聲

莫濩綌斁(《周南·葛覃》二章)

石席(《邶·柏舟》三章)

落若(《衛·氓》三章)

蓆作(《鄭·緇衣》三章)

籜伯(《籜兮》一、二章)

薄鞹夕(《齊·載驅》一章)

碩獲（《秦·駟驖》二章）　　　　　　　炙酢（《瓠葉》三章）

澤戟作（《無衣》二章）　　　　　　　赫莫獲度廓宅（《大雅·皇矣》一章）

穫攇貉（《豳·七月》四章）　　　　　　席酢（《行葦》三章）

駱若度（《小雅·皇皇者華》四章）　　炙臄哿（四章）

奕舄繹（《車攻》四章）　　　　　　　懌莫（《板》二章）

澤作宅（《鴻雁》三章）　　　　　　　格度射（《抑》七章）

攇石錯（《鶴鳴》一章）　　　　　　　作獲赫（《桑柔》十四章）

藿夕客（《白駒》二章）　　　　　　　伯宅（《崧高》二章）

閣橐（《斯干》三章）　　　　　　　　碩伯（八章）

惡懌（《節南山》八章）　　　　　　　貊伯塈籍（《韓奕》六章）

作莫度獲（《巧言》四章）　　　　　　業作（《常武》三章）

踖碩炙莫庶客錯度獲格作（《楚　　　柞澤（《周頌·載芟》）

　茨》三章）　　　　　　　　　　　駱雒繹斁作（《魯頌·駉》二章）

碩若（《大田》一章）　　　　　　　　博斁逆獲（《泮水》七章）

洛洛洛（《瞻彼洛矣》一、二、三章）　繹宅貊諾若（《閟宮》七章）

白駱駱若（《裳裳者華》三章）　　　　柏度尺舄碩奕作碩若（九章）

柏奕懌（《頍弁》一章）　　　　　　　斁奕客懌昔作夕恪（《商頌·那》）

第　六　部

平　　聲

薨繩（《周南·螽斯》二章）　　　　　膺弓縢興音（《秦·小戎》三章）

掤弓（《鄭·大叔于田》三章）　　　　興陵增（《小雅·天保》三章）

來贈（《女曰雞鳴》三章）　　　　　　恒升崩承（六章）

薨夢憎（《齊·雞鳴》三章）　　　　　陵朋（《菁菁者莪》三章）

升朋（《唐·椒聊》一章）　　　　　　陵懲興（《沔水》三章）

興夢(《斯干》六章)

蒸雄兢崩肱升(《無羊》三章)

蒸夢勝憎(《正月》四章)

陵懲夢雄(五章)

騰崩陵懲(《十月之交》三章)

兢冰(《小旻》五章)

兢冰(《小宛》六章)

弓繩(《采綠》三章)

隩薨登馮興勝(《大雅·緜》六章)

烝烝烝烝烝烝烝烝(《文王有聲》一至八章)

登升(《生民》八章)

繩承(《抑》六章)

崩騰朋陵(《魯頌·閟宮》四章)

乘縢弓綅增膺懲承(五章)

勝乘承(《商頌·玄鳥》)

第　七　部

平　　聲

覃覃(《周南·葛覃》一、二章)

林心(《兔罝》三章)

三今(《召南·摽梅》二章)

風心(《邶·綠衣》四章)

音南心(《燕燕》三章)

南心(《凱風》一章)

音心(四章)

音心(《雄雉》二章)

風心(《谷風》一章)

甚耽(《衛·氓》三章)

衿心音(《鄭·子衿》一章)

風林欽(《秦·晨風》一章)

林南林南(《陳·株林》一章)

鬻音(《檜·匪風》三章)

芩琴琴湛心(《小雅·鹿鳴》三章)

駸諗(《四牡》五章)

琴湛(《常棣》七章)

音心(《白駒》四章)

簟寢(《斯干》六章)

風南心(《何人斯》四章)

錦甚(《巷伯》一章)

欽琴音南僭(《鼓鐘》四章)

琴心(《車舝》五章)

林湛(《賓之初筵》二章)

煁心(《白華》四章)

林興心(《大雅·大明》七章)

音男(《思齊》一章)

心音(《皇矣》四章)

林林(《生民》三章)　　　　　　風心(《烝民》八章)
歆今(八章)　　　　　　　　　　深今(《瞻卬》七章)
南音(《卷阿》一章)　　　　　　玷貶(《召旻》三章)
僭心(《抑》九章)　　　　　　　心南(《魯頌·泮水》六章)
風心(《桑柔》六章)　　　　　　林黮音琛金(八章)
林譖(九章)

入　　聲

揖蟄(《周南·螽斯》三章)　　　合翕(《常棣》七章)
及泣(《邶·燕燕》二章)　　　　濈溼(《無羊》一章)
湜泣泣及(《王·中谷有蓷》三章)　集合(《大雅·大明》四章)
合軜邑(《秦·小戎》二章)　　　楫及(《棫樸》三章)
隰及(《小雅·皇皇者華》一章)　輯洽(《板》二章)

第　八　部

平　　聲

檻葼敢(《王·大車》一章)　　　甘餤(三章)
苕儼枕(《陳·澤陂》三章)　　　藍襜詹(《采綠》二章)
巖瞻惔談斬監(《小雅·節南山》　巖詹(《魯頌·閟宮》六章)
　一章)　　　　　　　　　　　監巖濫遑(《商頌·殷武》四章)
涵讒(《巧言》二章)

入　　聲

葉涉(《邶·匏有苦葉》一章)　　業捷(《小雅·采薇》四章)
葉韘韘甲(《衛·芄蘭》二章)　　業捷及(《大雅·烝民》七章)

葉業(《商頌·長發》七章)

第 九 部

平　聲

中宮(《召南·采蘩》二章)

僮公(三章)

蟲螽仲降(《草蟲》一章)

埤訟訟從(《行露》三章)

縫總公(《羔羊》三章)

東公同(《小星》一章)

襛襛(《何彼襛矣》一章)

蓬豵(《騶虞》二章)

仲宋仲(《邶·擊鼓》二章)

躬中(《式微》二章)

戎東同(《旄丘》三章)

中宮中宮(《鄘·桑中》一、二章)

葑東庸中宮(三章)

中宮(《定之方中》一章)

東蓬容(《衛·伯兮》二章)

罿庸凶聰(《王·兔爰》三章)

控送(《鄭·大叔于田》二章)

松龍充童(《山有扶蘇》二章)

丰巷送(《丰》一章)

雙庸庸從(《齊·南山》二章)

葑東從(《唐·采苓》三章)

中⓵(《秦·小戎》二章)

同功豵公(《豳·七月》四章)

同功(七章)

沖㊈(八章)

東濛東濛東濛東濛(《東山》一、二、三、四章)

蟲螽仲降仲戎(《小雅·出車》五章)

濃沖離同(《蓼蕭》四章)

㊀公(《六月》三章)

攻同龐東(《車攻》一章)

㊁同(五章)

同從(《吉日》二章)

聰饔(《祈父》三章)

傭訩(《節南山》六章)

誦訩邦(十章)

從用邛(《小旻》一章)

共邛(《巧言》三章)

東空(《大東》二章)

離重(《無將大車》三章)

同邦(《瞻彼洛矣》三章)

同功(《賓之初筵》一章)

蓬邦同從(《采菽》四章)

中降(《大雅·旱麓》二章)

公恫邦(《思齊》二章)

恭邦共(《皇矣》五章)

衝庸(七章)

樅鏞鐘廱(《靈臺》四章)

鐘廱逢公(五章)

功崇豐(《文王有聲》二章)

廱東(六章)

襁唪(《生民》四章)

融終(《既醉》三章)

濼宗宗降崇(《鳬鷖》四章)

〇宗(《公劉》四章)

〇終(《蕩》一章)

蟲宮宗〇躬(《雲漢》二章)

邦功(《崧高》二章)

邦庸(三章)

同功(《常武》六章)

訌共邦(《召旻》二章)

中〇躬(六章)

邦崇功 〇(《周頌·烈文》)

工公(《臣工》)

雝容(《振鷺》)

雝公(《雝》)

訩功(《魯頌·泮水》六章)

公東庸(《閟宮》三章)

蒙東邦同從功(六章)

共厖龍勇動竦總(《商頌·長發》五章)

第 十 部

平　聲

筐行(《周南·卷耳》一章)

岡黃觥傷(三章)

荒將(《樛木》二章)

廣泳永方廣泳永方廣泳永方(《漢廣》一、二、三章)

方將(《召南·鵲巢》二章)

陽遑(《殷其靁》一章)

裳亡(《邶·綠衣》一章)

頏將(《燕燕》二章)

方良忘(《日月》三章)

鏜兵行(《擊鼓》一章)

行臧(《雄雉》四章)

涼雱行(《北風》一章)

景養(《二子乘舟》一章)

襄詳詳長(《鄘·牆有茨》二章)

唐鄉姜(《桑中》一章)

上上上(一、二、三章)

彊良兄(《鶉之奔奔》一章)

堂京桑臧(《定之方中》二章)

螽行狂(《載馳》三章)

湯裳爽行(《衛·氓》四章)

廣杭望(《河廣》一章)

梁裳(《有狐》一章)

陽簧房(《王·君子陽陽》一章)

牆桑兄(《鄭·將仲子》二章)

黃襄行揚(《大叔于田》二章)

彭旁英翔(《清人》一章)

行英翔將姜忘(《有女同車》二章)

狂狂(《褰裳》一、二章)

昌堂將(《丰》二章)

裳行(三章)

瀼揚臧(《野有蔓草》二章)

明昌明光(《齊·雞鳴》二章)

昌陽狼臧(《還》三章)

堂黃英(《著》三章)

明裳(《東方未明》一章)

兩蕩(《南山》二章)

湯彭蕩翔(《載驅》三章)

昌長揚揚蹌臧(《猗嗟》一章)

霜裳(《魏·葛屨》一章)

方桑英英行(《汾沮洳》二章)

岡兄(《陟岵》三章)

堂康荒(《唐·蟋蟀》一、二、三章)

行桑梁嘗常(《鴇羽》三章)

桑楊簧亡(《秦·車鄰》三章)

蒼霜方長央(《蒹葭》一章)

堂裳將忘(《終南》二章)

桑行行防(《黃鳥》二章)

裳兵行(《無衣》三章)

陽黃(《渭陽》一章)

湯上望(《陳·宛丘》一章)

魴姜(《衡門》二章)

楊牂煌(《東門之楊》一章)

翔堂傷(《檜羔裘》二章)

稂京(《曹·下泉》一章)

陽庚筐行桑(《豳·七月》二章)

桑牂揚桑(三章)

黃揚裳(三章)

霜場饗羊堂觥疆(八章)

場行(《東山》二章)

斨皇將(《破斧》一章)

魴裳(《九罭》一章)

簧將行(《小雅·鹿鳴》一章)

享嘗王疆(《天保》四章)

剛陽(《采薇》三章)

方彭央方襄(《出車》三章)

陽傷遑(《杕杜》一章)

桑楊光疆(《南山有臺》二章)

瀼光爽忘(《蓼蕭》二章)

藏覜饗(《彤弓》一章)

方陽章央行(《六月》四章)

鄉央衡瑲皇珩(《采芑》二章)

央光將(《庭燎》一章)

湯揚行忘(《沔水》二章)

桑梁明兄(《黃鳥》二章)

祥祥(《斯干》七章)

牀裳璋喤皇王(八章)

霜傷將京痒(《正月》一章)

行良常藏(《十月之交》二章)

向藏王向(六章)

盟長(《巧言》三章)

霜行(《大東》二章)

漿長光襄(五章)

襄章箱明庚行(六章)

揚漿(七章)

彭旁將剛方(《北山》三章)

牀行(四章)

仰掌(五章)

將湯傷忘(《鼓鐘》一章)

蹌羊嘗亨將祊明皇饗慶疆(《楚茨》二章)

將慶(六章)

享明皇疆(《信南山》六章)

明羊方臧慶(《甫田》二章)

梁京倉箱梁慶疆(四章)

泱泱泱(《瞻彼洛矣》一、二、三章)

黃章章慶(《裳裳者華》二章)

上恆臧(《頍弁》一章)

仰行(《車舝》五章)

抗張(《賓之初筵》一章)

良方讓忘(《角弓》四章)

黃章望(《都人士》一章)

藏忘(《隰桑》四章)

梁良(《白華》七章)

亨嘗(《瓠葉》一章)

黃傷(《苕華》一章)

黃行將方(《何草不黃》一章)

常京(《大雅·文王》五章)

上王方(《大明》一章)

商京行王(二章)

梁光(五章)

王京行王商(六章)

洋煌彭揚王商明(八章)

伉將行(《緜》七章)

王璋(《棫樸》二章)

章相王方(五章)

兄慶光喪方(《皇矣》三章)

京疆岡(六章)

陽將方王(六章)

王方(七章)

王京(《下武》一章)

王京(《文王有聲》七章)

將明(《既醉》二章)

皇王忘章(《假樂》二章)

疆綱(三章)

康疆倉糧囊光張揚行(《公劉》一章)

岡京(三章)

長岡陽(五章)

糧陽荒(五章)

長康常(《卷阿》四章)

卬璋望綱(六章)

岡陽(九章)

康方良明王(《民勞》一章)

明王(板八章)

商商商商商商商(《蕩》二至八章)

明卿(四章)

蟊羹喪行方(六章)

尚亡(《抑》四章)

章兵方(四章)

將往競梗(《桑柔》三章)

王瘁荒蒼(七章)

瞻相臧腸狂(八章)

疆粻行(《崧高》六章)

將明(《烝民》四章)

彭鏘方(七章)

張王章衡錫(《韓奕》二章)

彭鏘光(四章)

湯洸方王(《江漢》二章)

祥亡(《瞻卬》五章)

罔亡罔亡(六章)

喪亡荒(《召旻》一章)

荒唐行(《周頌·天作》)

方王饗(《我將》)

王康皇康方明喤將穰(《執競》)

王章陽央鶬光享(《載見》)

王忘(《閔予小子》)

將明行(《敬之》)

香光(《載芟》)

皇黃彭疆臧(《魯·頌駉》一章)

黃明(《有駜》一章)

皇揚(《泮水》六章)

王陽商(《閟宮》二章)

嘗衡剛將羹房洋慶昌臧方常(四章)

嘗將(《商頌·那》)

疆衡鶬享將康穰享疆嘗將(《烈祖》)

商芒湯方(《玄鳥》)　　　　　　衡王(七章)

商祥芒方疆長將商(《長發》一章)　　鄉湯羌享王常(《殷武》二章)

第十一部

平　　聲

縈成(《周南·樛木》一章)　　　　庭楹正冥寧(《斯干》五章)

丁城(《兔罝》一章)　　　　　　定生寧醒成政性(《節南山》六章)

定姓(《麟之趾》二章)　　　　　⑩騁(七章)

盈成(《召南·鵲巢》三章)　　　平寧正(九章)

星征(《小星》一、二章)　　　　程經聽爭成(《小旻》四章)

盈鳴(《邶·匏有苦葉》二章)　　⑪鳴征生(《小宛》四章)

盈鳴(同上)　　　　　　　　　冥潁(《無將大車》二章)

旌城(《鄘·干旄》三章)　　　　⑩屏(《桑扈》二章)

青瑩星(《衛·淇奧》二章)　　　營成(《黍苗》四章)

清盈(《鄭·溱洧》二章)　　　　平清成寧(五章)

鳴盈鳴聲(《齊·雞鳴》一章)　　青生(《苕華》二章)

庭青瑩(《著》二章)　　　　　　生楨寧(《大雅·文王》三章)

名清成正甥(《猗嗟》二章)　　　成生(《緜》九章)

菁⑰姓(《唐·杕杜》二章)　　　屏平(《皇矣》二章)

鳴苹笙(《小雅·鹿鳴》一章)　　營成(《靈臺》一章)

平寧生(《常棣》五章)　　　　　聲聲寧成(《文王有聲》一章)

丁嚶(《伐木》一章)　　　　　　正成(七章)

鳴聲聲生聽平(同上)　　　　　靈寧(《生民》二章)

定聘(《采薇》二章)　　　　　　涇寧清馨成(《鳧鷖》一章)

鳴旌旌驚盈(《車攻》七章)　　　鳴生(《卷阿》九章)

征聲成(八章)　　　　　　　　屏寧城(《板》七章)

刑聽傾(《蕩》七章)　　　　　　城城(《瞻卬》三章)

政刑(《抑》三章)　　　　　　　成禎(《周頌·維清》)

盈成(十章)　　　　　　　　　庭聲鳴聽成(《有瞽》)

性聽(《雲漢》一章)　　　　　　庭敬(《閔予小子》)

星贏成正寧(八章)　　　　　　馨寧(《載芟》)

營城成(《崧高》四章)　　　　　盈寧(《良耜》)

平定爭寧(《江漢》二章)　　　　成聲平聲聲(《商頌·那》)

霆驚(《常武》三章)　　　　　　成平爭(《烈祖》)

平庭(六章)　　　　　　　　　聲靈寧生(《殷武》五章)

第十二部

平　　聲

蓁人(《周南·桃夭》三章)　　　溱人(《褰裳》一章)

麟麟麟(《麟之趾》一、二、三章)　薪人信(《揚之水》二章)

蘋濱(《召南·采蘋》一章)　　　顛令(《齊·東方未明》二章)

淵身人(《邶·燕燕》四章)　　　田人(《甫田》一、二章)

洵信(《擊鼓》五章)　　　　　令仁(《盧令》一章)

薪人(《凱風》二章)　　　　　鄰命人(《唐·揚之水》二章)

襮苓人人人(《簡兮》四章)　　　薪天人人(《綢繆》一章)

天人天人(《鄘·邶舟》一、二章)　苓顛信(《采苓》一章)

零人田人淵千(《定之方中》三章)　鄰顛令(《秦·車鄰》一章)

人姻信命(《蝃蝀》三章)　　　天人身天人身天人身(《黃鳥》一、

天人天人天人(《王·黍離》一、　　二、三章)

　二、三章)　　　　　　　　　榛人人年(《曹·鳲鳩》四章)

薪申(《揚之水》一章)　　　　薪年(《豳·東山》三章)

田人人仁(《鄭·叔于田》一章)　駰均詢(《小雅·皇皇者華》五章)

田千(《采芑》一、二章)

天千(三章)

淵闐(同上)

天淵(《鶴鳴》二章)

年溱(《無羊》四章)

親信(《節南山》四章)

電令(《十月之交》三章)

天人(七章)

天信臻身天(《雨無正》三章)

天人人(《小宛》一章)

陳人人天(《何人斯》三章)

翩人信(《巷伯》三章)

天人人(五章)

薪人(《大東》三章)

薪人(同上)

天淵(《四月》七章)

濱臣均賢(《北山》二章)

塵䟆(《無將大車》一章)

盡引(《楚茨》六章)

甸田(《信南山》一章)

賓年(三章)

田千陳人年(《甫田》一章)

岡薪(《車舝》四章)

榛人(《青蠅》三章)

命申(《采菽》三章)

天臻矜(《菀柳》三章)

田人(《白華》三章)

薪人(四章)

玄矜民(《何草不黃》二章)

天新(《大雅·文王》一章)

躬天(七章)

天莘(《大明》六章)

天人(《棫樸》四章)

天淵人(《旱麓》三章)

民嬪(《生民》一章)

堅鈞均賢(《行葦》五章)

壼年胤(《既醉》六章)

人天命申(《假樂》一章)

天人命人(《卷阿》八章)

旬民填天矜(《桑柔》一章)

翩民燼頻(二章)

天人臻(《雲漢》一章)

天神申(《崧高》一章)

田人(三章)

身人(《烝民》四章)

甸命(《韓奕》一章)

亹人田命命年(《江漢》五章)

田人(《瞻卬》二章)

天人(三章)

替引頻(《召旻》五六章)

人訓刑(《周頌·烈文》)

人天(《雝》)

入　聲

實室(《周南·桃夭》三章)

祮襭(《芣苢》三章)

七吉(《召南·摽有梅》一章)

曀曀霆(《邶·終風》三章)

㊝節日(《旄丘》一章)

日室栗漆瑟(《鄘·定之方中》一章)

日疾(《衛·伯兮》三章)

實噎(《王·黍離》三章)

室穴日(《大車》三章)

栗室即(《鄭·東風之壇》二章)

日室室即(《齊·東方之日》一章)

漆栗瑟日耊(《唐·山有樞》三章)

七吉(《無衣》一章)

日室(《葛生》五章)

漆栗瑟耊(《秦·車鄰》二章)

穴慄穴慄穴慄(《黃鳥》一、二、三章)

韠結一(《檜·素冠》三章)

實室(《隰有長楚》三章)

七一一結(《曹·鳲鳩》一章)

㊝室(《豳·鴟鴞》一章)

實室(《東山》二章)

垤室窒至(三章)

實日(《小雅·杕杜》一章)

至恤(四章)

徹逸(《十月之交》八章)

血疾室(《雨無正》七章)

恤至(《蓼莪三章》)

珌室(《瞻彼·洛矣》二章)

設逸(《賓之初筵》一章)

抑怭秩(三章)

實吉結(《都人士》三章)

飶㊝(《大雅·緜》一章)

穴室(同上)

㊝匹(《文王有聲》三章)

栗室(《生民》五章)

抑秩匹(《假樂》三章)

密即(《公劉》六章)

愬恤㊝(《桑柔》五章)

挃栗櫛室(《周頌·良耜》)

第十三部

平　聲

訧孫振(《周南·螽斯》一章)　　晨煇旂(《小雅·庭燎》三章)

麏春(《召南·野有死麕》一章)　　群犉(《無羊》一章)

縞孫(《何彼襛矣》三章)　　云慇(《正月》十二章)

門殷貧艱(《邶·北門》一章)　　先墐忍隕(《小弁》六章)

洒浼殄(《新臺》二章)　　艱門云(《何人斯》一章)

奔君(《鄘·鶉之奔奔》二章)　　雲雰(《信南山》二章)

倩盼(《衛·碩人》二章)　　芹旂(《采菽》二章)

隕貧(《氓》四章)　　慍問(《大雅·緜》八章)

湣昆昆聞(《王·葛藟》三章)　　亹熏欣芬艱(《鳧鷖》五章)

哼璘奔(《大車》二章)　　訓順(《抑》二章)

順問(《鄭·女曰雞鳴》三章)　　慇辰東痻(《桑柔》四章)

門雲雲存巾員(《出其東門》一章)　　川焚熏聞遯(《雲漢》五章)

鰥雲(《齊·敝笱》一章)　　雲門(《韓奕》四章)

輪湣淪困鶉殄(《魏·伐檀》三章)　　典禋(《周頌·維清》)

群錞苑(《秦·小戎》三章)　　耘畛(《載芟》)

勤閔(《豳·鴟鴞》一章)　　芹旂(《魯頌·泮水》一章)

第十四部

平　聲

轉卷選(《邶·柏舟》三章)　　泉歎(四章)

雁旦泮(《匏有苦葉》三章)　　孌管(《静女》二章)

干言(《泉水》三章)　　展袢顏媛(《鄘·君子偕老》三章)

反遠（《載馳》二章）

儞咺諼儞咺諼（《衛·淇奧》一、二章）

澗寬言諼（《考槃》一章）

垣關關漣關言言遷（《氓》二章）

怨岸泮宴晏旦反（六章）

乾歎歎難（《王·中谷有蓷》一章）

館粲館粲館粲（《鄭·緇衣》一、二、三章）

園檀言（《將仲子》三章）

慢罕（《大叔于田》三章）

晏粲彥（《羔裘》三章）

旦爛雁（《女曰雞鳴》一章）

言餐（《狡童》一章）

壇阪遠（《東門之壇》一章）

溥婉願（《野有蔓草》一章）

渙萠觀觀觀觀（《溱洧》一、二章）

還間肩儇（《齊·還》一章）

變丱見弁（《甫田》三章）

環鬈（《盧令》二章）

變婉選貫反亂（《猗嗟》三章）

間閑還（《魏·十畝之間》一章）

檀干漣廛貆餐（《伐檀》一章）

粲爛旦（《唐·葛生》三章）

旆然言焉旆然言焉旆然言焉（《采苓》一、二、三章）

園閑（《秦·駟驖》三章）

莞言（《陳·東門之池》三章）

蕑卷悁（《澤陂》二章）

冠欒博（《檜·素冠》一章）

泉歎（《曹·下泉》一、二、三章）

山山山山（《豳·東山》一、二、三、四章）

遠踐（《伐柯》二章）

原難歎（《小雅·常棣》三章）

阪衍踐遠愆（《伐木》三章）

嘽痯遠（《杕杜》三章）

汕衍（《南有嘉魚》三章）

安軒閑原憲（《六月》五章）

園檀（《鶴鳴》一、二章）

干山（《斯干》一章）

山泉言垣（《小弁》八章）

幡言遷（《巷伯》四章）

泉歎（《大東》三章）

嘆愆孫（《楚茨》四章）

翰憲難那（《桑扈》三章）

覹見宴（《頍弁》三章）

樊言（《青蠅》一章）

筵秩（《賓之初筵》一章）

筵共反幡遷僊（三章）

反遠（《角弓》一章）

遠然（二章）

菅遠(《白華》一章)

燔獻(《匏葉》二章)
△

援羡岸(《大雅·皇矣》五章)
　　△

閑言連安(八章)

垣翰(《文王有聲》四章)

原觱宣歎巘原(《公劉》二章)

泉原(三章)

泉單原(五章)

館亂鍜(六章)

澗澗(同上)

安殘綣反諫(《民勞》五章)

板癉然遠管亶遠諫(《板》一章)
　　△

難憲(二章)

藩垣翰(七章)

旦衍(八章)

顏愆(《抑》七章)

言⑪(九章)

翰蕃宣(《崧高》一章)

番嘽翰憲(七章)
　　△

完蠻(《韓奕》六章)

宣翰(《江漢》四章)

嘽翰漢(《常武》五章)

簡反反(《周頌·執競》)

渙難(《訪落》)

駉燕(《魯頌·有駜》三章)

山丸遷虔梴閑安(《商頌·殷武》
　　六章)

第十五部

平　聲

萋飛喈(《周南·葛覃》一章)

歸私衣(三章)

嵬隤罍懷(《卷耳》二章)

縲綏(《樛木》一章)

枚飢(《汝墳》一章)

祁歸(《召南·采蘩》三章)

薇悲夷(《草蟲》三章)

歸歸歸(《殷其靁》一、二、三章)

微衣飛(《邶·柏舟》五章)

靁懷(《終風》四章)

遲違畿(《谷風》二章)

微歸微歸(《式微》一、二章)

⑭遺摧(《北門》三章)

喈霏歸(《北風》二章)

⑰衣妻姨私(《衛·碩人》一章)

黃脂蠐犀眉(二章)

懷歸懷歸懷歸(《王·揚之水》一、
　　二、三章)

懷畏懷畏懷畏(《鄭・將仲子》一、二、三章)

衣歸(《丰》四章)

淒喈夷(《風雨》一章)

晞衣(《齊・東方未明》二章)

崔綏歸歸懷(《南山》一章)

萋晞湄躋坻(《秦・蒹葭》二章)

衣師(《無衣》一、二、三章)

遲飢(《陳・衡門》一章)

衣悲歸(《檜・素冠》二章)

隮飢(《曹・候人》四章)

蓍師(《下泉》三章)

遲祁悲歸(《豳・七月》二章)

歸歸歸歸(《東山》一、二、三、四章)

歸悲衣枚(一章)

畏懷(二章)

飛歸(四章)

衣歸悲(《九罭》四章)

騑遲歸悲(《小雅・四牡》一章)

騑歸(二章)

威懷(《常棣》二章)

薇歸(《采薇》一、二、三章)

騤依腓(五章)

依霏遲飢悲哀(六章)

遲萋喈祁歸夷(《出車》六章)

萋悲萋悲歸(《杕杜》二章)

纍綏(《南有嘉魚》三章)

晞歸(《湛露》一章)

煒罍威(《采芑》四章)

飛躋(《斯干》四章)

師氏維毗迷師(《節南山》三章)

夷違(五章)

微微哀(《十月之交》一章)

訛哀違依底(《小旻》二章)

威罪(《巧言》一章)

麋階伊幾(六章)

頹懷遺(《谷風》二章)

嵬萎怨(三章)

淒腓歸(《四月》二章)

薇棟哀(八章)

喈湝悲回(《鼓鐘》二章)

尸歸遲私(《楚茨》五章)

淒祁私(《大田》三章)

茨師(《瞻彼洛矣》一章)

摧綏(《鴛鴦》四章)

幾幾(《車舝》三章)

維葵脆戾(《采菽》五章)

枚回(《大雅・旱麓》六章)

惟脂(《生民》七章)

疊歸(《泂酌》二章)

萋喈(《卷阿》九章)

恉毗迷尸屎葵資師(《板》五章)

壞畏(七章)

咨咨咨咨咨咨咨(《蕩》二至八章)

駸夷黎哀(《桑柔》二章)

資⟨疑⟩維階(三章)

推雷遺遺畏摧(《雲漢》三章)

郿歸(《崧高》六章)

駸喈齊歸(《烝民》八章)

回歸(《常武》六章)

鴟階(《瞻卬》三章)

幾悲(六章)

追綏威夷(《周頌・有客》)

飛歸(《魯頌・有駜》二章)

枚回依遲(《閟宮》一章)

違齊遲躋遲祗圍(《商頌・長發》三章)

上　　聲

尾燬燬邇(《周南・汝墳》三章)

瀰鷕(《邶・匏有苦葉》二章)

菲體死(《谷風》一章)

薺弟(二章)

沘禰弟姊(《泉水》二章)

煒美(《靜女》三章)

泚瀰⟨鮮⟩(《新臺》一章)

指弟(《鄘・蝃蝀》一章)

體禮禮死(《相鼠》三章)

濟⟨閟⟩(《載馳》二章)

藟弟(《王・葛藟》一、二、三章)

唯水(《齊・敝笱》三章)

濟瀰弟(《載驅》二章)

弟偕死(《魏・陟岵》三章)

火衣(《豳・七月》一、二章)

火葦(三章)

尾几(《狼跋》一章)

韡弟(《小雅・常棣》一章)

偕⟨近⟩邇(《杕杜》四章)

鱧旨(《魚麗》二章)

旨偕(五章)

泥弟弟豈(《蓼蕭》三章)

矢兕醴(《吉日》四章)

匕砥矢履視涕(《大東》一章)

穉火(《大田》二章)

穉穧(三章)

旨偕(《賓之初筵》一章)

禮⟨至⟩(二章)

尾豈(《魚藻》二章)

濟弟(《大雅・旱麓》一章)

葦履體泥(《行葦》一章)

弟爾几(二章)

依濟几依(《公劉》四章)

罪罪(《瞻卬》二章)

秭醴妣禮皆(《周頌·豐年》)　　　濟(積)秭醴妣禮(《載芟》)

入　聲

掇捋(《周南·芣苢》二章)

肄棄(《汝墳》二章)

蕨惙説(《召南·草蟲》二章)

伐茇敗愒拜説(《甘棠》一、二、三章)

墍謂(《摽有梅》三章)

脱帨吠(《野有死麕》三章)

出卒述(《邶·日月》四章)

闊説(《擊鼓》四章)

闊活(五章)

厲揭(《匏有苦葉》一章)

潰肄墍(《谷風》六章)

軝邁衛害(《泉水》三章)

逝害(《二子乘舟》二章)

紕四畀(《鄘·干旄》一章)

活濊發揭朅朅(《衛·碩人》四章)

説説(《氓》三章)

遂悸遂悸(《芄蘭》一、二章)

揭桀(《伯兮》一章)

厲帶(《有狐》二章)

穟醉(《王·黍離》二章)

月佸桀括渴(《君子于役》二章)

葛月(《采葛》一章)

艾歲(三章)

達闕月(《鄭·子衿》三章)

月闥闥發(《齊·東方之日》二章)

桀(世)(《甫田》二章)

季寐棄(《魏·陟岵》二章)

外泄逝(《十畝之間》二章)

逝邁外躒(《唐·蟋蟀》二章)

比佽比佽(《杕杜》一、二章)

棣檖醉(《秦·晨風》三章)

逝邁(《陳·東門之枌》三章)

肺晢(《東門之楊》二章)

萃誶(《墓門》二章)

發偈 (世)(《檜·匪風》一章)

閱雪説(《曹·蜉蝣》三章)

役芾(《候人》一章)

發烈褐歲(《豳·七月》一章)

烈渴(《小雅·采薇》二章)

旆瘁(《出車》二章)

浍率(《采芑》一、二、三章)

佽柴(《車攻》五章)

艾晰嘒(《庭燎》二章)

惠戾屆闋(《節南山》五章)

(結)厲滅威(《正月》八章)

滅戾勩(《雨無正》二章)

退遂瘁誶(答)退(四章)

出瘁(五章)

艾敗(《小旻》五章)

邁寐(《小宛》四章)

嘒淠屆寐(《小弁》四章)

蔚悴(《蓼莪》二章)

烈發害(五章)

律弗卒(六章)

舌揭(《大東》七章)

烈發害(《四月》三章)

穗利(《大田》三章)

餤艾(《鴛鴦》三章)

鞞逝渴括(《車舝》一章)

淠嘒駉屆(《采菽》二章)

愒瘵邁(《菀柳》二章)

撮髮説(《都人士》二章)

厲蠆邁(四章)

愛謂(《隰桑》四章)

外邁(《白華》五章)

卒没出(《漸漸之石》二章)

世世(《大雅·文王》二章)

妹渭(《大明》五章)

拔兊駾喙(《緜》八章)

翳柺(《皇矣》二章)

拔兊對季季(三章)

類比(四章)

茀仡肆忽拂(八章)

月達害(《生民》二章)

旆襚(四章)

載烈歲(七章)

匱類(《既醉》五章)

位塈(《假樂》四章)

溉塈(《泂酌》三章)

愒泄厲敗大(《民勞》四章)

蹶泄(《板》二章)

類懟對内(《蕩》三章)

揭害撥世(八章)

㿷戾(《抑》一章)

寐内(四章)

舌逝(六章)

僛逮(《桑柔》六章)

隧類對醉悖(十二章)

舌外發(《烝民》三章)

惠厲瘵屆(《瞻卬》一章)

奪説(二章)

類瘁(五章)

活達桀(《周頌·載芟》)

茷噦大邁(《魯頌·泮水》一章)

大艾歲害(《閟宮》五章)

撥達達越發烈截(《商頌·長發》二章)

旆鉞烈曷蘖達截伐桀(六章)

第十六部

平　聲

支觿觹知（《衛·芄蘭》一章）　　易知衹（《何人斯》六章）

斯知（《陳·墓門》一章）　　　　篪知斯（七章）

枝知（《檜·隰有萇楚》一章）　　卑疧（《白華》八章）

斯提（《小雅·小弁》一章）　　　篪圭攜（《大雅·板》六章）

伎㒸枝知（五章）

入　聲

適益讁（《邶·北門》二章）　　　辟剔（《皇矣》二章）

㲻鬄揥晳帝（《鄘·君子偕老》二　　績辟（《文王有聲》五章）

章）　　　　　　　　　　　　益易辟辟（《板》六章）

簀錫璧（《衛·淇奧》三章）　　　帝辟帝辟（《蕩》一章）

提辟揥刺（《魏·葛屨》二章）　　解易辟（《韓奕》一章）

甓鷊惕（《陳·防有鵲巢》二章）　㦻厄（二章）

鵙績（《豳·七月》三章）　　　　刺狄（《瞻卬》五章）

㽈踖脊蝎（《小雅·正月》六章）　解帝（《魯頌·閟宮》三章）

帝易（《大雅·文王》六章）　　　辟績辟適解（《商頌·殷武》三章）

第十七部

平　聲

皮綏蛇（《召南·羔羊》一章）　　離施（《新臺》三章）

沱過過歌（《江有汜》三章）　　　河儀他（《鄘·柏舟》一章）

爲何爲何爲何（《邶·北門》一、　珈佗河宜何（《君子偕老》一章）

二、三章）　　　　　　　　　　皮儀儀爲（《相鼠》一章）

猗磋磨(《衛·淇奧》一章)

阿邁歌過(《考槃》二章)

左瑳⊙(《竹竿》三章)

離靡(《王·黍離》一、二、三章)

羅爲罹吪(《兔爰》一章)

麻嗟嗟施(《丘中有麻》一章)

宜爲(《鄭·緇衣》一章)

加宜(《女曰雞鳴》二章)

吹和(《蘀兮》二章)

何何(《齊·南山》三、四章)

左我(《唐·有杕之杜》一章)

何多何多何多(《秦·晨風》一、二、三章)

差⊙麻娑(《陳·東門之枌》二章)

池麻歌(《東門之池》一章)

陂荷何爲沱(《澤陂》一章)

縭儀嘉何(《豳·東山》四章)

錡吪嘉(《破斧》二章)

何何(《伐柯》一章)

鯊多(《小雅·魚麗》一章)

多嘉(四章)

椅離儀(《湛露》四章)

莪阿儀(《菁菁者莪》一章)

駕猗馳破(《車攻》六章)

何罹蛇(《斯干》六章)

罹蛇(七章)

地⊙楊瓦儀議罹(九章)

阿池訛(《無羊》二章)

猗何瘥多嘉嗟(《節南山》二章)

何他(《小旻》六章)

罹何何(《小弁》一章)

猗柁佗(六章)

禍我可(《何人斯》二章)

議爲(《北山》六章)

左宜(《裳裳者華》四章)

羅宜(《鴛鴦》一章)

何嘉他(《頍弁》一章)

俄傞(《賓之初筵》四章)

嘉儀(同上)

阿⊙何(《隰桑》一章)

阿何(《緜蠻》一章)

波沱他(《漸漸之石》三章)

義宜(《大雅·棫樸》二章)

阿池(《皇矣》六章)

賀左(《下武》六章)

何嘉儀(《既醉》四章)

沙宜多嘉爲(《鳧鷖》二章)

阿歌(《卷阿》一章)

多馳多歌(十章)

儀嘉磨爲(《抑》五章)

嘉儀(八章)　　　　　　　　　犧宜多(《魯頌・閟宮》三章)

寇可詈歌(《桑柔》十六章)　　　河宜何(《商頌・玄鳥》)

皮羆(《韓奕》六章)

　　段氏的古音十七部,基本上是正確的。但是也有一些錯誤。第一個錯誤是東冬未分部,但是他晚年在《答江晉三論韻》中已承認這個錯誤。他説:

　　　　抑足下規《音均表》失處,尚有表誤而足下未能糾之,前人早有糾之者,則孔檢討之於東冬是也。檢討舉東聲、同聲、丰聲、充聲、公聲、工聲、冡聲、恖聲、从聲、龍聲、容聲、用聲、封聲、凶聲、邕聲、共聲、送聲、雙聲、尨聲爲一類,今一東、三鍾、四江是也;冬聲、衆聲、宗聲、中聲、蟲聲、戎聲、宮聲、農聲、夅聲、宋聲爲一類,今之二冬是也①。核之《三百篇》、群經、《楚辭》《太玄》無不合。以東類配侯類,以冬類配尤類②,如此而後侯尤平入各分二部者,合此而完密無間。此孔氏卓識,勝於前四人處。昔戴師譏陸韻東冬不當分,蓋有意求密,用意太過,強生輕重。引李涪《刊誤》云:“法言字同一聲,分爲兩韻,何須東冬中終,妄別聲律?”不知東冬中終,起於三百篇,非可輕議③。猶之未有《音均表》以前,支脂之分爲三者,誠不可解也。僕書久欲改正而未暇,足下未能見及此,宜及今從其説補正之。

　　下列《詩經》諸例當改入冬部:

中宮(《召南・采蘩》二章)　　　仲宋忡(《邶・擊鼓》二章)

蟲螽忡降(《草蟲》一章)　　　　躬中(《式微》二章)

---

①　按:一東三等字亦屬冬部。

②　按:即陰陽對轉。

③　按:東冬是韻部不同,中終是聲母不同。

中宫中宫(《鄘·桑中》一、二章)　　中降(《大雅·旱麓》二章)

中宫(《定之方中》一章)　　融終(《既醉》三章)

中騤(《秦·小戎》二章)　　濛宗宗降崇(《鳧鷖》四章)

沖陰(《豳·七月》八章)　　飲宗(《公劉》四章)

蟲螽仲降仲戎(《小雅·出車》五章)　　謔終(《蕩》一章)

濃沖(《蓼蕭》四章)　　蟲宮宗幽躬(《雲漢》二章)

中弘躬(《召旻》六章)

　　段氏第二個錯誤是屋覺兩部未分立,因而侯部沒有入聲。這是沿江永之誤。江永侯幽混爲一部,入聲屋覺混爲一部是不足爲怪的。段氏侯部獨立了。而入聲屋部沒有獨立出來,深可惋惜!其實屋韻一等與燭韻當屬屋部,屋韻三等當屬覺部。沃覺兩韻則爲屋覺藥三部雜居之地。段氏晚年接受江有誥的意見,修正了他的錯誤。他在《答江晉三論韻》中説:

> 足下又云:"表以屋沃燭覺爲尤入,某則謂當以屋沃之半配尤,以燭與屋覺之半配侯也。"此條最爲足下中綮之處。蓋戴氏、江氏合侯於尤,顧氏合侯於虞。足下云:"顧不合於三代而合於兩漢,江則不合於三代,並不合於兩漢;惟《音均表》別尤於蕭,又別侯於尤,爲實事求是。但平分而入未分。當以'六孰肅未畜祝匊復肉毒夙佖目竹逐翏粥白'等聲爲尤之入;'角族谷(此字僕補)屋獄足束賣辱曲玉青蜀木录粟粜豕卜局鹿禿(此字未見三代用韻)'等聲爲侯之入。匪獨《詩》《易》分用,即周、秦、漢初之文皆少有出入。如此,則表中第三部之'驅附奏垢'字當改入侯部,不當爲尤之合韻矣;侯部'裕'字乃其本音,不必爲第四部合韻矣。"是説也,精確之極!僕撰表時,亦再四分之,而牽於一二不可分者,遂以中輟。洎乎壬子以後,始得孔撝約檢討《詩聲類》一書,分

舉釐然，始爲大快！欲改拙書而未暇也。今又得足下閉户造車，出門合轍，而此案定矣。

以下《詩經》諸例當改入侯部（第四部）：

谷谷（《周南·葛覃》一、二章）
角族（《麟之趾》三章）
角屋獄獄足（《召南·行露》二章）
樕鹿束玉（《野有死麕》二章）
束讀讀辱（《鄘·牆有茨》三章）
曲藚玉玉族（《魏·汾沮洳》三章）
驅續轂馵玉曲（《秦·小戎》一章）
屋穀（《豳·七月》七章）
谷木（《小雅·伐木》一章）
穀禄足（《天保》二章）
穀玉（《鶴鳴》二章）
谷束玉（《白駒》四章）
穀粟穀族（《黄鳥》一章）
禄僕禄屋（《正月》三章）
屋穀禄椓獨（十三章）
粟獄卜穀（《小宛》五章）
木谷（六章）
濁穀（《四月》五章）
奏禄（《楚茨》六章）
霂渥足穀（《信南山》二章）
木附猷屬（《角弓》六章）
緑匊局木（《采緑》一章）
束獨（《白華》一章）
禄僕（《大雅·既醉》七章）
鹿穀谷（《桑柔》九章）
谷穀垢（十二章）
角續（《周頌·良耜》）

段氏第三個錯誤是宵部未有入聲。本來《詩經》入韻的字如“籥翟爵藥鑿襮沃櫟駮的濯翯躍熇削溺”就是宵部入聲字，只因它們有時候和平聲字押韻，而諧聲偏旁又往往和平聲相通，所以段氏把它們併入平聲。雖經江有誥提出意見，段氏堅持不肯改。這也是深可惋惜的。

下列《詩經》諸例當改歸入聲：

籥翟爵（《邶·簡兮》三章）
綽較謔虐（《衛·淇奥》三章）
樂樂（《王·君子陽陽》一、二章）
樂謔藥樂謔藥（《鄭·溱洧》一、二章）
鑿襮沃樂（《唐·揚之水》一章）

櫟駁樂(《秦·晨風》二章)　　　虐謔蹻芼謔熇藥(《板》四章)

罩樂(《小雅·南有嘉魚》一章)　削爵濯溺(《桑柔》五章)

的爵(《賓之初筵》一章)　　　蒍蹻濯(《崧高》四章)

沃樂(《隰桑》二章)　　　　　樂樂樂(《魯頌·有駜》一、二、三

濯翯沼躍(《大雅·靈臺》三章)　　章)

段氏第四個錯誤是物月未分立。段氏晚年接受江有誥的意見,修正了他的錯誤。他在《答江晉三論韻》中说:

> 足下又云:"去之祭泰夬廢,入之月曷末鎋薛,表中入第十五部,其類無平上,與第十五部合用不過百中一二而已。八士命名,各分四韻,'達适'一部,'突忽'一部,即四名而二韻之分瞭然矣。"此條欲分去祭泰夬廢、入月曷末點鎋薛(來札不舉點)爲一部,與戴師合。師曰:僕癸巳年分爲七類者,乙未年分九類。真以下十四韻,脂微諸韻與相配者亦分爲二,其配元寒至刪仙者:《周南·茉苣》二章之"掇捋"、《召南·草蟲》二章"蕨惙說"、《甘棠》首章"伐茇"、二章"敗憩"、三章"拜說"、《野有死麕》三章"脫帨吠"、《邶·擊鼓》四章"闊說"、五章"闊活"、《匏有苦葉》首章"厲揭"、《泉水》三章"薺邁衛害"、《二子乘舟》二章"逝害"、《衛·碩人》四章"活發揭孽揭朅"、《有狐》二章"厲帶"、《王·君子于役》二章"月佸桀括渴"、《采葛》首章"葛月"、三章"艾歲"、《鄭·子衿》二章"達闕月"、《齊·東方之日》二章"月闥闥發"、《甫田》二章"桀怛"、《魏·十畝之間》二章"外泄逝"、《唐·蟋蟀》二章"逝邁外蹶"、《陳·東門之枌》三章"逝邁"、《東門之楊》二章"肺晢"、《檜·匪風》首章"發偈怛"、《曹·蜉蝣》三章"閱雪說"、《候人》首章"役茷"、《豳·七月》首章"發烈褐歲"、《小雅·采薇》二章"烈渴"、《庭燎》二章"艾晣噦"、《正月》八章"厲滅威"(此章第

二句"結"字非韻,乃第四句見韻之例)、《小旻》五章"艾敗"、《蓼莪》五章"烈發害"、《大東》七章"舌揭"、《四月》三章"烈發害"、《鴛鴦》三章"秣艾"、《車舝》首章"舝逝渴括"、《菀柳》二章"愒瘵邁"、《都人士》二章"撮髮説"、四章"厲蠆邁"、《白華》五章"外邁"、《大雅·文王》二章"世世"、《緜》八章"拔兌駾喙"、《皇矣》二章"翳枑"、三章"拔兌"(此章"拔兌"一韻,"對季"、下章"季"字及"友"字不入韻)、《生民》二章"月達害"、七章"較烈歲"、《民勞》四章"愒泄厲敗大"、《板》二章"蹶泄"、《蕩》八章"揭害撥世"、《抑》六章"舌逝"、《烝民》三章"舌外發"、《瞻卬》首章"厲瘵"(此章及後章皆四句見韻,次句"惠"字非韻,下四句"疾届"一韻、"收瘵"一韻)、二章"奪説"、《召旻》六章"竭竭害"、《周頌·載芟》"活達桀"、《魯頌·泮水》首章"茷噦大邁"、《閟宮》五章"大艾歲害"、《商頌·長發》二章"撥達越發烈截"、《長發》六章"旆(此字誤。《荀子》引此詩作"載發",《説文》引作"載坺",皆於韻合)鉞烈曷蘖達截伐桀",已上分出以配元寒桓删山仙。若其配真諄臻文魂痕者,則有肆聲、棄聲、既聲、胃聲、出聲、卒聲、术聲、貴聲、比聲、四聲、畀聲、冭聲、季聲、惠聲、未聲、次聲、隶聲、尤聲(《説文》"旆"字以讀若髤之尤爲聲,"肺"字以讀若軰之末爲聲)①、位聲、戾聲、甶聲、届聲、癸聲、退聲、對聲、彗聲、尉聲、聿聲、弗聲、利聲、愛聲、叐聲、乞聲、肆聲、勿聲、忽聲、類聲、内聲、孛聲之字。《三百篇》分用畫然。師既用其説成《聲類表》,又取《六書音均表》手批示丁小雅教授。足下説正同,豈亦閉户造車,出門合轍耶?

他在《答江晉三論韻》中又説:

---

① 戴氏拘泥《説文》,分"旆、肺"爲兩部,以"旆"字入質部,是不對的。

　　蓋僕《六書音均表》數易其稿。初稿有見於十五部入聲分配
文元二部①，如一易一會之不同②，詩人所用實有畛域。故十五表
入聲有分合之稿。既以牽於一二不可分者，且惑於一部不當首同
尾異，竟渾併之③。及東原師札來，乃知分者爲是。今又得足下
札，正同。三占從二，僕書當改易明矣。

段氏雖同意物月分立，但仍不肯立祭部。他只是主張第十五部入
聲分爲兩類。他說：

　　祭泰夬廢月曷末黠鎋薛仍歸十五部，而分別注之曰："以上配
諄文殷魂痕者，以上配元寒桓刪山仙者。"

　　其實段氏第十五部的入聲應該分爲三類：（1）月部；（2）物部；（3）
質部（與第十二部入聲合併）。

　　下列《詩經》諸例應屬入聲物部：

墍謂（《摽有梅》三章）	妹渭（《大明》五章）
出卒述（《日月》四章）	匱類（《既醉》五章）
萃淬（《墓門》二章）	位墍（《假樂》四章）
退遂瘁淬⑧退（《雨無正》四章）	溉墍（《泂酌》三章）
出瘁（五章）	類懟對內（《蕩》三章）
蔚悴（《蓼莪》二章）	寐內（《抑》四章）
律弗卒（六章）	隧類對醉悖（《桑柔》十二章）
愛謂（《隰桑》四章）	類瘁（《瞻卬》五章）
卒沒出（《漸漸之石》二章）	

---

① 段氏十五部入聲初擬分一半（我們的物部）配文，分一半（我們的月部）配元。
② 段氏這裏所說的陰陽，不是戴震所說的陰陽，只是指十五部入聲的兩部分。
③ 段氏十五部入聲曾擬分開，後因考慮到平聲爲一，何以入聲爲二，致使首同尾異？所以
　最後還是合而未分。

下列《詩經》諸例應屬入聲質部：

肄棄(《汝墳》二章)　　　　　　浘嘒駟届(《采菽》二章)

紕四界(《干旄》一章)　　　　　疾戾(《抑》一章)

惠戾届関(《節南山》五章)　　　疾届(《瞻卬》一章)

穗利(《大田》三章)

下列《詩經》諸例應認爲物質合韻(質部於字外加圈)：

潰○肄○墍(《谷風》六章)　　　　○嘒○浘○届寐(《小弁》四章)

遂○悸遂○悸(《芄蘭》一、二章)　對○季(《皇矣》三章)

○穗醉(《黍離》二章)　　　　　類○比 (四章)

○季寐○棄(《陟岵》二章)　　　莫仡○肄忽拂(八章)

○棣檖醉(《晨風》三章)　　　　偯○遂(《桑柔》六章)

○泣率(《采芑》一、二、三章)

　　物部是微部的入聲，配諄文殷魂痕；質部是脂部的入聲，配真臻先。段氏未收"肄棄惠戾"等字入第十二部，王念孫未收"肄棄惠戾"等字入至部，都是不對的。如果收了，則《抑》一章的"疾戾"、《瞻卬》一章的"疾届"都是古本韻，不必認爲合韻了。

　　段氏第五個錯誤是把質部派作真部的入聲。本來，除侵談兩部外，先秦入聲都是與陰聲相配的，段氏以入聲質部字與陽聲真部相配，這是受唐韻的影響。王念孫向他提意見，他也不接受。後人沒有遵照這個辦法。但是段氏此舉是功大於過的，因爲他是第一個把質部字從月物兩部分離出來，王念孫的至部(即質部)可能就是受了段氏的啟發。段氏之所以這樣做，也有他的苦衷。質部本該作爲脂部的入聲，但若這樣做，勢必把月物兩部擠出來，而月物兩部又沒有地方擺。必須像戴震那樣立一個祭部(他叫做靄部)，然後月部配祭，像章炳麟那樣立一個隊部，然後物部配隊。段氏見不及此，只好把月物兩部作爲脂部入聲,因而把質部作爲真部入聲了。

　　上文説過,段氏合韻之説,原則上是能够成立的。但是,在具體問題的處理上,段氏也有一些錯誤。有些非韻的字被段氏誤認爲入韻,以致合韻的範圍過大,某些不相近的韻部似乎也可以合韻了。現在列舉段氏誤認爲合韻的例子如下:

第一部

　士宰史⑱(《十月之交》四章)

　　　江有誥以爲"氏"字非韻。

　紀宰⑱ 右止里(《雲漢》七章)

　　　江有誥以爲"氏"字不入韻。

第二部

　⑱瑶刀(《公劉》二章)

　　　江有誥以爲"舟"字非韻。按:幽宵兩部雖相近,究以不
　　　合韻爲妥。下仿此。

第三部

　觩柔⑱ 求(《桑扈》四章)

　　　江有誥以爲"敖"字不入韻。

　浮流⑱ 憂(《角弓》八章)

　　　江有誥以爲"髦"字不入韻。

　檟⑱(《棫樸》一章)

　　　孔廣森以爲"檟趣"不入韻。

　酒⑱(《抑》三章)

　　　朱駿聲以爲"覆酒"句中韻,"樂紹"句中韻。江有誥則
　　　依段氏。按:段氏是。

　⑱雠報(《抑》六章)

孔廣森、王念孫、江有誥皆以爲"苟"字不入韻。

㪍牡(《匏有苦葉》二章)

段氏自己更正了。他在《答江晉三論韻》中説:"最誤者《匏有苦葉》本'軌'字,而從正義作'㪍',謂之合韻。"

福保(《烈文》)

孔廣森、王念孫、江有誥、朱駿聲皆以爲"福保"非韻。按:《周頌》可以無韻。

驅續轂犉玉曲(《秦·小戎》一章)

"驅續轂犉玉曲"都是第四部字,不應認爲合韻。

奏禄(《楚茨》六章)

"奏禄"都是第四部字,不應認爲合韻。

木附 猷屬(《角弓》六章)

江氏以爲"猷"字不入韻。江氏是。"木附屬"都是第四部字,誤入第三部。"附"字不是合韻,而是古本韻。

谷穀垢(《桑柔》十二章)

"谷穀垢"都是第四部字,不應認爲合韻。

第四部

裕瘉(《角弓》三章)

"裕瘉"都是第四部字,不應認爲合韻。以上五條,段氏自己更正了。他在《答江晉三論韻》中説:"有用本韻而謂之合韻者,如戴師及足下説'奏附驅裕'字是也。"

第五部

瑕入(《思齊》四章)

此條最錯。孔廣森以"式入"協之部,"假瑕"協魚部,"殄疾"協脂真合韻。江有誥以"式入"爲之緝合韻,"瑕"等字不入韻。江氏是。

鼓㊛祖(《賓之初筵》二章)

　　江有誥以爲"奏"字不入韻。

瞽虡羽鼓圉㊛舉(《周頌·有瞽》)

　　孔廣森、江有誥皆以爲"奏"字不入韻。

第六部

㊝蕘登馮興勝(《緜》六章)

　　江有誥以"陾"爲蒸部字,不是合韻。朱駿聲以"陾"字
　　爲非韻。江氏是。

第十二部

㊝人田命命年(《江漢》五章)

　　此條最無道理。"甸"是第三部字,不該與第十二部字押
　　韻。戴、孔、王、江皆認爲"甸"字不入韻。

第十三部

愍辰㊍瘼(《桑柔》四章)

　　"東"是第九部字,不應與第十三部字押韻。江有誥、朱
　　駿聲改"自西徂東"爲"自東徂西"。江、朱是。

第十四部

筵㊌反幡遷僊(《賓之初筵》三章)

　　"共"是第九部字,不應與第十四部押韻。孔廣森、江有
　　誥皆以"共"字爲不入韻。孔、江是。

第十五部

㊐靁威(《采芑》四章)

　　孔廣森以"焞狁"爲韻,"靁威"爲韻。按:"焞"與"靁威"
　　合韻是文微對轉。段氏是。

資㊡維階(《桑柔》三章)

　　"疑"是第一部字,"資維階"是第十五部字,相隔甚遠,

不應合韻。江有誥以"疑"爲不入韻。江氏是。

偕㊀邇(《杕杜》四章)

江有誥以爲"近"字不入韻。

禮㊀(《賓之初筵》二章)

王念孫以爲二"禮"爲韻,"至"字非韻。按:"禮至"合韻
是脂質對轉,段氏是。

㊀厲滅威(《正月》八章)

戴震認爲"結"字不入韻。

㊀戾(《抑》一章)

按:"疾戾"都是質部字,不是合韻。

段氏有"古四聲説"。他認爲古無去聲。他説:

> 古四聲不同今韻,猶古本音不同今韻也。考周、秦、漢初之
> 文,有平上入而無去。洎乎魏晉,上入聲多轉而爲去聲,平聲多轉
> 爲仄聲,於是乎四聲大備,而與古不侔。有古平而今仄者,有古上
> 入而今去者,細意搜尋,隨在可得其條理。

又説:

> 古平上爲一類,去入爲一類。上與平一也,去與入一也。上
> 聲備於三百篇,去聲備於魏晉。

段氏古無去聲之説是可以成立的。從他的《〈詩經〉韻分十七部
表》來看,有後世讀去聲而古讀入聲的,此類最多,如第一部的"備戒
囿"、第三部的"奏附垢"①、第十二部的"曀疐至"、第十五部的"肄棄敗
憩拜墍謂帨吠厲潰邁害四畀遂悸朅帶穗醉嵗季寐逝外棣檖肺萃誶役
芾泄艾嘅惠戾屆退瘁嘒渭蔚利瘵蠆愛世妹渭兑駾咮翳柲對類肄旆穟

---

①   這些字其實屬第四部。

匱溉懟內儌逮隧悖茷帝"等。有後世讀去聲而古讀上聲者,此類次之,如"又誨寺忌顧怒愬據報孝狩究秀"等。有後世讀去聲而古讀平聲者,此類較少,如"慶夢"等。

在《〈詩經〉韻分十七部表》中,宵部、蒸部、侵部、談部、東部、陽部、耕部、真部、文部、元部、支部、歌部都沒有上聲,這是不大可能的。《東方未明》的"倒召"、《魚藻》的"藻鎬"、《角弓》的"教傚",應該都是宵部的上聲。《斯干》的"簟寢"、《巷伯》的"錦甚",應該都是侵部的上聲。《大車》的"檻菼敢"、《澤陂》的"莦儼枕",應該都是談部的上聲。《大叔于田》的"控送"、《長發》的"勇動竦總",應該都是東部的上聲。《節南山》的"領騁"應該是耕部的上聲。《十月之交》的"電令"、《楚茨》的"盡引"、《韓奕》的"旬命",應該都是真部的上聲。《新臺》的"洒浼殄"、《抑》的"訓順",都應該是文部的上聲。《柏舟》的"轉卷選"、《匏有苦葉》的"雁旦泮"、《靜女》的"孌管"、《載馳》的"反遠"、《氓》的"怨岸泮宴晏旦反"、《緇衣》的"館粲"、《大叔于田》的"慢罕"、《羔裘》的"晏粲彥"、《甫田》的"孌丱見弁"、《伐柯》的"遠踐"、《板》的"旦衍"、《執競》的"簡簡反"等等,都應該是元部的上聲。《有杕之杜》的"佐我"、《何人斯》的"禍我可"、《下武》的"賀左",都是歌部的上聲。我們必須承認每個韻部都有上聲,然後上古的聲調系統才是完整的。

(五)群經韻分十七部表

所謂"群經",包括《周易》《尚書》《儀禮》《大戴禮》《禮記》《左傳》《國語》《論語》《孟子》《楚辭》等。

這一個表分部的得失、歸字的得失,與《〈詩經〉韻分十七部表》同,茲不贅述。

　　　　　　＊　　　　　　＊　　　　　　＊

　　段玉裁的古韻十七部,在清代古音學上達到了一個新的高峰。他勇於修正錯誤。經過修訂之後,段氏古韻十七部增至十九部,即東冬分立,物月分立。這樣,比孔廣森的十八部還多一部(孔氏真文不分,質物月不分,但另立合類);比王念孫、江有誥的二十一部只少兩部(王、江緝葉獨立)。如果入聲獨立,則段氏十七部還可以增加到二十九部(十七部之外還增加入聲職沃覺屋鐸錫質物月緝葉十一部和冬部),這樣,比戴震二十五部還多四部(戴氏尤侯不分,東冬不分,真文不分,質物不分),比黃侃二十八部還多一部(黃氏缺覺部)。由此看來,清代古韻之學到段玉裁已經登峰造極,後人只在韻部分合之間有所不同(主要是入聲獨立),而於韻類的畛域則未能超出段氏的範圍。所以段玉裁在古韻學上,應該功居第一。

第五章　戴震的古音學

戴震(1725—1777)，字東原，安徽休寧人。少時從學於江永。深通天文、曆算、史地、音韻、訓詁、考據之學。在古音學方面，他著有《聲韻考》《聲類表》以及《答段若膺論韻》①。本章主要是叙述他的《答段若膺論韻》。

戴氏的古音學，受江永、段玉裁的影响頗多。江永的《古韻標準》是戴震參定的。特別是受段玉裁的影响很大。段玉裁支脂之分立，戴氏採用其説，贊不絕口。但是師生之間還有不同意見，彼此寫信反復辯論。這是很好的學風。本章將援引兩家的主要論據，加以評議。

癸巳(1773)春天，戴氏以入聲爲樞紐，分古韻爲七類二十部，如下：

第一類

陽聲　真諄臻文殷元魂痕寒桓删山先仙；

陰聲　脂微齊皆灰；

入聲　質術櫛物迄月没曷末黠鎋屑薛。

第二類

陽聲　蒸登；

---

① 　戴震《答段若膺論韻》，今刊在《聲類表》卷首，見《渭南嚴氏叢書》一。

陰聲　之咍；

入聲　職德。

　第三類

陽聲　東冬鍾江；

陰聲　尤侯幽；

入聲　屋沃燭覺。

　第四類

陽聲　陽唐；

陰聲　蕭宵肴豪；

入聲　藥。

　第五類

陽聲　庚耕清青；

陰聲　支佳；

入聲　陌麥昔錫。

　第六類

陽聲　歌戈麻①；

陰聲　魚虞模；

入聲　鐸。

　第七類

陽聲　侵覃談鹽添咸銜嚴凡；

入聲　緝合盍葉帖洽狎業乏。

　　丙申(1776)春天,戴氏改爲古韻九類二十五部(入聲不算則爲十六部),另立部名②,並改變其次序,如下:

---

① 歌戈麻應屬陰聲韻,戴氏歸入陽聲韻是錯誤的。
② 部名都用影母字,因影母是零聲母。

第一類

阿第一 歌戈麻；

烏第二 魚虞模；

堊第三 鐸。

第二類

膺第四 蒸登；

噫第五 之咍；

億第六 職德。

第三類

翁第七 東冬鍾江；

謳第八 尤侯幽；

屋第九 屋沃燭覺。

第四類

央第十 陽庚；

夭第十一 蕭宵肴豪；

約第十二 藥。

第五類

嬰第十三 庚耕清青；

娃第十四 支佳；

戹第十五 陌麥昔錫。

第六類

殷第十六 真諄臻文殷魂痕；

衣第十七 脂微齊皆灰；

乙第十八 質術櫛物迄沒。

第七類

安第十九 元寒桓删山先仙；

　　靄第二十　　祭泰夬廢；

　　遏第二十一　　月曷末黠鎋屑薛。

　　　第八類

　　音第二十二　　侵；

　　邑第二十三　　緝。

　　　第九類

　　醃第二十四　　覃談鹽添咸銜嚴凡；

　　讘第二十五　　合盍葉帖洽狎業乏。

　　其增加兩類五部的原因，據他説是因爲殷衣乙及音邑五部字數過多，推之等韻，他部皆正於四等，此獨得四等者二，故增安靄遏醃讘五部。其實這樣一分，祭部獨立了。這是戴氏的創見。

　　拿段玉裁的古韻十七部和戴震的古韻九類二十五部相比較，它們不同之點如下：

　　1. 段氏入聲不獨立，戴氏入聲獨立。除入聲外，實得十六部；

　　2. 段氏幽侯分立，真文分立，戴氏幽侯不分，真文不分，比段氏少兩部；

　　3. 段氏無祭部（祭部字歸脂部入聲），戴氏立祭部，比段氏多一部。十七減二加一，得十六部；再加入聲九部，得二十五部。

　　戴氏在古音學上的貢獻有兩点：

　　一、祭部獨立。這是戴氏獨創之見。段玉裁在《答江晉三論韻》中也把物月兩部分開，以物部爲文部相應之入，以月部爲元部相應之入，但是由于他認爲古無去聲，所以他不肯立祭部。他在《答江晉三論韻》中説："足下謂祭泰夬廢月曷末鎋薛爲一部，皆古無平上之韻，與第十五部平上合用者，不過百中一二。此恐億必之言。各韻有有平無入者，未有有入無平者；且去入與平上不合用，他部多有然者，足下突增一部無平之韻，豈不駭俗？"其實並不駭俗。段氏自己也承認江有誥分去祭泰夬廢，入月曷末鎋薛爲一部，"與戴師合"，可見並非江有誥的創見，而是戴震的創見，後來王念孫、江有誥、章炳麟、黃侃皆用戴説，遂成定局。戴氏因唐韻祭泰夬廢不承平上，自成系統，悟出祭部獨立，貢獻很大。唯一缺点是祭曷分立，誤認祭爲陰聲。其實祭和曷都是入聲，不過有長入、短入之別而已。如果以陰陽入三聲相配，當如章炳麟的歌泰寒（即歌月元）。這一點是戴氏未能做到的。

　　二、陰陽入三分，陰陽對轉。本來江永早有異平同入之説；段玉裁以脂配物月，又以物配文，以月配元，也有陰陽入三分的味道，但都不如戴氏這樣旗幟分明。我曾經把清代古音學家分爲考古、審音兩派：顧炎武爲考古派，段玉裁、王念孫、孔廣森、江有誥、章炳麟繼其後；戴震爲審音派，黃侃繼其後①。我自己原屬考古派，後來變爲審音派。入聲獨立是審音派的標識，我認爲入聲獨立是對的，陰陽入三分也是對的。

　　戴氏的缺點有兩點：

　　一、該分立的不分立。段氏幽侯分立，真文分立，本來是無懈可擊的。後來王念孫、江有誥、章炳麟、黃侃都是幽侯分立、真元分立的，而這是正確的。戴氏拘於"審音"之説，把它們混同起來，則是錯誤的。

　　二、陰陽入配合不當。這表現在六方面：

　　第一，歌魚相配，誤認歌爲陽聲，這是大錯特錯。我們知道，所謂陽聲，是指帶有鼻音韻尾 -m、-n、-ng 的韻部，歌部沒有鼻音韻尾，怎能歸入陽聲呢？戴氏説："有入者如氣之陽，如物之雄，如衣之表；無入者如氣之陰，如物之雌，如衣之裏。"又説："大著（指段氏《六書音均表》）六、七、八、九、十、十一、十二、十三、十四凡九部舊皆有入聲，以金石音喻之，猶擊金成聲也；一、二、三、四、五、十五、十六、十七凡八部舊皆無入聲。前七部以金石音喻之，猶擊石成聲也。惟第十七部歌戈與有入

---

①　江永考古、審音並重，不屬於任何一派。

者近,麻與無入相近,舊遂失其入聲。"這兩段話,陰陽、雌雄、表裏、金石,説得玄妙莫測,毫無科學價值。爲了整齊好看,隨意把歌部派作陽聲,硬説戈與有入者近,這種臆測之辭,是決不可信的。這第一類應是陽魚鐸相配,而不是歌魚鐸相配。

第二,東冬鍾江、尤侯幽、屋沃燭覺相配,稍欠精密。此類當細分兩類,以屋韻一等與燭配東侯,以屋韻三等與覺配冬幽。

第三,以陽配宵藥是錯誤的。應該以宵藥相配。缺陽聲。

第四,以陌麥昔錫配耕支是錯誤的。當以陌昔配魚,麥錫配支①。

第五,以質術櫛物迄没配真脂,不够精密。此類當細分兩類,以質櫛配真脂,以物迄没配文微。

第六,元祭月相配未妥。應該是元歌月相配,理由見上。

侵談兩部没有陰聲相配,不必强找原因。戴氏説:"侵以下几韻獨無配,則以其爲閉口音,而配之者更微不成聲也。"這話不合音理。假定侵部是 əm,配它的陰聲應該是 ə;假定談部是 am,配它的陰聲應該是 a。應該是更容易發出的聲音,爲什麽説會"更微不成聲"呢?

由上述這些情況看來,戴氏的語音學知識是很不高明的,這是他的時代局限性。

戴氏在《答段若膺論韻》中,有許多觀點都是錯誤的。兹擇其重要的幾點加以論述。

一、戴氏説:

> 以正轉知其相配及次序,而不以旁轉惑之。以正轉之同入相配定其分合,而不徒恃古人用韻爲證。僕之所見如此。蓋援古以證其合,易明也;援古以證其分,不易明也。古人用韻之文傳者希矣,或偶用此數字,或偶用彼數字,似彼此不相涉,未足斷其截然

---

① 這是大致的説法。

爲二、爲三也。況據其不相涉者分之，其又有相涉者，則不得不歸之合韻。故合韻適以通吾説之窮。故曰，援古以證其分不易明也。……僕謂審音本一類，而古人之文偶有相涉，有不相涉，不得舍其相涉者，而以不相涉爲斷；審音非一類，而古人之文偶有相涉，始可以五方之音不同斷爲合韻。

從表面上看來，戴氏的理論是正確的，審音本一類，審音非一類的話也是對的①。因爲這是從語音的系統性看問題，而語音的系統性正是我們所要遵循的原則。問題是什麼叫做“一類”。戴氏只知道唐韻的系統性，而不知道古音的系統性。這就變了不是從材料出發，而是從先驗的概念出發，這在研究方法上是錯誤的。戴氏批評段氏徒恃古人用韻爲證，説他考古之功多，審音之功少，這正是段氏的長處。審音只有在考古的基礎上審音，否則以今音的系統定古音，必然要犯主觀臆測的錯誤。

援古音以證其合易明，援古音以證其分不易明，這也是似是而非的言論。若不從古音系統觀察，則援古音以證其合並不易明，因爲偶然相涉，並不能證明就是同韻，例如《詩·鄘風·蝃蝀》韻“雨母”，是之魚合韻；《大雅·生民》韻“民嫄”，是真元合韻。如果從古音系統觀察，則援古音以證其分反而易明，因爲完全不相涉，如幽侯畛域分明，真文畛域分明，決不能根據今音系統而斷言其不能分立。

合韻指的是元音相近，偶爾同用，並非由於方音不同。戴氏所謂“審音非一類，而古人之文偶有相涉，始可以五方之音不同，斷爲合韻”，也是錯誤的。

二、戴氏説：

---

① 我在《漢語音韻學》裏批評他“不肯純任客觀”，批評得也不中肯。

　　陸德明於《邶風》“南”字云：“古人韻緩不煩改字。”顧氏取其說。江慎修先生見於覃至凡八韻字實有古音改讀入侵者[1]，元寒至仙七韻字實有古音改讀入真者[2]，音韻即至諧，故真已下十四韻、侵已下九韻各析而二。自信剖別入微。在此大著[3]更析真臻先與諄文殷魂痕爲二，尤幽與侯爲二，且悟古四聲不同今韻，猶古本音不同今韻，遂以此斷古無平仄通押，去入通押。書中自信剖別入微，亦在“古音韻至諧”之云。然僕謂古人以音韻從其意言。帝舜歌“喜起熙”[4]，二上一平，音節自佳；若並讀平聲，則“喜熙”轉嫌於積韻。夫音韻之諧，密近而成節奏爲諧，稍遠而成節奏亦諧，遠而隔礙爲不諧，字異音同、或積相似之音，亦不諧。

戴氏這個批評，也不十分恰當。段玉裁否認平仄通押，固然是不對的；但《書·益稷》“喜起熙”爲韻，並不是因爲避免積韻，而是本來平上可以通押。關於平仄通押，江永有很合理的解釋。江氏説（《古韻標準·例言》）：

　　平自韻平，上去入自韻上去入者恒也；亦有一章兩聲或三四聲者，隨其聲諷誦咏歌，亦有諧適，不必皆出一聲。如後人詩餘歌曲，正以雜用四聲爲節奏，《詩》韻何獨不然？前人讀韻太拘，必強紐爲一聲，遇字音之不可變者，以強紐失其本音。顧氏始去此病，各以本聲讀之。不獨《詩》當然，凡古人有韻之文皆如此讀，可省無數糾紛，而字亦得守其本音，善之尤者也。

江永的意見是對的。

　　三、戴氏説：

---

① 意指“三”等字讀入侵部。
② 意指“天”等字讀入真部。
③ 指《六書音均表》。
④ 《書·益稷》：“（舜）乃歌曰：‘股肱喜哉，元首起哉，百工熙哉！’”

癸巳春，僕在浙東，據《廣韻》分爲七類，侵已下九韻皆收唇音，其入聲古今無異説。又方之諸韻，聲氣最斂，詞家謂之閉口音。在《廣韻》雖屬有入之韻，而其無入諸韻無與之配，仍居後爲一類。其前昔無入者，今皆得其入聲，兩兩相配，以入聲爲相配之樞紐。真以下十四韻皆收舌齒音，脂微齊皆灰亦收舌齒音，入聲質術櫛物迄月没曷末黠鎋屑薛合爲一類。東冬鍾江陽唐庚耕清青蒸登皆收鼻音，支佳之咍蕭宵肴豪尤侯幽亦收鼻音，入聲屋沃燭覺藥陌麥昔錫職德。分蒸登、之咍、職德爲一類，東冬鍾江、尤侯幽、屋沃燭覺爲一類，陽唐、蕭宵肴豪、藥爲一類，庚耕清青、支佳、陌麥昔錫爲一類。"弓馮熊雄夢朧"等字由蒸登轉東，"尤郵牛丘裘衃謀"等字由之咍轉尤，"服伏輻福郁或牧悔穆"等字由職德轉屋，而東冬轉爲江，尤侯轉爲蕭，屋燭韻字轉爲覺，陽唐轉爲庚，及藥韻字轉陌麥昔錫。音之流變無定方，而可以推其相配者有如是。歌戈麻皆收喉音，魚虞模亦收喉音，入聲鐸合爲一類。以七類之平上去分十三部及入聲七部得二十部。陸德明所謂"古人韻緩"者，仍有取焉。

戴氏得意之作，是"兩兩相配，以入聲爲相配之樞紐"。但是他所講的音理多是錯誤的。他説真以下十四韻皆收舌齒音，脂微齊皆灰亦收舌齒音。其實真以下十四韻收音於 -n，是收舌音，不是收齒音；脂微兩部古音是 ei、əi，收音於 -i，i 是舌面元音，憑此與舌音 -n 相配，也不是收齒音。他説東冬鍾江陽唐庚耕清青皆收鼻音，支佳之咍蕭宵肴豪尤侯幽亦收鼻音。此説更加錯誤。鼻音韻尾乃陽聲韻所共有，並非東冬鍾江等韻所專有。既然侵以下九韻稱爲唇音，真以下十四韻應稱爲舌尖音，東冬鍾江等韻應稱爲舌根音，以歸一律。至於説支佳之咍蕭宵肴豪尤侯幽亦收鼻音，今天稍懂語音學的人都知道是不對的。支佳之咍蕭宵肴豪尤侯幽與鼻音風馬牛不相及。蕭宵肴豪尤侯幽都是複合元音，收音於舌根元音-u①，支佳之咍則是單元音（e、ə）。他説歌戈麻皆收喉音，魚虞模亦收喉音。這話自然是不錯的。問題在於不是陰陽入三聲相配。總之，戴氏的等韻學不及其師。

四、戴氏説：

> 大著（指《六書音均表》）内，第一部之咍、第十五部脂微齊皆灰、第十六部支佳分用，説至精確。舉三部入聲，論其分用之故，尤得之。其餘論異平同入，或得或失。蒸之職登咍德一類，如"陾"由之轉登②，"能"由咍轉登，"等"由海轉等，及"凝"從"疑"之屬。書中舉"得來"爲"登來"、"蜈蝫"爲"蜈螣"，證陸韻以職德配蒸登非無見，因謂蒸登與之咍同入，此説是也。陸氏（指陸法言）惟此類所分之韻多寡適同，餘則或此分而彼合，蓋陸氏未知音聲洪細如陰陽表裏之相配，是以參差不均。真諄臻（分爲三）、脂（合爲一）、質術櫛（亦分爲三）、文殷（分爲二）、微（合爲一）、物迄（亦分爲二）、元廢月魂痕（分爲二）、灰（合爲一）、沒（亦合爲一）、寒桓（分爲二）、泰（合爲一）、曷末（亦分爲二③）、删皆黠山夬鎋先齊屑仙祭薛一類④，如"寅"由真轉脂⑤，"揮暉翬"由文轉微⑥，"旂圻沂"由殷轉微⑦，"西"由先轉齊⑧，"洗洒"由銑轉薺⑨，"獼"由旨轉獼⑩，"浣"

---

① 這是依《切韻》系統説的。
② "登"當作"蒸"。
③ 所謂分爲二，指分爲開合一等（魂痕、寒桓、曷末），或分爲開合三等（文欣、物迄）。真諄臻、質術櫛，分爲三，是開合三等（真諄、質術）之外再加一個開口二等。所謂合爲一，指開口、合口同韻（如微沒泰）。戴氏説灰合爲一是錯誤的，因爲灰韻只有合口呼，沒有開口呼。
④ 删皆黠都是二等字，山夬鎋都是二等字，先齊屑都是四等字，仙祭薛都是三等字，所以相配。
⑤ "寅"字有翼真、以脂二切。
⑥ "揮暉翬"從軍聲，"軍"屬文韻，"揮暉翬"屬微韻。
⑦ "旂圻沂"從斤聲，"斤"屬殷韻，"旂圻沂"屬微韻。
⑧ "西"古音如"先"，今讀先稽切，入齊韻。
⑨ "洗"從先聲，"洒"從西聲，本屬銑韻，今皆入薺韻。"洒"字有先禮、所買二切。
⑩ "獼"從爾聲，"爾"字古屬脂部上聲，今入紙韻。

由銑轉賄①，"敦"由魂轉灰②，"竄"由泰轉換③，及"吻"從勿④，"讞轍"從獻之屬⑤。書內言第十三部諄文欣魂痕、第十四部元寒桓刪山仙與第十五部同入是也；而遺第十二部真臻先，則於脂韻字以質櫛爲入者、及齊以屑爲入有未察矣。真已下分三部，脂微諸韻與相配者僅一部，又言第十一部庚耕清青與第十二部同入，殊失其倫。第十一部乃與第十六部同入，庚清青（分爲三）、支（合爲一）、陌昔錫（亦分爲三）、耕佳麥一類，如"擲"從鄭⑥，"幎塓"從冥⑦，亦可證陸韻以陌麥昔錫配庚耕清青非無見。書內言第十七部歌戈麻與十六部支佳同入，第十部陽唐與第五部魚虞模同入，皆失倫。蓋陌麥昔錫爲庚耕清青及支佳之入，今音字也；其古音字與鐸通者，陌韻之"陌莫⑧伯百坼宅澤赫客格索柞啞貊綌劇戟逆虢擭"等字，麥韻之"獲懇"等字，昔韻之"昔舄席夕繹奕射釋尺赤斥摭炙石碩碧"等字，錫韻之"敇詠"等字，是爲歌戈麻及魚虞模之入。麻韻半由歌戈流變，半由魚虞模流變。如"箇"由暮轉箇⑨，古音"華"讀如"敷"，轉而爲"蘁"⑩，再轉而爲今音⑪。及"若姹惹作啞咋檴"等字皆鐸之類⑫。平上去聲見於麻馬箇禡數韻，同類互轉也。陸氏所分有入聲及無入聲之韻截然不同，惟歌

---

① "浣"從免聲，"免"屬獮韻（戴誤作銑），"浣"誤讀如每，入賄韻。
② "敦"字都昆切，屬魂韻，古又讀丁回切，屬灰韻。
③ "竄"古音七外切，屬泰韻，今音七亂切，屬換韻。
④ "吻"屬上聲吻韻；"勿"屬入聲物韻。
⑤ "讞轍"魚列切，音孽，薛韻；"獻"屬願韻。
⑥ "擲"直灸切，入聲昔韻；"鄭"，去聲勁韻。
⑦ "幎塓"，莫狄切，入聲錫韻；"冥"，平聲青韻。
⑧ "莫"當作"貘"。
⑨ "箇"從固聲，固屬暮韻，"箇"屬箇韻。
⑩ "蘁"讀如"和"。
⑪ 今音指"花"字。
⑫ 這些字在《廣韻》都是禡韻字。

戈麻與有入者同，與無入者異。陸氏溷同藥鐸爲一，故失其入聲。
不知覺藥一類，鐸又一類，鐸韻之"襮樂櫟鑿鶴熇"等字當別出，歸
於藥①，而屋韻之"熇㸆㠞"等字，沃韻之"沃䎽襮"等字，陌韻之"翟
搦"等字，麥韻之"覈"字，錫韻之"的趯䴅溺激"等字，古音皆與覺藥爲
一類；覺韻之"朔斮箹"等字，藥韻之"若箸略蝷郤膝碏斫縛矍護"等字
當別出，歸於鐸。一爲陽唐之入，一爲歌戈麻之入，不可溷也。

戴氏這一段議論有許多可取的地方，但也有不妥處和錯誤處。分
別討論如下：

第一，戴氏認爲段玉裁不知質櫛是脂韻的入聲，屑是齊韻的入聲，
他的批評是對的。

第二，戴氏認爲段玉裁真以下分三部，而脂微諸韻只得一部，配對
得不均匀。他的批評也是對的，但是他自己也分配得不妥。他把真文
合爲一部，祭月分爲兩部，都是不對的。實際情況應該是真質配脂；文
物配微；元月配歌。

第三，戴氏認爲段玉裁耕部與真部同入，"殊失其倫"，他的話是對
的。他認爲耕支同入，也是對的。

第四，戴氏認爲段玉裁第十七部歌戈麻與十六部支侯同入，第十
部陽唐與第五部魚虞模同入，"皆失倫"。我認爲段玉裁歌支同入是錯
誤的，但陽魚同入則是正確的。京聲有"掠"，黃聲有"彉"，都可以證
明陽鐸相通；"亡"又讀"無"，則可證明陽魚相通。戴氏歌魚同入、陽
宵同入則是錯誤的。戴氏舉了許多麻禡通鐸的例子，企圖以此證明歌
戈麻與鐸相通，而不知這些字本屬入聲，原屬鐸部。這種論證犯了邏
輯上的錯誤。只有一個"笛"字可以説得過去，而"笛"是後起的字，只
能説明魚歌兩部元音相近，並非陰陽對轉。戴氏又舉了許多宵藥相通

---

① 這些字是一等字，不能歸藥韻（藥是三等字）。

的例子,企圖證明陽宵相配,這又犯了邏輯推理上的錯誤。宵藥相通,並不能以此證明陽宵相通。

五、戴氏説:

顧氏分古音十部,入聲僅分爲四部,侵已下如舊,餘則以配其無入之韻。其第五部雖誤以尤幽合於蕭宵肴豪,而分一屋之半、二沃之半、四覺之半、十八藥之半、十九鐸之半、二十三錫之半爲蕭宵肴豪之入者獨得之。其第三部雖誤轉侯以合於魚虞模,又誤以一屋之半、二沃之半、三燭四覺之半爲魚虞模之入,而不知此乃尤侯幽之入也;其以十八藥之半、十九鐸之半、二十陌、二十一麥之半、二十二昔之半爲魚虞模之入者,亦得之。其第二部雖溷淆不分,從而分之①。以五質、六術、七櫛、八物、九迄爲脂微齊皆灰之入,十月、十一没、十二曷、十三末、十四黠、十五鎋、十六屑、十七薛爲皆祭泰夬廢之入,二十一麥之半、二十二昔之半、二十三錫之半爲支佳之入,二十四職、二十五德、一屋之半爲之咍之入,此四者之平上去,昔人淆溷不分②,而入聲有分。顧氏因其平上去不分,併入聲亦合之。然顧氏列真至仙爲第四部,庚之半及耕清青爲第八部,蒸登爲第九部,苟知相配之説,昔人以入聲隷於四部者非無見,則知入聲當分爲四;知入聲可隷於彼又可隷於此,必無平上去分而入不分,入分而平上去不分,則彼分爲四,此亦當分爲四。今書内舉入聲以論三部之分③,實發昔人所未發。然昔人以職德隷蒸登,今以隷之咍,而明其同入,於彼此相配得矣;昔人以陌麥昔錫隷庚耕清青,今以隷支佳,而譏昔人於音理未審,則於彼

---

① 從而分之,指戴氏自己。
② 昔人不分,指顧炎武、江永等。
③ 三部,指支脂之三部。

此相配未有見故耳。昔人以質術櫛物迄月没曷末黠鎋屑薛隸真諄臻文殷元魂痕寒桓删山先仙,今獨質櫛屑仍其舊,餘以隸脂微齊皆灰,而謂諄文至山仙同入,是諄文至山仙與脂微齊皆灰相配亦得矣;特彼分二部,此僅一部,分合未當。又六術韻字不足配脂,合質櫛與術始足相配,其平聲亦合臻諄始足相配。屑配齊者也,其平聲則先齊相配。今不能別出六脂韻字配真臻質櫛者合齊配先屑爲一部,且別出脂韻字配諄術者合微配文殷物迄、灰配魂痕没爲一部,廢配元月、泰配寒桓曷末、夬配删黠、夬配山鎋、祭配仙薛爲一部,而以質櫛屑隸舊有入之韻,餘則隸舊無入之韻。或分或合,或隸彼,或隸此,尚宜詳審。第九、第十、第十一,此三部之次:觀江從東冬流變,庚從陽唐流變,得其序矣。東韻字有從蒸登流變者,而列爲第六部,隔越七八兩部。尤從之咍流變,蕭從尤幽流變,而以蕭宵肴豪處之咍後、尤幽侯前,未知音聲相配故耳。

關於戴氏對段玉裁的這些批評,兹分別討論如下:

第一,戴氏認爲顧炎武第二部入聲當分爲四,以職德爲之咍之入,陌麥昔錫爲支佳之入,質術櫛物迄没爲脂微齊皆灰之入,月曷末黠鎋屑薛爲祭泰夬廢之入,基本上是正確的。只有兩點應該修正:(1)術物迄没應獨立出來,作爲微之入。段玉裁在這一點上是對的。(2)屑韻當爲齊之入,戴氏在下文也説屑是齊之入,這裏却錯了。

第二,戴氏以支耕錫爲陰陽入三聲相配,是正確的。段玉裁説:“陸韻以陌麥昔錫配庚耕清青,於音理未審。”段玉裁是錯誤的。

第三,戴氏再三强調陰陽入三聲相配,認爲段玉裁不該以物月兩部只配脂部,又不該以質櫛屑配舊有入之韻,其餘入聲配舊無入之韻。其實段氏把質物分立是對的,其錯誤只在於把質部作爲真部的入聲。但也不算什麽大錯誤,戴氏不是也把脂真質作爲陰陽入三聲相配嗎?

戴氏否認真文分立、質物分立，反而是錯誤的。他不知道微文物相配，不是也形成很整齊的局面嗎①？

第四，戴氏對段氏《六書音均表》的韻部次序也提出批評。他的批評也有得有失。他批評段氏把宵部放在之部後、幽部前，這批評是很對的。應該像戴氏和江有誥那樣，宵部放在幽部後面。至於段氏把蒸登放在侵部前面，這是對的（江有誥也是這樣做的）。《切韻》蒸登韻雖有少數字歸古韻東部，那是音系的變遷，不是讀音相近；唯有侵蒸兩部在《詩經》裏有幾處合韻，那才是讀音相近。在這一點上，段氏是對的，戴氏是錯的。

六、戴氏説：

江先生分真已下十四韻、侵已下九韻各爲二，今（指段玉裁）又分真已下爲三，分尤幽與侯爲二，而脂微齊皆灰不分爲三，東冬鍾不分爲二，諄文至山仙雖分，而同入不分；尤幽侯雖分，而同入不分。試以聲位之洪細言之；真之"筠"與文之"雲"本無以別，猶脂之"帷"與微之"韋"本無以別也。侯之"鉤謳"與尤之"鳩憂"，雖洪細不同矣，猶東之"公翁"與鍾之"恭雍"洪細不同也。他如模之"孤烏"與魚之"居於"，痕之"根恩"與殷之"斤殷"，魂之"昆溫"與文之"君熅"（於分切），豪之"高熝（於刀切）與宵之"驕夭"，其洪細皆然。而據《三百篇·山有樞》首章"樞榆婁驅愉"、二章"栲杻埽考保"②，《南山有臺》五章"枸楰耇後"、四章"栲杻壽

---

① 戴氏也提到段玉裁"別出脂韻字配諄術者合微配文殷物迄"，可惜他不能由此悟出微文物三部相配。

② 《詩·唐風·山有樞》："山有樞，隰有榆。子有衣裳，弗曳弗婁；子有車馬，弗馳弗驅。宛其死矣，他人是愉。""山有栲，隰有杻。子有廷內，弗洒弗埽；子有鐘鼓，弗鼓弗考。宛其死矣，他人是保。"

茂"①,謂侯與尤幽不相雜;《載馳》之"驅侯",則謂不連"悠漕憂"
爲一韻②;《生民》之"揄蹂叟浮"③,《棫樸》之"櫹趣"④,《角弓》之
"裕瘉"⑤,則謂爲合韻。

戴氏對段氏的批評是錯誤的。他以今音系統講古音系統,在方法
上是不對的。《山有樞》《南山有臺》每章有四五韻字,侯幽界限分明,
決非偶然。侯部獨立,孔廣森、王念孫、江有誥、章炳麟、黄侃都遵用其
説,這是駁不倒的。

七、戴氏説:

　　　今書内(指《六書音均表》)列十七部,僕之意第三、第四當併,
　　第十二、第十三亦當併,惟第七、第八及第十四,江先生力辨其當分。
　　僕曩者亦以爲然,故江先生撰《古韻標準》時曾代爲舉"艱鰥"二字,
　　辨論其偏旁得聲,江先生喜而採用之。後以真至先皆收舌齒音,侵
　　至凡皆收脣音,其各分爲二也,不過在侈斂之間,遂主陸氏"古人韻
　　緩"爲斷。上年於《永樂大典》内得宋淳熙初楊倓《韻譜》,校正一
　　過。其書亦即呼等之説,於舊有入者不改;舊無入者悉以入隸之,與
　　江先生《四聲切韻表》合。僕巳年(指癸巳,1773)定《聲韻考》,別十
　　九鐸不與覺藥通者,又分陌麥昔錫之通鐸者爲歌戈之入,謂江先生
　　以曷爲歌之入、末爲戈之入者應改正。楊氏雖不能辨別藥鐸之異,
　　而以藥鐸配陽唐、配蕭宵肴豪,又以鐸配歌。僕因究韻之呼等:一東

────────

① 《詩·小雅·南山有臺》:"南山有栲,北山有杻。樂只君子,遐不眉壽,樂只君子,德音是
　　茂。""南山有枸,北山有楰。樂只君子,遐不黄耇。樂只君子,保艾爾後。"
② 《詩·鄘風·載馳》:"載馳載驅,歸唁衛侯。驅馬悠悠,言至于漕。大夫跋涉,我心則憂。"
③ 《詩·大雅·生民》:"誕我祀如何? 或舂或揄,或簸或蹂。釋之叟叟,烝之浮浮。"
④ 《詩·大雅·棫樸》:"芃芃棫樸,薪之槱之;濟濟辟王,左右趣之。"
⑤ 《詩·小雅·角弓》:"此令兄弟,綽綽有裕。不令兄弟,交相爲瘉。"按:"裕"字當依江有
　　誥入侯部。段氏誤認爲合韻。

内一等字與二冬無別，六脂内三等字與八微無別，十七眞二等字與十九臻無別，十七眞、十八諄内三等合口呼與二十文三韻皆無別，眞韻内三等開口呼與二十一殷無別，二十七删與二十八山無別，二仙内四等字與一先無別，四宵内四等字與三蕭無別，十二庚内二等字與十三耕無別，十二庚、十四清内三等開口呼兩韻無別，清韻内四等字與十五青無別，十八尤内四等字與二十幽無別，二十二覃與二十三談無別，二十四鹽内四等字與二十五添無別，鹽韻内三等字與二十八嚴、二十九凡三韻皆無別，二十六咸與二十七銜無別，其餘呼等同者，音必無別。蓋定韻時有意求其密，用意太過，强生輕重。其讀一東内一等字必稍重，讀二冬内字必稍輕，觀"東"德紅切、"冬"都宗切，洪細自見。然人之語言音聲，或此方讀其字洪大，彼方讀其字微細；或共一方，而此人讀之洪大，易一人讀之又微細；或一人語言，此時言之洪大，移時而言之微細。强生重輕，定爲音切，不足憑也。唐國子監祭酒李涪撰《刊誤》，論陸法言《切韻》一條有云："上聲爲去，去聲爲上。又有字同一聲，分爲兩韻。法言平聲以'東農'非韻，以'東崇'爲切；上聲以'董勇'非韻，以'董動'爲切；去聲以'送種'非韻，以'送衆'爲切；入聲以'屋燭'非韻，以'屋宿'爲切。何須'東冬、中終'①妄別聲律？"涪去法言未遠，已讀"東冬"如一，"中終"如一，譏其妄別矣。又今人語言矢口而出，作去聲者《廣韻》多在上聲，作上聲者《廣韻》多在去聲。李涪又云："予今別白去上，各歸本音；詳較輕重，以符古義。理盡於此，豈無知音？是今人語言與《廣韻》上去互異者，非後代始流變，在唐人已語言與韻書互異矣。韻書既出，視爲約定俗成。然如"東冬、中終"之妄別，不必强爲之詞也。

戴氏這一段話錯誤更大。他説他在《永樂大典》内發現楊倓《韻

---

① "東冬"不同韻，"中終"不同紐。

譜》,從而證明一東內一等字與二冬無別,六脂內三等字與八微無別,等等。楊佽按照南宋時代的語音系統制成韻譜,不能以此證明古音系統。可見戴氏缺乏歷史發展觀點。他接受李涪的觀點,認爲"東冬"無別,"中終"無別,而不知道李涪的知識還不及楊佽,楊佽雖不知道"東冬"有別,但他還是知道"中終"有別的("中"是知母字,"終"是照母字)。可惜戴氏沒有看見鄭樵的《七音略》和張麟之的《韻鏡》,否則他就會看見,《廣韻》每一個不同的字音都有它的位置,並不像楊佽《韻譜》那樣,把不同的字音混同起來。

　　陸法言的《切韻》雖不代表隋唐的語音系統,但是它代表魏晉南北朝的語音系統。在魏晉南北朝的韻文裏,不但支脂之的分別是相當清楚的(特別是支與脂之的界限),連刪與山的界限也是清楚的①。可見決不是"有意求其密,用意太過,强生輕重"的。戴氏説"其讀一東內一等字必稍重,讀二冬內字必稍輕",更是捕風捉影之談。隋唐時代,平聲未分陰陽,何以知道用後代陽平的字爲反切下字(如德紅切)就是重,用後代陰平的字爲反切下字(如都宗切)就是輕呢? 若憑反切下字來證明東韻稍重、冬韻稍輕,那麼,東韻內一等字"峓"五東切、"檧"蘇公切、"烘"呼東切、"洪"户公切,則又何説?

　　戴氏所謂"輕重、洪細",並無明確的定義。在《答段若膺論韻》裏,"輕重"似指陰調類和陽調類,所以東韻稍重,冬韻稍輕;在《聲類表》裏,輕重似指聲母的區別,所以"東"字與"冬"字同屬合口內轉重聲。在同一篇文章裏,"洪細"的定義也前後不一致。如在《答段若膺論韻》裏,前面説侯之"鉤謳"與尤之"鳩憂"、東之"公翁"與鍾之"恭雍"是洪細不同,洪細指的是等呼不同;後面説"觀'東'德紅切,'冬'都宗切,洪細自見","洪細"似乎與"輕重"是同義詞。戴氏語音學之

---

① 參看我的《漢語語音史》。

疏,可以概見。

　　戴氏所謂"人之語言音聲,或此方讀其字洪大,彼方讀其字微細;或共一方,而此人讀之洪大,易一人讀之又微細;或一人語言,此時言之洪大,移時而言之微細",似乎很有道理,但仔細看來,還是概念混亂。此方洪大,彼方微細,這是方言的不同,指的是聲母、韻母的不同;同一方言,某甲洪大,某乙微細,這是各人的體質不同,不是聲母、韻母的不同,不能混爲一談。無論方言的不同或个人體質不同,都和古音系統無關。我們研究古音,指的是一時一地之音,方音的現象在必要時可以提及,但不是主要的研究對象。

　　八、戴氏説:

　　　　僕巳年分七類爲二十部者,上年以呼等考之;真至仙,侵至凡同呼而具四等者二;脂微齊皆灰及祭泰夬廢亦同呼而具四等者二。仍分真巳下十四韻、侵巳下九韻各爲二,而脂微諸韻與之配者亦各爲二。其配元寒至山仙者:《周南·芣苢》二章"掇捋"①,《召南·草蟲》二章"蕨惙説"②,《甘棠》首章"伐茇"、二章"敗憩"、三章"拜説"③、《野有死麇》三章"脱帨吠"④、《邶·擊鼓》四章"闊説"、五章"闊活"⑤、《匏有苦葉》首章"厲揭"⑥、《泉水》三章"辇邁衛害"⑦、

---

① 《詩·周南·芣苢》:"采采芣苢,薄言掇之;采采芣苢,薄言捋之。"
② 《詩·召南·草蟲》:"陟彼南山,言采其蕨。未見君子,憂心惙惙。亦既見止,亦既覯止,我心則説。"
③ 《詩·召南·甘棠》:"蔽芾甘棠,勿翦勿伐,召伯所茇。""蔽芾甘棠,勿翦勿敗;召伯所憩。""蔽芾甘棠,勿翦勿拜,召伯所説。"
④ 《詩·召南·野有死麇》:"舒而脱脱兮! 無感我帨兮! 無使尨也吠!"
⑤ 《詩·邶風·擊鼓》:"死生契闊,與子成説。""于嗟闊兮,不我活兮!"
⑥ 《詩·邶風·匏有苦葉》:"深則厲,淺則揭。"
⑦ 《詩·邶風·泉水》:"載脂載辇,還車言邁。遄臻于衛,不瑕有害。"

《二子乘舟》二章"逝害"①,《衛·碩人》四章"活濊發揭孽揭"②、《伯兮》首章"揭桀"③、《有狐》二章"厲帶"④、《王·君子于役》二章"月佸桀括渴"⑤、《采葛》首章"葛月"、三章"艾歲"⑥,《鄭·子衿》三章"達闕月"⑦、《齊·東方之日》二章"月闥闥發"⑧、《甫田》二章"桀怛"⑨、《魏·十畝之間》二章"外泄逝"⑩、《唐·蟋蟀》二章"逝邁外蹶"⑪、《陳·東門之枌》三章"逝邁"⑫、《東門之楊》二章"肺哲"⑬,《檜·匪風》首章"發偈怛"⑭、《曹·蜉蝣》三章"閱雪說"⑮、《候人》首章"役芾"⑯、《豳·七月》首章"發烈褐歲"⑰、《小雅·采薇》二章"烈渴"⑱、《庭燎》三章"艾晰

---

① 《詩·邶風·二子乘舟》:"二子乘舟,汎汎其逝。願言思子,不暇有害!"

② 《詩·衛風·碩人》:"河水洋洋,北流活活。施罛濊濊,鱣鮪發發,葭菼揭揭。庶姜孽孽,庶士有朅。"

③ 《詩·衛風·伯兮》:"伯兮朅兮,邦之桀兮。"

④ 《詩·衛風·有狐》:"有狐綏綏,在彼淇厲。心之憂矣,之子無帶。"

⑤ 《詩·王風·君子于役》:"君子于役,不日不月,曷其有佸,雞棲于桀。日之夕矣,羊牛下括。君子于役,苟無飢渴。"

⑥ 《詩·王風·采葛》:"彼采葛兮,一日不見,如三月兮。""彼采艾兮。一日不見,如三歲兮。"

⑦ 《詩·鄭風·子衿》:"挑兮達兮,在城闕兮,一日不見,如三月兮。"

⑧ 《詩·齊風·東方之日》:"東方之月兮。彼姝者子,在我闥兮。在我闥兮,履我發兮。"

⑨ 《詩·齊風·甫田》:"無田甫田,維莠桀桀。無思遠人,勞心怛怛。"

⑩ 《詩·魏風·十畝之間》:"十畝之外兮,桑者泄泄兮。行與子逝兮。"

⑪ 《詩·唐風·蟋蟀》:"蟋蟀在堂,歲聿其逝。今我不樂,日月其邁。無已大康,職思其外,好樂無荒,良士蹶蹶。"

⑫ 《詩·陳風·東門之枌》:"穀旦于逝,越以鬷邁。"

⑬ 《詩·陳風·東門之楊》"東門之楊,其葉肺肺。昏以爲期,明星晢晢。"

⑭ 《詩·檜風·匪風》:"匪風發兮,匪車偈兮。顧瞻周道,中心怛兮。"

⑮ 《詩·曹風·蜉蝣》:"蜉蝣掘閱,麻衣如雪。心之憂矣,於我歸說。"

⑯ 《詩·曹風·候人》:"彼候人兮,何戈與祋。彼其之子,三百赤芾。"

⑰ 《詩·豳風·七月》:"一日之觱發,二日之栗烈,無衣無褐,何以卒歲?"

⑱ 《詩·小雅·采薇》:"憂心烈烈,載飢載渴。"

嗷"①、《正月》八章"厲滅威"②(此章第二句"結"字非韻,乃四句見韻之例)、《小旻》五章"艾敗"③、《蓼莪》五章"烈發害"④、《大東》七章"舌揭"⑤、《四月》三章"烈發害"⑥、《鴛鴦》三章"秣艾"⑦、《車舝》首章"舝逝渴括"⑧、《苑柳》二章"愒瘵邁"⑨,《都人士》二章"撮髮説"、四章"厲蠆邁"⑩、《白華》五章"外邁"⑪、《大雅·文王》二章"世世"⑫、《縣》八章"拔兑駾喙"⑬、《皇矣》二章"翳栵"、三章"拔兑"⑭(此章"拔兑"一韻、"對季"一韻,下重"季"字及"友"字不入韻)、《生民》二章"月達害"、七章"較烈歲"⑮,《民勞》四章"愒泄厲敗大"⑯、

---

① 《詩·小雅·庭燎》:"夜如何其?夜未艾。庭燎晣晣。君子至止,鸞聲嘒嘒。"
② 《詩·小雅·正月》:"心之憂矣,如或結之。今兹之正,胡爲厲矣。燎之方揚,寧或滅之?赫赫宗周,褒姒威之!"
③ 《詩·小雅·小旻》:"民雖靡膴,或哲或謀,或肅或艾。如彼泉流,淪胥以敗。"
④ 《詩·小雅·蓼莪》:"南山烈烈,飄風發發。民莫不穀,我獨何害?"
⑤ 《詩·小雅·大東》:"維南有箕,載翕其舌;維北有斗,西柄之揭。"
⑥ 《詩·小雅·四月》:"冬日烈烈,飄風發發。民莫不穀,我獨何害?"
⑦ 《詩·小雅·鴛鴦》:"乘馬在廄,摧之秣之;君子萬年,福禄艾之。"
⑧ 《詩·小雅·車舝》:"間關車之舝兮,思孌季女逝兮。匪飢匪渴,德音來括。"
⑨ 《詩·小雅·苑柳》:"有苑者柳,不尚愒焉。上帝甚蹈,無自瘵焉。俾予靖之,後予邁焉。"
⑩ 《詩·小雅·都人士》:"彼都人士,臺笠緇撮。彼君子女,綢直如髮。我不見兮,我心不説。""彼都人士,垂帶而厲。彼君子女,卷髮如蠆。我不見兮,言從之邁。"
⑪ 《詩·小雅·白華》:"鼓鐘于宫,聲聞于外。念子懆懆,視我邁邁。"
⑫ 《詩·大雅·文王》:"文王孫子,本支百世。凡周之王,不顯亦世。"
⑬ 《詩·大雅·縣》:"柞棫拔矣,行道兑矣。混夷駾矣,維其喙矣。"
⑭ 《詩·大雅·皇矣》:"作之屏之,其菑其翳。脩之平之,其灌其栵。""帝省其山,柞棫斯拔,松柏斯兑。帝作邦作對,自大伯王季。維此王季,因心則友。"
⑮ 《詩·大雅·生民》:"誕彌厥月,先生如達。不坼不副,無菑無害。""取羝以較,載燔載烈,以興嗣歲。"
⑯ 《詩·大雅·民勞》:"民亦勞止,汔可小愒。惠此中國,俾民憂泄。無縱詭隨,以謹醜厲。式遏寇虐,無俾正敗。戎雖小子,而式弘大。"

《板》二章"蹶泄"①、《蕩》八章"揭害撥世"②、《抑》六章"舌逝"③、《丞民》三章"舌外發"④、《瞻卬》首章"厲瘵"（此章及後二章皆四句見韻。次句"惠"字非韻。下四句"疾屆"一韻、"收瘳"一韻）、二章"奪説"⑤、《召旻》六章"竭竭害"⑥、《周頌·載芟》"活達傑"⑦、《魯頌·泮水》首章"茷噦大邁"⑧、《閟宮》五章"大艾歲害"⑨、《商頌·長發》二章"撥達達越發烈截"、六章"旆（此字誤。《荀子》引此詩作"截發"，《説文》引作"載坺"。"發坺"皆於韻合）鉞蘗達截伐桀"⑩。已上分出以配元寒桓刪山仙之別於真諄臻文殷魂痕。

這是戴氏最精彩的一段議論。祭泰夬廢獨立成部，入聲月曷末點鎋薛與之相配，這是戴氏在古音學上一大貢獻。

九、戴氏説：

---

① 《詩·大雅·板》："天之方蹶，無然泄泄。"

② 《詩·大雅·蕩》："人亦有言，顛沛之揭。枝葉未有害，本實先撥。殷鑒不遠，在夏后之世。"

③ 《詩·大雅·抑》："莫捫朕舌，言不可逝。"

④ 《詩·大雅·丞民》："出納王命，王之喉舌。賦政于外，四方爰發。"

⑤ 《詩·大雅·瞻卬》："瞻卬昊天，則不我惠。死喪不寧，降此大厲。邦靡有定，士民其瘵。蟊賊蟊疾，靡有夷屆。罪罟不收，靡有夷瘳。""人有民人，女覆奪之。此宜無罪，女反收之；彼宜有罪，女覆説之。"

⑥ 《詩·大雅·召旻》："池之竭矣，不云自頻。泉之竭矣，不云自中。溥斯害矣，職兄斯弘。不烖我躬。"按：段氏以"竭竭害"爲非韻。

⑦ 《詩·周頌·載芟》："播厥百穀，實函斯活。驛驛其達，有厭其傑。"

⑧ 《魯頌·泮水》："其旂茷茷，鸞聲噦噦。無小無大，從公于邁。"

⑨ 《詩·魯頌·閟宮》："俾爾昌而大，俾爾耆而艾。萬有千歲，眉壽無有害。"

⑩ 《詩·商頌·長發》："玄王桓撥，爰小國是達，受大國是達。率履不越，遂視既發。相士烈烈，海外有截。""武王載旆，有虔秉鉞。如火烈烈。則莫我敢曷。苞有三蘗，莫遂莫達。九有有截，韋顧既伐，昆吾夏桀。"戴氏引脱"烈、曷"二韻字。

　　鄭庠《古音辨》分陽支先虞尤覃六部，顧氏《古音表》析東陽耕蒸而四，析魚歌而二，故增多四部。江先生《古韻標準》更析真元而二、宵侯而二、侵談而二，故多於顧氏三部。今析支脂之祭而四，故又多三部。入聲顧氏僅分屋質藥緝四部，江君析質月錫職而四，析緝盍而二，故增多四部。今更析藥鐸而二。顧氏鐸併屋後，而藥鐸有分；江君適未省照也。顧以屋質藥緝隸魚支宵侵，江以屋質月藥錫職緝盍隸東真元陽耕蒸侵談，又以屋隸侯，質月錫職隸支，藥隸魚，緝盍隸侵談，而《廣韻》歌戈麻，取其所分月之屬曷末及藥之屬陌昔隸之。蓋江君未知音聲相配，故分合猶未當。知皆有入聲，而未知歌戈本與舊有入之韻近，因引喉而不激揚，昔人遂以其所定無入之韻例之。凡音聲皆起於喉，故有以歌韻爲聲音之元者。其同於舊有入之韻，不同於舊無入之韻明矣。江君亦未明於音聲相配。此雖僕所獨得，而非敢穿鑿也。

　　戴氏此論，得失參半。他批評江永入聲分合未當，這是對的。但他堅持歌戈本與舊有入之韻近（意即陽聲），則是完全錯誤的。他說"凡音聲皆起於喉"，這是似是而非的議論。既然音聲皆起於喉，爲什麼只有歌韻算元音，從而斷定他與舊有入之韻相近？江永在《四聲切韻表》中，以曷配歌寒，正是合於音理。戴氏反其道而行之，顯然是錯誤的。這是戴氏在古音學上最大的缺點。

　　十、戴氏説：

　　　　凡五方之音不同，古猶今也，故有合韻。必轉其讀，彼此不同，乃爲合韻。如《載馳》之"濟閟"①、《抑》之"疾戾"②，此不必

---

① 《詩·鄘風·載馳》："既不我嘉，不能旋濟。視爾不臧，我思不閟。"
② 《詩·大雅·抑》："庶人之愚，亦職維疾；哲人之愚，亦維斯戾。"

即讀入聲，如五質之"䄶"，脂旨至質、真軫震質相配共入，亦無不諧。"疾"屬質韻，"戾"屬霽韻亦然。特以質櫛屑專隸真臻先，使真臻先不與諄文殷魂痕通；以脂微齊皆灰與諄文至山仙共入，不與真臻先共入，而"濟戾"二字便將脂微齊皆灰及術物迄沒諸韻字牽連而至，割之不斷矣。"揄趣苟驅附奏垢裕"之互相牽連亦然。

戴氏這一段議論，也是得失參半。所謂合韻，指的是相近的韻通押，並非方言不同的轉讀。戴氏的批評是無的放矢。但戴氏批評段玉裁以"濟閟"爲合韻、"疾戾"爲合韻，這個批評却是正確的。"濟"屬脂部，"閟"屬質部，脂質對轉。"疾戾"同屬質部，段氏誤把它們分屬兩部。這是具體歸字的差錯，與合韻無關。至於"揄趣苟驅附奏垢裕"本屬侯部字①，無互相牽連之可言，則又是戴氏批評錯了。

十一、戴氏説：

> 顧氏於古音有草創之功，江君與足下皆因而加密。顧改侯從虞，江改虞從侯，此江優於顧處；顧藥鐸有別，而江不分，此顧優於江處。其鄭爲六，顧爲十，江爲十三，江補顧之不逮，用心亦勤矣。此其得者。宜引顧江之説，述而不作②。至支脂之有別，此足下卓識，可以千古矣！僕更分祭泰夬廢及月曷末黠鎋薛，而後彼此相配，四聲一貫。則僕所以補前人而整之就叙者。願及大著未刻，或降心相從，而參酌焉。

戴氏這一段總結性的言論十分重要。他既謙虛，又自負。謙虛的是接受段玉裁支脂之三部分立之説，自負的是他在三部之外再加一個祭部。祭部獨立，也可以千古矣。他的審音原則是彼此相配，四聲一貫。所謂"整之就叙"，就是使之系統化。這一個原則也可以千古矣！

---

① "裕"是屋部字，段氏入聲不獨立，所以也可以説侯部字。
② 言外之意是反對段玉裁侯幽分立、真文分立。

第六章 錢大昕的古音學

　　錢大昕(1727—1804)，字曉徵，號辛楣，又號竹汀，江蘇嘉定人。錢氏精通經史，兼及中西曆算。關於音韻方面，他没有專著，但他的《十駕齋養新錄》卷五和《潛研堂文集》卷十五都是討論音韻的。

　　錢氏古音學上的成就在古聲紐方面。他所説的古無輕唇音和古無舌上音，成爲不刊之論。本文着重討論古無輕唇音和古無舌上音。

（一）古無輕唇音

　　錢氏説，凡於唇之音，古讀皆爲重唇。這就是説，凡今讀唇齒音（f、v 等）的字，在古代都讀雙唇音 p、p'、b、m。他舉《廣韻》反切爲例："邠攽"等字是重唇音而讀府巾切，"旻忞"等字是重唇音而讀武巾切，"穷"是重唇音而讀符巾切。又"芒邙"等字，《廣韻》有武方、莫郎二切，今皆讀重唇，無讀輕唇者。

　　試以現代方言爲證。錢氏説："今吴人呼'蚊'如'門'。"又説："今江西、湖南方言讀'無'如'冒'。"又説："吴音則亡忘望亦讀重唇。"①又説："今人呼鰒魚曰鮑魚，此方音之存古者。"又説："古音'晚'重唇，

---

① 今吴方言"亡"字不讀重唇。

今吴音猶然。"其實錢氏可以舉更多的例子。粤方言没有微母,故讀
"微"如"眉",讀"文"如"民",讀"亡"如"芒",讀"武"如"母",等等。

　　錢氏舉了大量異文證明古無輕唇音。現在我把這些異文作成字
表,以便觀覽,如下:

(一)非母古讀幫母字表

本音	異文	説明
於變	於蕃	《書》"於變時雍",《漢書》引作"於蕃時雍"。
播	藩	《周禮》"播之以八音",故書"播"爲"藩"。
奔軍	賁軍	《禮》"賁軍之將",《詩·行葦》傳引作"奔軍之將"。
圃草	甫草	《詩》"東有甫草",韓《詩》作"圃草"。
謗人	方人	《論語》"子貢方人",鄭玄本作"謗人"。
邦域	封域	《論語》"在邦域之中",《釋文》"邦或作封"。
邦内	封内	《論語》"動干戈於邦内。"《釋文》"鄭本作邦内"。
窆	封	《檀弓》"縣棺而封",注"封當爲窆"。
彼	匪	《詩》"彼交匪敖",《左傳》引作"匪交匪敖"。
		《詩》"彼交匪紓",《荀子》引作"匪交匪紓"。
變	反	《詩》"四矢反兮",韓《詩》作"變"。
苞	菲	《曲禮》"苞屨扱衽",注"苞或爲菲"。

(二)非母古讀並母字表

本音	異文	説明
旁述	方鳩	《書》"方鳩僝功",《説文》引作"旁述"。
旁施	方施	《書》"方施象刑惟明",《新序》作"旁施"。
邲	匪	《詩》"有匪君子",韓《詩》作"邲"。

（三）敷母古讀幫母字表

本音	異文	説明
布重	敷重	《書》"敷重篾席"，《説文》引作"布重"。
布政	敷政	《詩》"敷政優優"，《左傳》引作"布政"。
布幕	敷幕	《儀禮》"布幕于寢門外"，今文作"敷"。
寶	俘	《春秋》"齊人來歸衛俘"，《公》《穀》"衛俘"作"寶"。

（四）敷母古讀滂母字表

本音	異文	説明
鋪敦	敷敦	《詩》"鋪敦淮濆"，韓《詩》作"敷"。
鋪時	敷時	《詩》"敷時繹思"，《左傳》引作"鋪"。
配	妃	《詩》"天立厥配"，《釋文》"本亦作妃"。《易》"遇其配主"，鄭本作"妃"。

（五）敷母古讀並母字表

本音	異文	説明
弼	拂	《孟子》"入則無法家拂士"，《史記·夏本紀》"女匡拂予"。
翟茀	翟茀	《詩》"翟茀以朝"，《周禮》注作"翟蔽以朝"。
孛星	茀星	《史記》"星茀于河戌"，《漢書》"星孛于河戌"。
勃如	艴如	《論語》"色勃如也"，《説文》引作"艴如"。
外薄	外敷	《詩·蓼蕭》箋"外薄四海"，《釋文》"諸本作敷"。

（六）奉母古讀幫母字表

本音	異文	説明
偪	伏	《考工記》"不伏其轅"，故書"伏"作"偪"。

（七）奉母古讀並母字表

本音	異文	説明
匍匐	扶服	《檀弓》引《詩》"扶服救之"。
		《詩》"誕實匍匐"，《釋文》"本亦作扶服"。
		《漢書》"中孺扶服叩頭"。
匍匐	扶伏	《家語》引《詩》"扶伏救之"。
		《左傳》"扶伏而擊之"。
匍匐	蒲伏	《左傳·昭十二年》"奉壺飲冰以蒲伏焉"。
		《史記》"俛出袴下蒲伏"。
匍匐	蒲服	《史記》"嫂委蛇蒲服"。
		《史記》"膝行蒲服"。
酺	扶	《漢書》"暑長爲潦，短爲旱，奢爲扶"。
蟠木	扶木	"蟠木"見《史記》，"扶木"見《吕氏春秋》。
榑桑	扶桑	"榑桑"見《説文》。
犕牛	服牛	《説文》引《易》"犕牛乘馬"。
伯犕	伯服	《左傳》"王使伯服"，《史記》作"伯犕"。
呼譽	呼服	《漢書·東方朔傳》作"呼譽"，《田蚡傳》作"呼服"。
呼伯	呼服	《漢書·田蚡傳》晉灼注"服音殕"。
菢子	伏卵	《廣韻》"菢，薄報切"。
庖犧	伏羲	"庖犧"見《易·繫辭》。
虙義	伏羲	"虙義"見《説文》。

馮琴	伏琴	《史記》作"馮琴",《春秋後語》作"伏琴"。
馮式	伏軾	《漢書》作"馮式",《史記》作"伏軾"。
倍依	負扆	《荀子》作"負扆",《史記》作"倍依"。
倍尾	負尾	"倍尾"見《禹貢》,"負尾"見《史記》。
倍陽	萯陽	《漢書・東方朔傳》作"倍陽",《宣帝紀》作"萯陽"。
背	負	《釋名》"負,背也"。
部婁	附婁	《左傳》"部婁無松柏",《説文》作"附婁"。
勃勃	佛佛	《晉書》"赫連勃勃",《宋書》作"佛佛"。
盆水	汾水	《莊子》"汾水之陽",司馬彪本作"盆水"。
士彭	士魴	《左傳》"士魴",《公羊》作"士彭"。
閼蓬	閼逢	《爾雅》"閼逢",《淮南子》作"閼蓬"。
蓬蒙	逢蒙	《孟子》"逢蒙",《莊子》作"蓬蒙"。
軷	罰	《周禮》"犯軷",注"故書軷作罰"。
芘	腓	《詩》"小人所腓",箋"腓當作芘"。
臏	剕	《書》"剕罰之屬五百",《史記》作"臏"。
苾	馥	《詩》"苾芬孝祀",韓《詩》作"馥"。
旁	房	《史記》"阿房宫",宋本皆作"旁"。

(八)微母古讀明母字表

本音	異文	説明
門水	文水	《水經注・漢水篇》。
岷山	汶山	《書》"岷山導江",《史記》作"汶山"。
滑公	文公	《史記》"平公子文公",《世本》作"滑公"。
黽勉	密勿	《詩》"黽勉從事",《劉向傳》引作"密勿從事"。
勉勉	勿勿	《禮・祭義》"勿勿諸其欲其饗之也",注"勿勿猶勉勉"。
浼浼	娓娓	《詩》"河水浼浼",韓《詩》作"娓娓"。

美	娓	《詩》“誰侜予美？”韓《詩》作“娓”。
眉	微	《少牢禮》“眉壽萬年”，古文“眉”爲“微”。
郿	微	《春秋》“築郿”，《公羊》作“微”。
朡	膴	《詩》“民雖靡膴”，韓《詩》作“靡朡”。
朡朡	膴膴	《詩》“周原膴膴”，韓《詩》作“朡朡”。
瑈	瓀	《周禮》“瑈玉三采”，故書“瑈”作“瓀”。
孟諸	望諸	《周禮》“其澤藪曰望諸”，注“望諸，明都也”，疏“明都即宋之孟諸”。
牟光	務光	《荀子》“身讓卞隨舉牟光”。

（二）古無舌上音

　　錢氏原題爲“舌音類隔之説不可信”。他説：“古無舌頭舌上之分。知徹澄三母，以今音讀之，與照穿牀無別也；求之古音，則與端透定無異。”

　　錢氏引徐仙民古傳音“椽，徒緣反”，説這正是古音。他説《詩》“蘊隆蟲蟲”，《釋文》直忠反，徐音徒冬反，徒冬反就是“蟲”的古音。他説《書》“惟予沖人”，字母家不識古音，讀“沖”爲“蟲”，不知古讀“蟲”亦如“同”，“沖子”就是“童子”。

　　錢氏説古無舌上音是對的，但是他的解釋則是錯誤的。端系字和知系字同紐不同等。端透定在一四等，知徹澄在二三等（有韻頭ǐ），他们是互補的，不是等同的。“蟲沖”都是冬部字，“同童”是東部字，“蟲”不能讀作“同”，“沖”也不能讀作“童”。《詩》“蘊隆蟲蟲”，徐讀徒冬反，是“蟲”讀如“彤”，變爲一等字，和《釋文》直忠反不同音。

　　錢氏舉了一些異文來證明古無舌上音。現在我把這些異文作字表，以便觀覽，如下：

（一）知母古讀端母字表

本音	異文	説明
得失	中失	《周禮·師氏》“掌王中矢之事”，故書“中”爲“得”。
相得	相中	《史記·封禪書》“康后與王不相中”，《周勃傳》“勃子勝之尚公主，不相中”，小司馬皆訓爲得。
得	中	《吕覽》“以中帝心”，注“中猶得”。
得	陟	《周禮·太卜》“掌三夢之法。三曰咸陟”，注“陟之言得也”。
篤	竺	《論語》“君子篤於親”，《汗簡》云：“古文作竺。”《書》“篤不忘”，《釋文》“本又作竺”。《爾雅·釋詁》“竺，厚也”，《釋文》“本又作篤”。
都	豬	《書·禹貢》“大野既豬”，《史記》作“既都”。“滎波既豬”，《周禮》注作“滎播既都”。
雕琢	追琢	《詩》“追琢其章”，《荀子》引作“雕琢其章”。
菿	倬	《詩》“倬彼甫田”，韓《詩》作“菿”。

（二）知母古讀定母字表

本音	異文	説明
薄	竹	《詩》“緑竹猗猗”，韓《詩》“竹”作“薄”，音徒沃反。
身毒	天竺	《漢書·張騫傳》“吾賈人轉市之身毒國”，李奇曰“一名天竺”。
獨	涿	《周禮·壺涿氏》注“故書涿爲獨”。

（三）徹母古讀透母字表

本音	異文	説明
搯	抽	《詩》“左旋右抽”，《説文》引作“搯”。

（四）澄母古讀定母字表

本音	異文	説明
特	直	《詩》“實爲我特”，韓《詩》作“直”。
特	植	《檀弓》“行并植於晉國”，注“植或爲特”。
特	犆	《士相見禮》“喪俟事，不犆弔”，定本作“特”。《穀梁傳》“犆言同時”，本亦作“特”。
棠	根	《論語》“申根”。《史記》作“申棠”。
沱	池	《詩》“滮池北流”，《説文》引作“滮沱”。
扡	襺	《易》“終朝三襺之”，鄭作“扡”。
壇	廛	《周禮·廛人》注“故書廛爲壇”。《載師》“以廛里任國中之地”，注“故書廛或爲壇”。
艷	秩	《書》“平秩東作”。《説文》引作“艷”。
田	陳	陸德明云“陳完奔齊，以國爲氏，而《史記》謂之田氏”。《莊子》“田駢”，《吕覽·不二篇》作“陳駢”。

　　單憑異文的比較，還不能證明古無輕唇音和古無舌上音。因爲異文只能證明輕唇和重唇相混、舌上和舌頭相混。單憑異文也可以得出相反的結論，也可以説古無重唇音、古無舌頭音[1]。必須以現代方言爲

---

[1]　近來看見有人寫這一類翻案文章。

證,才有堅强的説服力。可惜錢氏所舉的方音例子太少了。現代閩方言(包括閩北、閩南)都没有輕唇音①,例如廈門"舞"讀[bu]、"肥"讀[pui]、"尾"讀[bi]、"帆"讀[pʻɔŋ];"知"讀[ti]、"哲"讀[tiɛt]、"桌"讀[toʔ]、"除"讀[tu]、"朝"讀[tiau]、"展"讀[tian]。這就有力地證明了古無輕唇音、古無舌上音。

錢氏又説:"古人多舌音,後代多變爲齒音,不獨知徹澄三母爲然也。"他的意思是説,正齒音照穿牀在古代也讀舌音。他不知道照系二等和四等字是有分別的,只有照系三等字和舌音相通;照系二等字和舌音絕不相通,反而與齒頭音精系相近。而照系三等字也只偶然和舌音相通,可見只是音近,不是音同。我们擬測知徹澄的上古音是[t][tʻ][d],和端透定是互補的;照穿神(不是牀)的上古音是[ȶ][ȶʻ][ȡ],和端透定不是互補的。因此,錢氏正齒古屬舌音之説是不能成立的。

錢氏只在古聲紐方面有貢獻;至於古韻方面,其説多不足取。

錢氏企圖用"聲隨義轉"之説解決古韻中的疑難問題。他説《詩·小雅·小旻》"謀夫孔多,是用不集","集"字和"猶咨道"爲韻,是由于"集"訓爲"就",就讀"就"音;他不知道韓《詩》正作"就",用不着聲隨意轉。他又説《詩·大雅·瞻卬》"不自我先,不自我後,藐藐昊天,無不克鞏",他以爲"後"古音"户",由于"鞏"訓爲"固",就讀"固"音;他不知道"後"字古不讀"户"音②,聲隨義轉之説就落空了。"鞏、後"東侯對轉,孔廣森之説才是正確的。

錢氏又企圖用"雙聲假借"之説來解釋《易經》的真耕通轉。他説屯卦以"民"韻"正",是由于"民"讀如"冥";《觀卦》以"平"韻"賓

---

① 非敷奉紐的字多讀h-,例如"夫"讀[hu]。
② "後"古音"户"之説是錯誤的。"後"屬侯部,"户"屬魚部,"後、户"不同音。

民”,是由于“平”讀如“便”;《訟卦》“淵”韻“成正”,是由于“淵”讀如“營”①;《乾卦》“天”韻“形成”,是由于“天”讀如“汀”。此説也是錯誤的。真耕相通,是由于元音相同(真 en;耕 eng),不煩改讀,自然和諧。

　　在清代古音學家中,錢氏錯誤較多。由于他在古聲紐問題上有創見,所以特別加以叙述。

第七章　孔廣森的古音學

孔廣森(1752—1786)，曲阜人。字衆仲，一字撝約，號𢢜軒。師事戴震，致力經史小學，尤精三《禮》及《公羊春秋》。古音學方面，他著有《詩聲類》①。

(一)孔氏的音論

1. 孔氏認爲，《切韻》的次序不是隨便排列的，而是具有古音學的意義。《切韻》雖是後代的書，但是古音的脉絡綫索隨處可見。例如上古讀灰近皆，後代讀灰近哈，《切韻》就把灰韻放在皆哈的中間，以示區別；上古讀庚入唐，後代讀庚入耕，《切韻》就把庚韻放在唐耕的中間，以示區別。又如侯虞雖分爲二，但是侯没有混於尤，虞没有混於模。其他如冬和鍾分列、覃和談分列、先和仙分列、蕭和宵分列，都不是没有意義的。

2. 孔氏認爲有本韻，有通韻，有轉韻。本韻有十八部。其中耕與真通用、冬與侵蒸通用、支與脂通用、幽與宵之通用，實得十二部，叫做通韻。這十八部又分爲陰聲和陽聲。陰陽可以對轉，如歌元對轉、支

① 《詩聲類》的書名是仿照李登《聲類》的名字。因此《詩聲類》就是詩韻的意思。

耕對轉、脂真對轉、魚陽對轉、侯東對轉、幽冬對轉、宵侵對轉、之蒸對轉、合談對轉等。對轉就是轉韻，又叫"兼收"。

3. 孔氏以《唐韻》韻部分隸於十八部之下。其不合者，叫做"誤入"。例如元部收元寒桓删山仙六韻（上去聲準此）的字，另有"肩霰見宴㬎"五字在《切韻》屬先霰兩韻，叫做"誤入"。

4. 孔氏否認古有入聲。他說，除閉口音緝合等韻可算入聲以外，其餘都應該分隸於支脂魚侯幽宵之七部①，轉爲去聲。他說："入聲創自江左，非中原舊讀。"

按：孔氏古無入聲之說不可據信。語言是社會的產物，決非江左的人所能創造出來的。《詩經》入聲獨自爲韻，其與去聲相押者，那些字原屬入聲。戴氏入聲獨立是對的，孔氏否認入聲是錯的。

5. 孔氏說：

> 廣森學古音，幸生於陳季立、顧寧人二君子之後，既已辨去叶音之惑，而識所指歸；近世又有段氏《六書音均表》出，藉得折衷諸家，從其美善。若之止志收尤有宥之半，模姥暮收麻馬禡之半，歌哿箇收支紙寘之半，耕耿諍收庚梗映之半，昔入於陌，錫入於麥，而別以其半歸於沃藥，皆顧氏得之矣。真元之列爲二，支脂之之列爲三，幽別於宵，侯別於幽而復別於魚，皆段氏得之矣。至乃通校東韻之偏傍，使冬割其半②，鍾江通其半，故《大明》《雲漢》諸篇雖出入於蒸侵，而不嫌其氾濫③。分陰分陽，九部之大綱；轉陽轉陰，五方之殊音，則獨抱遺經，研求豁悟。於"思我小怨"④、"祇

---

① 他沒有提到歌部，因爲他認爲歌部沒有入聲。

② 指割東韻三等字歸冬部。

③ 《大明》韻"林興心"，是侵蒸合韻；《雲漢》韻"蟲宮宗臨躬"，是冬侵合韻。

④ 《詩·小雅·谷風》："習習谷風，維山崔嵬。無草不死，無木不萎。忘我大恩，思我小怨。"孔氏認爲"嵬"字連上章"穨懷遺"爲韻，"萎怨"是歌元對轉。

自痞兮"①、"肆戎疾不殄"②等,向之不可得韻者,皆一以貫之,無所牽强,無所疑滯。

的確,孔氏在古音學上有兩大貢獻:第一是陰陽對轉,第二是東冬分立。

陰陽對轉是孔廣森的創見。孔氏著《詩聲類》時,他並没有看見戴震的《答段若膺論韻》,他的陰陽之説只是與戴氏暗合。而實際上孔氏陰陽之説比戴氏高明。戴氏以歌部作爲陽聲配魚,是錯誤的;孔氏以歌部作爲陰聲配元,是正確的。孔氏把陰陽對轉看作方言的現象,尤其正確。這就説明了《詩》韻的陰陽對轉並不是人爲的,而是方言的實際讀音。這就是説,《詩經》以"萎"韻"怨"並非歌部與元部通押,而是在詩人的方言裏,"怨"字讀入歌部去了③。這是合理的解釋。從前我以爲陰陽對轉是一種不完全韻(assonance),是我錯了。

冬部是孔氏的獨創。江有誥起初不相信冬部獨立,後來終於相信了(他叫中部)。王念孫也不相信冬部獨立,曾經寫信與江有誥辯論過;到了晚年,連他自己也相信了。段玉裁始終贊賞孔氏的冬部,他在《聲類表序》中説:"(孔氏)東冬爲二,以配侯幽,尤徵妙悟。"

冬部獨立之所以有説服力,是因爲:一、在絶大多數情況下,冬部是獨立的;二、《易經》《楚辭》乃至《太玄》,都是冬部獨立的④;三、冬部與侵部近,所以常與侵部通韻,東部不與侵部通。總之,孔氏冬部與段氏的支脂之、戴氏的祭部一樣,都已成爲定論。

───────────

① 《詩·小雅·無將大車》:"無將大車,祇自塵兮。無思百憂,祇自痞兮。"孔氏認爲是真脂對轉。

② 《詩·大雅·思齊》:"肆戎疾不殄,烈假不瑕。"孔氏認爲"疾殄"是脂真對轉。

③ 也可能是把"萎"字讀入元部去了。

④ 只有《離騷》開頭兩句叶"庸降"是例外。

（二）孔氏的古韻十八部

孔氏古韻十八部如下表：

原類第一	歌類第十
丁類第二（辰通用）	支類第十一（脂通用）
辰類第三	脂類第十二
陽類第四	魚類第十三
東類第五	侯類第十四
冬類第六（綏蒸通用）	幽類第十五（宵之通用）
綏類第七	宵類第十六
蒸類第八	之類第十七
談類第九	合類第十八

如果按陰陽分類，則如下表：

陽一	元部	陰一	歌部
陽二	┌耕部 └真部	陰二	┌支部 └脂部
陽三	陽部	陰三	魚部
陽四	東部	陰四	侯部
陽五	┌冬部 ├侵部 └蒸部	陰五	┌幽部 ├宵部 └之部
陽六	談部	陰六	合部

孔氏説：“通韻聚爲十二，取其收聲之大同；本韻分爲十八，乃又剖析於斂侈清濁豪釐纖眇之際。”上面第一表表示分爲十八的本韻；第二表表示聚爲十二的通韻。

孔氏陰陽對轉之説，爲後代音韻學家所崇奉。歌元對轉、支耕對轉、脂真對轉、魚陽對轉、侯東對轉、幽冬對轉都是對的。只有宵侵對轉、合談對轉不妥。諸陰聲韻部中，只有宵部没有陽聲和它對轉。脣音入聲應分緝盍兩部，以緝對侵，以盍對談。孔氏把緝盍併爲一部以對談，也是不合適的。

(三)《詩聲類》詳表

(1)陽聲一　原類(元部)

諧聲:泉袁亙爰采樊繁半言干叩難安晏奻旦莧戔元丸專芔厂官山間閑䜌犬延丹廛連昌虍衍焉肩虜夗展巽憲柬㝈丱亂段曼弁羨散見燕。

本韻:元寒桓删山仙;阮旱緩潸産㺩①;願翰換諫襉綫。

入韻字:(元韻)原園垣姮緩番幡燔蕃藩樊繁祥言軒;(寒韻)單癉嘽歎難安餐檀干乾殘;(桓部)完莞丸溥愽冠欒寬;(删韻)關還環顔菅蠻;(山韻)山間菮閑;(仙韻)僊遷然梴旃廛連漣泉宣儇悁虔愆鬈焉;(阮韻)遠巘反阪婉綣咺;(旱韻)亶罕;(緩韻)管痯;(潸韻)板偂;(産韻)簡;(㺩韻)衍踐嘽墠燹孌轉卷選;(願韻)願怨獻憲;(翰韻)翰旦岸衍漢爛粲;(換韻)涣貫館亂鍛泮;(諫韻)諫澗鴈晏汕艸慢;(綫韻)彦援媛弁展羨。

誤入字②:(先韻)肩;(霰韻)霰見宴燕駽。

(2)陽聲二上　丁類(耕部)

諧聲:丁賏爭生嬴盈粤貞壬殸正名令頃驛㷇开皿盇冥平敬鳴粤。

---

①　字外加圈者表示本字不在此部。

②　誤入，指本不該入此韻，而《切韻》誤的字。

本韻:耕清青;耿靜迥;諍勁徑。

入韻字:(耕韻)丁嚶爭;(清韻)清菁旌贏盈楹營縈楨禎成城程醒聲正征名令傾駍罌;(青韻)青經涇刑庭霆馨星靈苓零寧聽冥。(靜韻)領騁屏;(迥韻)潁;(勁韻)政姓聘;(徑韻)定倩。

誤入字:(庚韻)平苹驚荊鳴瑩生甥笙牲;(映韻)敬。

附論:

案:此類內"令苓零"三字,《詩》獨多通入真韻,顧氏遂據《邶風》之"榛苓"①、《鄘風》之"零人"②、《齊風》《秦風》之"顛令"③斷為從"令"之字,古唯有"鄰"音。其實《小宛》"題彼脊令"未嘗不與"鳴征生"同用而"不寧不令"亦未嘗非一句兩韻也④。顧氏謂《楚辭》"悼芳草之先零"句始誤入青韻⑤,殊不然。"領"字亦從令,"四牡項領"⑥,獨非入靜韻者乎⑦?《左傳》引逸詩"講事不令,集人來定"⑧。藉幸不為夫子所刪,固亦在《風》《雅》之中,顧氏所未敢訾也。若《儀禮》冠辭"以歲之正,以月之令"⑨,則且先於列國之風久矣。大氐真清音本相近,顧氏所謂吳

---

① 《詩·邶風·簡兮》:"山有榛,隰有苓。云誰之思?西方美人。"

② 《詩·鄘風·定之方中》:"靈雨既零,命彼倌人。"

③ 《詩·齊風·東方未明》:"東方未晞,顛倒裳衣。倒之顛之,自公令之。"
　　《詩·秦風·車鄰》:"有車鄰鄰,有馬白顛。未見君子,寺人之令。"

④ 《詩·小雅·小宛》:"題彼脊令,載飛載鳴。我日斯邁,而月斯征。夙興夜寐,無忝爾所生。"

⑤ 《楚·遠遊》:"恐天時之代序兮,耀靈曄而西征。微霜降而下淪兮,悼芳草之先零。聊仿佯而逍遙兮,永歷年而無成。誰可與玩斯遺芳兮,長鄉風而舒情。高陽邈以遠兮,余將焉所程?"

⑥ 《詩·小雅·節南山》:"駕彼四牡,四牡項領。非瞻四方,蹙蹙靡所騁。"

⑦ 還可以加一例。《詩·小雅·桑扈》:"交交桑扈,有鶯有領。君子樂胥,萬邦之屏。"

⑧ 《左傳·襄公五年》:"周道挺挺,我心扃扃。講事不令,集人來定。"

⑨ 《儀禮·士冠禮》:"以歲之正,以月之令。"

人讀耕清青皆作真音者是也。《三百篇》審音較精,故通者較少。然"巧笑倩兮("青"以生得聲,"倩"以青得聲,唐韻收在四十六徑是也。其三十二霰又重見,乃誤以古通韻爲正韻耳),美目盼兮"①、"無競維人,四方其訓之,不顯惟德,百辟其刑之"②,並確然爲兩部合用。《易·繫辭》以"身"與"成"同用③,而"我聞其聲,不見其身",《何人斯》實有之④。《訟·彖傳》以"淵"與"成正"同用⑤,而"鼗鼓淵淵,嘒嘒管聲",《那》實有之⑥。《革·彖傳》《兌·彖傳》以"人"與"成貞"同用⑦,而"百室盈止,婦子寧止,續古之人",《良耜》實有之⑧。《文言》及《乾》《大畜·彖傳》數以"天"與"命形成平情精寧貞正"等同用⑨,而"瞻卬昊天,有嘒其星",《雲漢》實有之⑩(《雲漢》八章皆不換韻,則首章"天人臻牲聽"亦通爲一韻矣⑪)。其在屈宋,則"名"可以韻"均",可以韻"天"

---

① 語見《詩·衛風·碩人》。
② 語見《詩·周頌·烈文》。
③ 《易·繫辭》:"君不密則失臣,臣不密則失身,幾事不密則害成。"
④ 《詩·小雅·何人斯》:"彼何人斯? 胡逝我陳,我聞其聲,不見其身。"
⑤ 《易·訟卦》:"終凶,訟不可成也。利見大人,尚中正也。不利涉大川,入于淵也。"
⑥ 《詩·商頌·那》:"湯孫奏假,綏我思成,鼗鼓淵淵,嘒嘒管聲。"
⑦ 《易·革卦》:"天地革而四時成,湯武革命,順乎天而應乎人。"《兌卦》:"剛中而柔外,説以利貞。是以順乎天而應乎人。"
⑧ 《詩·周頌·良耜》:"百室盈止,婦子寧止。殺時犉牡,有捄其角,以似以續,續古之人。"
⑨ 《易·苑卦·文言》:"大哉乾乎! 剛健中正,純粹精也。六爻發揮,旁通情也。時乘六龍以御天也。雲行雨施,天下平也。"《易·乾卦·彖辭》:"大哉乾元,萬物資始乃統天,雲行雨施,品物流形。大明終始,六位時成。時乘六龍以御天。乾道變化,各正性命。保合大和乃利貞。苟出庶物,萬國咸寧。"《易·大畜卦》:"大畜剛健篤實,輝光日新。其德剛上而尚賢,能止健大正也。不家食,吉養賢也。利涉大川,應乎天也。"
⑩ 《詩·大雅·雲漢》:"瞻卬昊天,有嘒其星。大夫君子,昭假無贏。"
⑪ 《詩·大雅·雲漢》:"倬彼雲漢,昭回於天。王曰於乎! 何辜今之人! 天降喪亂,饑饉薦臻。靡神不舉,靡愛斯牲。圭璧既卒,寧莫我聽!"

（《離騷》："皇覽揆余于初度兮，肇錫余以嘉名。名余曰正則兮，字余曰靈均。"《九章》："堯舜之抗行兮，瞭杳杳而薄天。衆讒人之嫉妒兮，被以不慈之僞名。"），"榮"可以韻"人"（《遠遊》："嘉南州之炎德兮，麗桂樹之冬榮。山蕭條其無獸兮，野寂寞其無人。"），"生"可以韻"身"（《卜居》："寧正言不諱以危身乎？將從俗富貴以媮生乎？"），"清平生憐新人"可以錯然相韻（《九辨》："寂寥兮收潦而水清，憯悽增欷兮，薄寒之中人。愴怳懭悢兮，去故而就新。坎廩兮，貧士失職而志不平。廓落兮，羈旅而無友生。惆悵兮，而私自憐。"））。《春秋經》"年夫"，左氏作"佞夫"；《儀禮》今文"扃"爲"鉉"，《考工記》"凡行奠水"，鄭司農讀爲"停水"；《堯典》"平章百姓"，漆書古文作"辯章"；"平在朔易"，《史記》作"便在伏物"。劉向校《列子》序云："或字誤以'盡'爲'進'，以'賢'爲'形'。似此皆二類通合之證。但所通合多在真先，鮮及文殷魂痕，是其清濁之微分，又不可不審耳（《説文》'邒'讀若'寧'，'騙'讀若'苹'，'赺'讀若'駋'，'臤'讀若'鏗鏘'之'鏗'，古文以爲'賢'字）。"

孔氏這一番議論是正確的。從語音的系統性看，"令苓零"等字確當入耕部。從前我依顧氏把"令苓零"等字歸入真部，後來改從孔氏，把這一類字改隸耕部。耕真相通，是由於它們的元音相同，韻尾近似（eng：en）。耕文不相通，是由於元音不相同（eng：an）。孔氏注意到通合多在真先，鮮及文殷魂痕，而歸結於清濁之未分，是知其然而不知其所以然。

（3）陽聲二下　辰類（真部）

諧聲：玄胤辰参亜因辛臣人申頻粦真廛巾困分民身殷旬匀屯𣊊秦

命先千田朤天門云員焚尹熏斤堇昆瞞孫飧存軍侖艮川扁罘矜文刃妻引允㽙豚壺典免丏卉釁卂替

本韻:真諄臻先文殷魂痕;軫⟮準⟯銑吻隱混很;震稕㘰問焮慁恨。

入韻字:(真韻)辰晨振畛裡駰姻親新薪臣人仁信申神陳賓濱頻蘋鄰粼麟填塵巾困廬貧民泯緡瘽身;(諄韻)旬詢洵純錞犉焞鶉漘淪輪春均鈞;(臻韻)臻蓁溱榛莘説;(先韻)先堅賢千年田淵闐顛巓天玄;(文韻)聞云雲耘員焚濆君群熏芬雰;(殷韻)殷慇欣芹勤;(魂韻)昆門璊豐孫飧存哼奔煇;(痕韻)恩;(軫韻)忍盡閔引隕;(準韻)狁;(銑韻)典;(混韻)壺;(震韻)震爐塡饉墐胤;(稕韻)順;(㘰韻)徇電;(問韻)問訓慍;(慁韻)遯。

誤入字:旆(誤入微);川翩(誤入仙);鰥艱(誤入山);矜(誤入蒸);命(誤入映)①;盼(誤入襇);替(誤入霽)。

兼入字②:(脂韻)痕;(齊韻)西。

(4)陽聲三　陽類(陽部)

諧聲:易羊亡長置昌方章商香量襄相丬亢向尚上倉王呈央桑爽罔兩卬光黄亢庚京羹明彭亨兵兄行卬慶丙永競。

本韻:陽唐庚;養蕩梗;漾宕映。

入韻字:(陽韻)陽揚楊錫場腸湯傷羊洋痒翔樣詳羌姜亡忘芒良梁粱涼糧香鄉商方防魴房章璋昌彊疆長張糧襄瀼穰相箱霜牀牆斨將漿鏘常裳嘗蹌瑲鶬王筐狂央;(唐韻)唐螗康堂鐺粮狼倉蒼岡剛綱桑喪荒光洸黄簧皇煌遑雱旁傍頑杭牂臧藏囊印;(庚部)庚羹蘁明盟喤祊觥彭亨英京兵兄行珩衡卿;(養韻)養兩仰掌罔爽饗享往;(蕩韻)蕩廣朗;

---

① “命”字也應該和“令”字一樣,歸入耕部。
② 兼入就是陰陽對轉。

（梗韻）梗怲景永；（漾韻）讓向尚上望貺抗伉；（映韻）競泳。

　　誤入字：慶（本讀平聲，誤入去聲映韻）。

　　附論：

　　　　陽唐爲魚模之陽聲，二韻多互相轉。如“亡”可通爲“無”，“荒”可通爲“憮”（《爾雅》注引《詩》“遂憮大東”）。“放”可通爲“甫”（《考工記》“陶旊”，先鄭讀爲“甫始”之“甫”，後鄭讀爲“放於此乎”之“放”）。“莽”有“姥”音，“廣”有“鼓”音（《樂記》“進旅退旅，和正以廣”是也。《説文》弓部“彉”從弓，黄聲，讀若郭。古無入聲，“郭”音即近“鼓”。此與“掠”字從“京”而讀“略”者同理。二字皆當在十九鐸，今“掠”字入十八藥，則誤也。顧氏必謂“掠”止當有“亮”音，亦未盡其藴），“迎”有“遻”音（《離騷》：“百神翳其備降兮，九疑紛其並迎。皇剡剡其揚靈兮，告予以吉故。”“迎”訓“遻”，音就如“遻”。推此，則“印”之訓“吾”，陽之訓“予”，或亦皆可轉讀與？）。舉其一隅，餘不勝悉也。故陽之與東，魚之與侯。自漢魏之間，魚侯溷合爲一，東陽遂亦溷合爲一。似《吳越春秋》《龜策傳》往往有之，浸假而四江全韻且淪於陽唐矣。若《離騷》“余獨好修以爲常。……豈余心之可懲”，則本“恒”字，漢人避諱，改爲“常”耳。慎勿又據以爲陽可通蒸也。

(5) 陽聲四　東類（東部）

諧聲：東同丰充公工冢囪从龍容用封凶邕共送雙龙

本韻：東鍾江；董腫講；送用綘。

入韻字：（東韻）東蝀童僮同恫豐充公功攻空矼鴻蒙濛聰蓬緵；（鍾韻）重鐘豎衝龍松訟容庸墉鏞備凶訩顒雝廱饔從樅卭共恭葑逢

縫;(江韻)邦厖龐雙;(董韻)總奉唪動,(腫韻)尰竦勇;(送韻)送控;
(用韻)用誦;(絳韻)巷。

　　誤入字:幪(本董韻字,誤入東)。

(6)陽聲五上　冬類(冬部)

諧聲:冬眾宗中蟲戎宮農夅宋

本韻:冬、腫半、宋。

入韻字:(冬韻)冬湠宗;(宋韻)宋。

誤入字:中忡沖蟲融終螽崇戎宮躬窮(以上十二字誤入東);濃
(誤入鍾);降(誤入江);仲(誤入送)。

附論:

　　右類字古音與東鍾大殊,而與侵聲最近,與蒸聲稍遠。故在
《詩》《易》則侵韻"陰臨諶心深禽"、覃韻"驂"字、寢韻"飲"字、蒸
韻"朋應"等字皆通協。在揚氏擬經①,則蒸韻"升興馮凌朋承"②、
侵韻"陰心深禁"皆通協。略舉秦漢人文,其冬蒸同用者,有若
《勸學》"螣蛇無足而騰,鼫鼠五技而窮"、《漢書·敍傳》"元之二
王,孫後大宗,昭而不穆,大命更登"之類;冬侵同用者,《長門賦》
尤多,而亦無出"中宮崇窮"之畛域。蓋東爲侯之陽聲(說見侯
類),冬爲幽之陽聲(本韻"憛"字與十八尤重見,"獷"字與六豪重
見。按:《淮南子》"宗布"通作"曹布",《漢書·地理志》引《齊
風》"猖"作"巇",潘岳《藉田賦》"思樂甸畿,薄采其茅,大君蒞止,
言藉其農",束皙《勸農賦》"惟百里之置吏,各區別而異曹;考治
民之賤職,美莫當乎勸農",似此皆冬與幽蕭互轉之跡。若一東

────────────

① 指揚雄《太玄》。
② "朋"在登韻,孔氏誤。

"觺罞"等字亦當改入二冬,一送"賵"字當改入二宋)。今人之混冬於東,猶其併矦於幽也。蒸侵又之宵之陽聲,故幽宵之三部同條,冬侵蒸三音共貫也。宋儒以來,未睹斯奧,惜哉!

(7)陽聲五中　　緱類(侵部)

諧聲:尋先林品罙甚壬心今音彡三南男尤马黿凡臽占覃乏。

本韻:侵覃凡;寢感范;沁勘梵。

入韻字:(侵韻)緱騻驂林臨琛深湛諶煁壬心今衿芩琴衾陰金欽音歆參;(覃韻)驂南男眈涵;(寢韻)寢諗飲錦甚葚枕;(感韻)髧菼媕;(沁韻)浸任譖;(梵韻)汎。

誤入字:讒(誤入咸);三(誤入談);風(誤入東);占(誤入鹽);玷簟(誤入忝);貶(誤入琰);僭念(誤入㮇)。

附論:

右類字與冬韻合用者,前篇所載《小戎》《七月》《篤公劉》《蕩》《雲漢》五詩尚未能備。若"雝雝在宮,不顯亦臨",則隔句韻也①。"或降于阿,或飲于池,或寢或訛",則句中隔韻也②。"仲氏任只"("氏"與"只"亦爲韻)、"摯仲氏任",則本句韻也③。"臨衝崇墉",則雙聲韻也④("墉"與"衝"協,"臨"與"崇"協。《唐韻正》云"與爾臨衝",韓《詩》作"隆衝"。後漢避殤帝諱,改"隆慮"曰"林慮",荀子書亦作"臨慮")。大率冬韻之字皆與侵覃有相關通。《說文》"衆"從乑聲,乑讀若"岑"。今感勘二韻有"抹"字、

---

① 《詩·大雅·思齊》:"雝雝在宮,肅肅在廟。不顯亦臨,無射亦保。"

② 語見《詩·小雅·無羊》。

③ 《詩·邶風·燕燕》:"仲氏任只,其心塞淵。"《詩·大雅·大明》:"摯仲氏任,自彼殷商。"

④ 《詩·大雅·皇矣》:"與爾臨衝,以伐崇墉。"

"秣"字、"悈"字。荀氏易"朋盍簪"作"朋盍宗"。"魯有崇鼎"，《呂覽》謂之"岑鼎"，《韓非》謂之"讒鼎"。而《春秋》"仍叔"，《穀梁經》作"任叔"；《詩》"荏菽"，《爾雅》謂之"戎菽"，不尤足明三類互通歟？

(8)陽聲五下　蒸類(蒸部)

諧聲：丞徵夌應朋夬黽升朕兢興登曾乚弓曶亙乘

本韻：蒸登；拯等；證嶝。

入韻字：(蒸韻)蒸承懲陵膺掤冰馮繩升勝兢興；(登韻)登登朋崩增憎薨朕騰恒肱弘；(證韻)乘。

誤入字：弓雄夢(誤入東)。

兼入字：陾(之韻)。

附論：

右類字《常棣》三章、《召旻》六章與冬韻通用①；《小戎》三章、《閟宫》五章、《大明》七章皆與侵韻通用②。

(9)陽聲六　談類(談部)

諧聲：炎甘監詹敢斬

本韻：談鹽添咸銜嚴；敢琰忝嫌檻儼；闞豔桥陷鑑釅。

入韻字：(談韻)談惔餤甘藍；(鹽韻)詹瞻襜；(銜韻)監巖；(嚴韻)嚴；(敢韻)敢莢；(嗛韻)斬；(檻韻)檻；(闞韻)濫。

附論：

---

① 《詩·小雅·常棣》："每有良朋，烝也無戎。"《詩·大雅·召旻》："池之竭矣，不云自頻；泉之竭矣，不云自中。溥斯害矣，職兄斯弘。不烖我躬。"

② 《詩·秦風·小戎》韻"膺弓縢興音"。《魯頌·閟宫》韻"乘縢弓綅增膺懲承"。《大雅·大明》韻"林興心"。

　　談敢闞以下十八部,所謂閉口音也。自後人誤以談合覃,遂牽連及侵,皆莫能分析,故復每字注之,以表其不相淆亂之實。但古文用此韻者絕少,所間見者,《莊子》"大言炎炎,小言詹詹",《九章》"願承間而自察兮,心震悼而不敢,悲夷猶而冀進兮,心怛傷之憺憺",並弗與侵類雜廁。若宋玉《小招》"朱明承夜兮,時不可淹。皋蘭被徑兮斯路漸,湛湛江水兮上有楓,目極千里兮傷春心,魂兮歸來哀江南",則"淹漸"爲一韻,"楓心南"別爲一韻。

按:孔氏說陽聲只有談部是閉口音,是錯誤的。侵部和談部一樣,也是閉口音,不過元音不同而已。孔氏以爲侵部與冬蒸相通,就不是閉口音;其實正相反,在遠古時代,不但侵部屬閉口音,連冬蒸兩部也該是屬閉口音。

(10)陰聲一　歌類(歌部)

諧聲:可左我沙麻加皮爲吹离羅那多禾它也瓦咼化罷

本韻:歌戈麻;哿果(馬);(箇)過(禡)。

入韻字:(歌韻)歌柯阿河何荷磋瑳傞瘥多娑紾沱佗他莪俄莪羅那儺;(戈韻)過薖磨吪訛波和;(麻韻)麻差嗟蛇加珈嘉沙鯊;(哿韻)可左我哆;(果韻)禍;(馬韻)瓦;(箇韻)賀佐;(過韻)破;(禡韻)駕。

誤入字:皮陂爲宜儀犧羆離縭吹池馳施羆猗錡椅(以上十七字誤入支);地(誤入至);扡掎靡侈彼(五字誤入紙);議蟻螘(三字誤入寘)。

兼入字:原嫄(兼入元);難(兼入寒);怨(兼入願)。

附字:兮(《唐韻》在十二齊,古音未有確證。然《秦誓》"斷斷猗",《大學》引作"斷斷兮",似"兮、猗"音義相同)。

（11）陰聲二上　支類（支部）

諧聲：支斯圭巂卑知虒氏是此只解鮮束帝益易厄析昊狄辟脊丙

本韻：支佳；紙蟹；寘卦；⑳錫。

入韻字：（支韻）支枝伎祇疧觿提卑箆斯雌知；（佳韻）柴；（紙韻）是氏只批泚灑；（寘韻）刺易；（卦韻）解；（麥韻）厄謫賾；（錫韻）錫惕剔晰適鷊鸝繢甓幰狄翟。

誤入字：圭攜（誤入齊）；鮮（誤入獮）；髢帝（誤入霽）；掎（誤入祭）；積益脊蹐蜴場辟璧（八字誤入昔）。

（12）陰聲二下　脂類（脂部）

諧聲：一二四七匕夷弟韋自几氏尾屖尸厶示矢隹晶𦥑眉米貴微非飛幾希衣齊妻西利虫回由美兕戼死履水豈豐燊毀火至位�惠卒對未必旡季聿胃尉气隶棄彗乤戾𢽾戉兌欮折世萬列舌昏匄乂大帶伐宋外會介凵祭拜貝退内吠喙日乙實柰匹吉栗尤血出穴弗鬱月戉犮ㄓ叒勿怛末最乎叕𦥯臷桀熱徹設逸卪抑妥。

本韻：脂微齊皆灰，旨尾薺⑳賄；至未霽祭泰怪夬隊廢；質術櫛物迄月没曷末黠鎋屑薛。

入韻字：（脂韻）脂蓍夷姨棟師追毗膍資茨飢鴟坻祇遲私尸屎祁葵騤惟維𥢔綏眉郿湄麋悲遺；（微韻）微薇違圍飛霏腓威幾畿睎衣依歸頎葷；（齊韻）齊螭懠躋隮妻萋淒棲西犀氏迷黧黎；（皆韻）皆喈階偕㹥懷；（灰韻）虺回靁疊崔摧推鬼穨隤枚敦；（旨韻）旨指匕姊底砥視美兕几姊秭矢死履水韭唯；（尾韻）尾豈斐菲煒葦韡；（薺韻）薺濟沛禮鱧醴體弟涕泥禰洒；（賄韻）浼罪；（至韻）至位洎遂隧墜穟穗醉萃瘁類懟匱愧寐比毖閟棄穉利墍季悸柶四駟肆肄界淠；（未韻）謂渭畏蔚懟；（霽韻）穧棣翳瞖惠嘒契戾嚏；（祭韻）歲説怴瘵衛晰逝世泄勩厲桝洌憩揭

愒；（泰韻）艾大害帶茷芾旆兌駾外祋薈噦；（怪韻）介屆壞瘵拜；（夬韻）噲敗邁蠆；（隊韻）悖妹對潰内退；（廢韻）肺吠喙刈；（質韻）一日實秩七漆匹吉逸栗室窒挃疾密怭咇鞑；（術韻）述卒恤律出鹬；（櫛韻）櫛瑟；（物韻）弗茀拂鬱；（迄韻）仡；（月韻）月伐越鉞蕨闕髮發；（没韻）没忽；（曷韻）曷褐渴葛達闥怛；（末韻）秫撥括佸活闊奪濊撮脱捋掇拔較芨；（黠韻）苗；（鎋韻）犝；（屑韻）結袺襭拮血闋颬垤銍截噎節穴；（薛韻）烈桀傑竭揭偈熱舌蘗蘖威滅絶雪閱愜徹設。

誤入字：哀（誤入咍）；燬爾邇灑（誤入紙）；隼（誤入準）；鶯（誤入小）；火（誤入果）；溉愛僾逮（誤入代）；紕（誤入支）；即抑洫（誤入職）。

兼入字：珍（兼入銑）；近（兼入隱）；訊（兼入震）；君（兼入文）。

附論：

按：五支、六脂、七之分立三部，周、陸先哲析音精矣。自唐律功令定爲同用，學士誦習，忘其混淆。段氏獨證遺經於千載之下，嘗舉《相鼠》二章"齒止俟"爲之類，三章"體禮死"爲脂類；《板》五章"懠毗迷尸屎葵資師"爲脂類，六章"麀圭攜益易辟"爲支類，三部之界判絶如此。然"此"聲支類也，而《車攻》以"柴"韻"佽"[1]；"爾"聲脂類也，而《新臺》以"灑"韻"泚"[2]；《臣工》"奄觀銍艾"，與"明昭上帝"相協[3]，是支佳脂微齊皆灰間有通用者。若之咍則自爲一類，六經諸子之文絶無相紊者矣（《音均表》曰："玉裁讀坊本《詩經·竹竿》二章，每疑'右弟'二字古鮮合用，及考唐石經、宋本集傳、明國子監注疏本，皆作'遠兄弟

---

[1]《詩·小雅·車攻》："決拾既佽，弓矢既調。射夫既同，助我舉柴。"
[2]《詩·邶風·新臺》："新臺有泚，河水瀰瀰。"
[3]《詩·周頌·臣工》："明昭上帝，迄用康年。命我衆人，庤乃錢鎛，奄觀銍艾。"

父母'而後其疑豁然。"又曰:"唐以前支韻必獨用,《文選》所載,不必覼縷。即如周興嗣《千字文》'上和下睦,夫唱婦隨'已下用十韻,不雜脂之一字。庾信《楊柳歌》用二十七韻不雜脂之一字。唐人之謹守六朝家法者,惟杜甫近體詩凡五支韻必獨用。韓愈《答崔立之》八十三韻亦獨用五支")。支佳者,耕青之陰也(故"鞞琫"之"鞞"以"卑"得聲;"娃"從"圭"聲,又音口迴切;《漢書‧地理志》猇氏縣,孟康音"權精"。是其通轉之證。若二十二昔"擲"字本"鄭"聲之轉,二十四職"苟"字爲"敬"所從得聲①,則雖《詩》未見用,亦以陰陽通轉推之,而知其當移入二十三錫矣)。脂微者,真文之陰也(自前數證外,如"妣"字從"比",讀爲"螕";"殷"字從"肙","肙"本音"衣";《禮記》"壹戎衣",鄭司農又讀爲"殷"之類。通轉尤多,亦不必枚列)。陽部則耕青通真文,而不通蒸登;陰部則支佳通脂微,而不通之咍。夫固各從其類也。

(13) 陰聲三　魚類(魚部)

諧聲:魚余予与旅者古車疋巨且于虍去父瓜乎壺無圖土女烏叚家巴牙夫五圉宁卸鼠黍雨午户吕鼓股馬寡下夏吳武羽禹庶茻兔罦各夒芐素亞乍昔舄夕射石罤盯罃若霍郭百白谷毛尺亦赤炙戟。

本韻:魚模;語姥;御暮;鐸陌昔。

入韻字:(魚韻)魚諸書舒畲餘旟輿車居据椐踞渠胥且砠苴菹祛摴虛廬蔖;(模韻)蒲鋪痡狐呱酤辜胡壺乎呼憮都闍瘏屠徒荼塗圖帑租徂蘇烏;(語韻)語圄禦旅紓羜予紵與斔鱮舉渚緒暑鼠黍處虡秬湑楚女許所沮阻筥;(姥韻)土吐杜魯虜虎堵古罟鹽苦岵怙祜酤户扈五午潕組祖怒浦補鼓瞽股羖;(御韻)御據去庶著除助迦菇豫譽;(暮韻)莫斁度路

露圃寠兔顧故固娛濩愬素惡錯作;(鐸韻)落雒駱閣恪貉攫橐柞酢咢薄博壑諾藿鞟廓穫;(陌韻)貊白柏伯戟綌逆赫格客澤宅;(昔韻)昔踖籍舄繹懌奕尺石碩炙席蓆夕。

誤入字:罝華瓜家葭騢瑕犯牙邪(十字誤入麻);虞吁盱訏夫膚(六字誤入虞);舍(誤入禡);馬者寡寫野下夏假碬暇(十字誤入馬);虞俣嘆舞幠武父釜甫脯輔黼雨羽栩宇罅踽(十八字誤入麌);夜射謝柘稼(五字誤入禡);罜(誤入馬);瞿懼芌賦(四字誤入遇);若臄(誤入藥);獲(誤入麥)。

(14)陰聲四　侯類(侯部)

諧聲:侯區句婁禺芻需俞殳朱取豆口后後厚斗主臾侮奏冓扁具付舁飲谷屋蜀賣豰束鹿彔族粪卜木玉獄辱曲足粟角豕。

本韻:侯⑩;厚⑩;候遇;屋燭

入韻字:(侯韻)侯餱鍭樞句婁蔞;(虞韻)隅愚芻趨驅濡渝愉榆殳諏駒踽株姝;(厚韻)厚後后垢笱者枸耦口取斗;(麌韻)樹數醹主瘉愈楀侮;(候韻)逅豆奏媾覯漏賕;(遇韻)遇孺附舁裕具饇;(屋韻)屋獨讀穀縠轂楸鹿禄族僕卜木沐霂;(燭韻)屬玉獄谷①束辱緑曲足續蕢粟。

誤入字:飲(誤入御);渥濁角嶽椓琢(六字誤入覺)。

兼入字:鞏(兼入腫)。

附論:

案:侯聲清於模,而濁於幽,在二部之間,今湖廣音最得其似。顧氏合魚虞模侯爲一,非也。蓋侯合虞,不合魚模;厚合麌,不合語姥;候合遇,不合御暮。兩界秩然,開卷易曉。就一篇之中,而《漢廣》二章"楚馬"乃魚模類也;三章"蔞駒",乃虞

---

① "谷"是屋韻字,孔氏誤。

侯類也①。《綢繆》二章"芻隅遘",乃虞侯類也;三章"楚戶者",乃魚模類也②。就一章之中,而"駕我乘馬,說于株野"二句,魚模類也;"乘我乘駒,朝食于株"二句,虞侯類也③。"敬天之怒,無敢戲豫"二句,魚模類也;"敬天之渝,無敢馳驅"二句,虞侯類也④。(《左傳》童謠⑤:"鸜鵒之羽,公在外野,往饋之馬。鸜鵒跦跦,公在乾侯,徵褰與襦。"上三句魚模韻,下三句虞侯韻。《史記》"甌窶滿篝、汙邪滿車"⑥,上三字皆虞侯韻,下三字皆魚模韻。《莊子》"正考父一命而傴,再命而僂,三命而俯,循牆而走,孰敢不軌? 如而夫者,一命而呂鉅,再命而於車上儛,三命而名諸父,孰協唐許"者⑦,"鉅儛父許"爲魚模韻,"傴僂俯走"爲虞侯韻,而借協"軌"字。"軌"古音"九",又可見侯韻去幽稍近,故當改虞就侯,不當改侯就虞矣)。惟《皇矣》"是類是禡"之與"附侮"⑧,本非韻而似可謂之有韻。然不得執一疑以奪衆信明耳。至若《急就章》"半夏皁莢艾橐吾,芎藭厚朴桂栝樓",款冬貝母薑狼牙";《漢書·溝洫志歌》"舉臿如雲,決渠爲雨。涇水一石,其泥數斗。且溉且糞,長我禾黍。衣食京師,億萬之口"以及《樂府·日出東南隅》篇"隅樓敷鉤珠襦須頭鋤苗姝餘不愚夫駒居鬢趨殊",錯雜並用,秦

---

① 《詩·周南·漢廣》:"翹翹錯薪,言刈其楚;之子于歸,言秣其馬。翹翹錯薪,言刈其蔞;之子于歸,言秣其駒。"
② 《詩·唐風·綢繆》:"綢繆束芻,三星在隅。今夕何夕? 見此邂逅! 子兮子兮,如此邂逅何?""綢繆束楚,三星在戶。今夕何夕? 見此粲者! 子兮子兮,如此粲者何?"
③ 語見《詩·陳風·株林》。
④ 語見《詩·大雅·板》。
⑤ 語見《左傳·昭公二十五年》。
⑥ 語見《史記·淳于髡傳》。
⑦ 語見《莊子·列禦寇》。
⑧ 《詩·大雅·皇矣》:"是類是禡,是致是附,四方以無侮。"

漢以降乃始有此，夫豈三代之遺聲哉？

（15）陰聲五上　　幽類（幽部）

諧聲：幺求九卯丣酉流秋斿攸由翏收州周舟舀孚牟憂囚休叟矛雔壽咎舅叉缶棘牢包杀焦衰丑万韭首手𡌈卤受秀鳥告昊老早艸棗呆早帚牡戊好簋守臭褎就售祝六复宿夙肅畜報曱奧學廟毒竹逐匊肉穆局。

本韻：幽（尤）蕭；黝（有）篠；幼（宥）嘯；（沃）。

入韻字：（幽韻）幽赳；（尤韻）求逑球鍫綠侜仇鳩劉流疏秋酋逎猶游遊悠滺脩抽妯瘳洲舟輈周裯醻讎矛柔蹂搜休囚憂優牟浮罦收揄；（蕭韻）蕭瀟儵條聊蜩；（有韻）罶懰醜酒槱杻朽韭首手𡌈缶舅咎卤誘莠受壽齨；（篠韻）蓼鳥；（宥韻）救究狩臭褎秀繡宿就祝售復覆畜；（嘯韻）歗；（沃韻）鵠毒篤。

誤入字：纛檠騷慆惱陶綯曹漕牢袍（十一字誤入豪）；包苞炮匏茅膠（六字誤入肴）；茭椒譙（三字誤入宵）；衰（誤入侯）；孚（誤入虞）；逑（誤入脂）；皓昊老考栲道稻埽擣檮蚤慅草早好棗寶鴇（十八字①誤入皓）；飽卯昴茆（四字誤入巧）；戊茂（二字誤入候）；牡叟（二字誤入厚）；軌簋（二字誤入旨）；翿蹈報冒奧燠造告（八字誤入号）；覺孝（二字誤入效）；廟（誤入笑）；六陸軸蔆匊鞠育慉肅夙穆腹奧淑俶菽蹙（十七字誤入屋）；戚迪滌（三字誤入錫）；局（誤入燭）。

附字：欲（欲聲在侯部，《詩·文王有聲》以韻"孝"）。

（16）陰聲五中　　宵類（宵部）

諧聲：小朝喿麃苗要票爻寮勞堯巢垚夭交高敖毛刀敫兆丩杲到盜号兒暴弔卓𦥑勺龠弱虐爵樂翟。

---

① 實有十九字。

本韻;宵肴豪;小⑭ ⑭ ;笑效号;⑭ 藥。

入韻字(宵韻)宵消朝嚻喬驕鷮翹翹遥摇謡瑶昭鑣儦瀌苗夭要夭婹
喓漂嘌飄;(肴韻)殽郊巢麃呶恔;(豪韻)號高蒿敖警勞刀忉毛旄髦
桃;(小韻)小少悄趙旐沼紹摽藐蹺僚;(皓韻)潦鎬藻;(笑韻)笑召炤
照曜燿燎;(效韻)佼較教罩濯樂;(号韻)耄耄到倒盜悼暴膏;(覺韻)
嚻駁駮;(藥韻)藥躍籥綽虐謔削爵酌。

誤入字:佻寮膋苕嶢(五字誤入蕭);皎(誤入篠);糾(誤入黝);弔(誤
入嘯);沃襮熇(三字誤入沃);鑿(誤入鐸);翟趯的溺櫟(五字誤入錫)。

兼入字:慘(兼入感)。

(17)陰聲五下　之類(之部)

諧聲:屮目絲其臣里才兹來思不龜某母尤郵邱牛止喜己巳史耳子
士梓采在音又舊久婦負哉司弋事異意亟塞菑佩北戒畐直力食救息則
㠯色棘或奭㝷匿克黑革伏服而。

本韻:之咍;止海;志代;職德。

入韻字:(之韻)之蚩詩時塒飴貽治絲其期騏淇祺基箕僛姬熙狸鼒
兹;(咍韻)臺才哉萊偲;(止韻)止沚趾齒祉藄恃喜紀芑杞屺己苢耜矣
俟涘始以似汜祀起史使耳恥子秄李里裏鯉理士仕梓;(海韻)海宰改殆
怠采在倍;(志韻)寺識織熾饎嗣思試事字異忌意亟;(代韻)載塞能
來;(職韻)直力食飾飭救息側嶷極㠯稷億色穡翼弋式域緎蜮棘襋奭;
(德韻)德得則測賊忒慝克特臘黑北匐國。

誤入字:駆伾龜(誤入脂);霾(誤入皆);媒鋂梅(誤入灰);尤訧郵
謀丘肧牛裘(誤入尤);秠洧鮪(誤入旨);有友右久玖婦負否(誤入
有);舊(誤入宥);畝母(誤入厚);悔(誤入賄);敏(誤入軫);備(誤入
至);佩誨晦痗背配(誤入隊);戒(誤入怪);又侑囿疚富(誤入宥);麥
革誠(誤入麥),暱(誤入質);或福菖輻伏服牧(誤入屋)。

兼入字：贈（兼入嶒）。

附字：急（《六月》韻"熾急國"）。

附論：

　　《詩》發諸謳歌，播諸管弦，固以聲爲重者也。竊意先聖刪《詩》，匪特研乎辭義而已，雖文字音韻，必取其粹者焉。《左傳》國子賦"彎之柔矣"，今《逸周書》有其辭云："馬之剛矣，彎之柔矣。馬亦不剛，彎亦不柔。志氣麃麃，取與不疑。"之宵幽三部竟雜然並用。而刪定所存三百五篇，則未見有是（冬侵蒸類亦但有兩部同用者，無三部同用者）。唯幽與宵通者七見：《鄘‧柏舟》之"舟髦"也①；《君子陽陽》之"陶翿敖"也②；《載驅》之"滔儦敖"也③；《七月》之"蔞蜩"也④；《正月》之"高局"也⑤；《民勞》之"休逑恢憂"也⑥；《抑》之"酒紹"也⑦。幽與之通者八見：《杕杜》之"好食"也⑧；《七月》之"穋麥"也⑨；《楚茨》之"告祀"也，"備戒告"也⑩；《思齊》之"造士"也⑪；《抑》之"告則"

---

① 《詩‧鄘風‧柏舟》："汎彼柏舟，在彼中河。髧彼兩髦，實維我儀。"

② 《詩‧王風‧君子陽陽》："君子陶陶，左執翿，右招我由敖。"

③ 《詩‧齊風‧載驅》："汶水滔滔，行人儦儦。魯道有蕩，齊子遊敖。"

④ 《詩‧豳風‧七月》："四月秀葽，五月鳴蜩。"

⑤ 《詩‧小雅‧正月》："謂天蓋高，不可不局；謂地蓋厚，不可不蹐。"按："局"與"蹐"爲韻，孔氏誤。

⑤ 《詩‧大雅‧民勞》："民亦勞止，汔可小休。惠此中國，以爲民逑。無縱詭隨，以謹惽恢。式遏寇虐，無俾民憂。無棄爾勞，以爲王休。"

⑦ 《詩‧大雅‧抑》："顚覆厥德，荒湛于酒。女雖湛樂從，弗念厥紹。"

⑧ 《詩‧唐風‧有杕之杜》："中心好之，曷飲食之。"按：此章與下章"曷飲食之"爲韻，孔氏誤。

⑨ 《詩‧豳風‧七月》："黍稷重穋，禾麻菽麥。"

⑩ 《詩‧小雅‧楚茨》："工祝致告，徂賚孝孫。苾芬孝祀。""禮儀既備，鐘鼓既戒。孝孫徂位，工祝致告。"

⑪ 《詩‧大雅‧思齊》："肆成人有德，小子有造，古之人無斁，譽髦斯士。"

也①；《瞻卬》之"有收"也②；《召旻》之"茂止"也③。蓋咍聲侈脣言之即近宵；宵聲斂脣言之即近幽，讀幽又斂之即爲之，故詩人每每借協，而後代蕭宵混合，之尤錯糅，抑亦由此濫觴已。

（18）陰聲六　合類（緝部、盍部）

諧聲：合軜咠𡎞蟄立及業邑枼疌涉甲集

本韻：合盍緝葉（帖）洽狎業（乏）

入韻字：（合韻）合軜；（緝韻）輯揖溼淫陞蟄泣及邑翕集；（葉韻）枼捷涉楫；（帖韻）鞣；（洽韻）洽；（狎韻）甲；（業韻）業。

附論：

　　緝合諸韻爲談鹽咸嚴之陰聲，皆閉口急讀之，故不能備三聲。《唐韻》所配入聲，唯此部爲近古。其餘部古悉無入聲。但去聲之中自有長言、短言兩種讀法，每同用而稍別畛域。後世韻書遂取諸陰部去聲之短言者，壹改爲諸陽部之入聲。是故入聲者陰陽互轉之樞紐，而古今遷變之原委也。舉之咍一部而言：之之上爲止，止之去爲志，志音稍短則爲職；由職而轉則爲證、爲拯、爲蒸矣。咍之上爲海，海之去爲代，代音稍短則爲德；由德而轉則爲嶝、爲等、爲登矣。推諸他部，耕與佳相配，陽與魚相配，東與侯相配，冬與幽相配，侵與宵相配，真與脂相配，元與歌相配，其間七音遞轉，莫不如是。

　　江左音變，而二十五德、二十四職，古合志代韻者，今爲蒸登

---

① 《詩·大雅·抑》："訏謨定命，遠猶辰告。敬慎威儀，維民之則。"

② 《詩·大雅·瞻卬》："人有土田，女反有之；人有民人，女覆奪之。此宜無罪，女反收之；彼宜無罪，女覆說之。"

③ 《詩·大雅·召旻》："如彼歲旱，草不潰茂。如彼棲苴，我相此邦，無不潰止。"

之入焉;二十三錫、二十二昔、二十一麥,古合眞卦韻者,今爲青清
耕之入焉;二十陌、十九鐸及十八藥之半,古合御暮者,今爲庚唐
陽之入焉;一屋、三燭及四覺之半,古合侯遇韻者,今爲東鍾江之
入焉;二沃古合幼韻者,今爲冬之入焉;五質至十七薛,古合至未
各韻者,今爲真諄以下之入焉。夫六朝審音者,於古去聲之中別
出入聲,亦猶元北曲韻於平聲之中又分陰平、陽平耳。倘有執是
而呵唐詩不當陰陽平通押者,其疇不爲笑乎?審此則世異音殊,
元韻不可合於唐,唐韻自不合於三代,奚足怪云?

按:孔氏古無入聲之説是錯誤的,但他去入同調之説則是正確的。
長言短言之説也是正確的。去入同調,則上古調類有兩種可能:或者
有去無入,或者有入無去。段玉裁主張古無去聲,他是正確的。入聲
收音於-k、-t、-p,由于長言的關係,元音拖長了,韻尾-k、-t、-p 容易失
落,這是可以理解的。如果説原來不收音於-k、-t、-p,後來由于短言的
關係,憑空生出-k、-t、-p 來,這是不可以理解的。段氏的缺點是没有用
長言、短言來解釋上古入聲有兩種,即長入和短入。若簡單地説古無
去聲,則無以説明爲什麼後來有一部分入聲字變了去聲。

《唐韻》去聲字有兩類:一類來自長入,一類來自上聲或平聲。來
自上聲的例如"去右濟怒"(這些字《唐韻》往往上去兼收),來自平聲
的例如"佩"(字較少)。陽聲類的去聲字除閉口韻外部來自平聲或上
聲。來自平聲的例如"慶夢";來自上聲的例如"卷館濫"(這些字《唐
韻》也往往上去兼收)。

孔氏説,去聲有兩種,長言和短言。我説,入聲有兩種,長入和短
入。我相信我的擬測比較合於實際。

（四）孔氏與段、戴的比較

　　孔氏古韻十八部，比段氏十七部多了一部。這是因爲孔氏多出冬合兩部，而少了文部。多出冬部是對的，少了文部則是不對的。

　　孔氏古韻十八部，比戴氏九類二十五部少了八部。這是因爲戴氏入聲獨立，共有九部。孔氏入聲只有一個合部。又孔氏比戴氏多了一个冬部，少了一個祭部。

　　把段、戴、孔三家合起來，可以説是清代古音學的精華盡在於此。

第八章　王念孫的古音學

　　王念孫(1744—1832)，字懷祖，號石臞，高郵人。受業於戴震，精音韻、文字、訓詁之學。他的《廣雅疏證》《讀書雜志》，都是考證精確的著作。音韻學方面，他的理論見於《與李方伯書》，載於其子王引之《經義述聞》卷三十一。另有《詩經群經楚辭韻譜》，見於羅振玉所輯《高郵王氏遺書》。又有《韻譜》與《合韻譜》，未刊行。

　　王氏分古韻爲二十一部，如下：

東第一
　　　平　　上　　去
蒸第二
　　　平　　上　　去
侵第三
　　　平　　上　　去
談第四
　　　平　　上　　去
陽第五
　　　平　　上　　去
耕第六

平　　上　　去

真第七

平　　上　　去

諄第八

平　　上　　去

元第九

平　　上　　去

歌第十

平　　上　　去

支第十一

平　　上　　去　　　　　　　入

至第十二

去　　　　　　　　入

至（莖�不可辨莖咥脛桱郅 | 質（嚍躓）實吉（赾
室窒耋庢聲挃姪絰 | 黠詰桔佶袺欯砧點
蛭垤鈺）致（撚）挃 | 戛鮚拮姞結蛣劫）
（遰）疐（嚔） | 頡（擷）壹（噎鴳殪
 | 饐曀殪擫壇）逸七
 | （叱切）日（黐袒馹
 | 涅颲）疾（佚嫉）悉
 | （糅俗）栗（凓溧溧
 | 桼（鶈剩郲漆）桼
 | （榍）畢（趯斁篳韠
 | 橐瘭燁渾彈縪醳）
 | 一乙（孚杚乞）失
 | （芺迭跌詄昳躳胅

秩胅軼佚魅趹駃泆
抶肶紩軼）抑必（祕
毖苾鮍泌胇飶柲邲
邲佖怭覕駜泌魆
閟）宓密（蔤）䀛（謐
醚）瑟（璱）八（仈馱
疋）肸（肸）屑（繲
楔）穴（欥敷㳄絋）
卩（呬屵）即（㮎）節
（櫛）血（衊䘑恤洫
徹（𧗰）設（𣪠）別

脂第十三

　　平　　上　　去　　　　　　入

祭第十四

　　　　　　　去　　　　　　入

　　祭（蔡瞟郣穄察瘵
幯際訾）砅世（呭詍
迣齛跐泄拽紲）貰
（勩）曳（瘱愧）制
（製）執（槸褻熱）蓺
（蓺）㦿敝（蔽鳖斃
鷩蟞幣獘斃澈擎婯
䒦鼈）筮（瞌澨）歲
（噦譮䙋劌鱥歳濊）
薉（濊）贅衛（㻅軎纕

　　夺（將肸枔挌蚵埒
鋝酹）月（跀刖䐾
刖）欮（闕）厥（蕨趆
蹶鷢鐝鱖蕨㩁橛
劂）伐（茷）罰戉（越
迆跋眓泧娍絨鉞）
粤𡘙昏（适苦适鴰
話鴰骺刮栝秳佸頢
髺活聒括娃）活
（闊）銛（懖）歺（歺）

列（苑迾齫栁裂例裂駕烈洌蛚颲）齧櫱瀄轍刺（琍棶瘌幫）賴（籟獺瀨瀨鱱）末（眛餗絑沫秣）犮（被茇跋骳翇骳枝帔鞁黻被髮魃废炥冹鲅拔妭坺較）炦發（蹳鑾橃癈廢撥鏺）奪百（莫）蔑（巎韈稶幭懱濊蔑）殺（椴槃鎩）劍薊（趨）臬（劓劃瘭闑瓶）戳（鶅鬏嶻蠿）辥（薛驋劈藥藥薜蟄辪）离（竊）喦辇（瓛遳蠡）桀（傑）屮（屵）舌（絬）折（哲逝誓晢菥狾悊浙妜銴）斯（縣）孑絕（蕝胉）叕（钃）叕（啜輟鶨綴劅餟椡畷輟歠惙掇娺畷綴）窡（窡窡）劣威（滅摵）奻（刷）

德）厠（蔵）屩（瀾纗）毳（橇膬竁毳）叡（歚寂叡蠿）竄貝（退跟敗狽）匄（駒）曷（喝趌遏謁羯鶡猲餲楬喝褐歇盇碣猲竭愒闟揭緆蝎堨）葛（藒郡撖）褐（蝎）渴（藹歇）帶（蔕遰蹛懘滯撍蟷）大（牽杕汏泰太忕釱軑）達（撻）蓋兌（說敓鴥脫挩梲稅疣祝駾況閱挩娧蛻銳）外最（撮）會（檜襘薈噲體膾劊檜鄶旝稽膾獪黵澮繪繪）半（夆）刉（齧觢栔挈絜）契（趐鶛楔郪窫偰頡鍥）恝（瘈）瘗（瘈）害（犗割磍搳瞎轄）介（玠芥齘鳱疥价衸骱驐夰尬忿忦閘拚妎界）拜夬（玦赽趹眹鳩肤契

缺觖䦏疾袂駃臮快
決妜衭鈌）抉（窫）
蠥（灥疀邁癘）厲
（犡）蠇橭勘講乂
（虩嬖忢）刈（忍）艾
（㕟）吠

盍第十五

入

緝第十六

入

之第十七

　平　　上　　去　　　　入

魚第十八

　平　　上　　去　　　　入

侯第十九

　平　　上　　去　　　　入

屋（喔椻偓渥握）谷
（鵒俗裕欲狢浴鉛）
欲（蝓）禿木沐（霖）
卜（卧攴仆朴赴）族
（蔟嗾鷟鏃）鹿（簏
麓麗漉）賣（黷犢遺
讀讟韣殰櫝瀆牘竇
儥瓄瀆嬻匵續隤）

羹（樸撲璞轐）僕（樸濮纀）录（禄菉趢逯睩剥親娽綠錄淥）束（諫楝涑㑛倲）速（鼀）欶（楸漱鎙）逑（遾）獄（鸑嶽哭）辱（蓐褥鄏溽縟）豕（琢啄豰豵椓瘃匐涿）曲（苗）玉（頊）蜀（喝趗躅歜髑觸韣襡歜獨燭濁鐲斢）屬（欘孎斸）足（促浞捉）局（挶）粟角（桷确斛）珏岳（頢）亼夗（穀殻穀穀穀鏊槃轂觳觳愨穀縠轂穀穀）①

幽部第二十
　　平　　上　　去　　　　　　　入

宵部第二十一
　　平　　上　　去　　　　　　　入

---

① 此表去聲與入聲的界限不清楚。似乎是以諧聲偏旁爲準。例如"室"從"至"聲，即歸去聲，"毖"從"必"聲，即歸入聲；"察"從"祭"聲，即歸去聲；"例"從"列"聲，即歸入聲；"裕"從"谷"聲，"赴"從"卜"聲，"縠"從"殸"聲，都歸入聲。

　　王氏古韻二十一部,與段氏十七部比較,多了四部,這是由于他真至分立、脂祭分立、侵緝分立、談盍分立。與戴氏二十五部比較,少了四部,這是由于他魚鐸合併、之職合併、侯屋合併、幽藥合併、支錫合併、祭月合併、真諄分立、幽侯分立,二十五減六加二,得二十一部。與孔氏十八部比較,多了三部,這是由于他真諄分立、脂祭分立、緝盍分立。

　　王氏在古韻表中,於至祭兩部和侯部入聲特別羅列詳細字表①,這表示至祭兩部及侯部入聲是他的創見。他在訂定古韻韻部時還沒有看見戴氏的古韻九類二十五部,而且他祭月合併爲一部(這是對的),也與戴氏不同。至部獨立,侯部加入聲,則是王氏修正段氏的錯誤。

　　現在我摘録王氏《與李方伯書》及《與江晉三書》中關於古音學的議論②,並評論其得失如下:

　　王氏説(《與李方伯書》):

　　　　自一屋至二十五德,其分配平上去之某部某部,顧氏一以九經、《楚辭》所用之韻爲韻,而不用《切韻》以屋承東,以德承登之例,可稱卓識。獨於二十六緝至三十四乏仍從《切韻》以緝承侵,以乏承凡,此兩岐之見也。蓋顧氏於九經、《楚辭》中求其與去聲同用之迹而不可得,故不得已而仍用舊説。又謂《小戎》二章以"驂合軜邑念"爲韻③,《常棣》七章以"合琴翕湛"爲韻④,不知《小戎》自以"中驂"爲一韻,"合軜邑"爲一韻,"期之"爲一韻;《常棣》

---

① 這三個字表把《説文》屬於這至祭兩韻和侯部入聲的字都收進去了。
② 《與李方伯書》見於王引之《經義述聞》卷三十一,《與江晉三書》見於江有誥《音學十書》卷首。
③ 《詩·秦風·小戎》:"騏駵是中,騧驪是驂。龍盾之合,鋈以觼軜。言念君子,溫其在邑。方何爲期?胡然我念之!"
④ 《詩·小雅·常棣》:"妻子好合,如鼓瑟琴。兄弟既翕,和樂且湛。"

自以"合翕"爲一韻,"琴湛"爲一韻,不可强同也。今案緝合以下九部當分爲二部,遍考《三百篇》及群經、《楚辭》所用之韻,皆在入聲中,而無與去聲同用者,而平聲侵覃以下九部亦但與上去同用,而入不與焉。然則緝合以下九部本無平上去明矣。

力按:王氏緝盍二部獨立是對的,但他説緝合以下九部本無平上去,則是錯誤的。我們必須把四聲相配和詩歌押韻區別開來。入聲字本來就不與平、上、去押韻;其與去聲押韻者,那些去聲字本來就是入聲。所以緝盍兩部不與去聲押韻並不足以證明它們不能和侵談相配。試看"占"聲有"帖","厭"聲有"壓","奄"聲有"腌"(醃),"盍"聲有"豔","乏"聲有"砭貶泛"等等。可見緝盍和侵談是相通的。

王氏説(《與李方伯書》):

> 又案去聲之至霽二部及入聲之質櫛黠屑薛五部中[1],凡從至、從寘、從質、從吉、從七、從日、從疾、從悉、從栗、從桼、從畢、從乙、從失、八、從必、從卩、從節、從血、從徹、從設之字,及"閉實逸一抑別"等字,皆以去入同用,而不與平上同用,固非脂部之入聲,亦非真部之入聲。《六書音均表》以爲真部之入聲,非也。《切韻》以質承真,以術承諄,以月承元。《音均表》以術月二部爲脂部之入聲,則諄元二部無入聲矣。而又以質爲真之入聲,是自亂其例也。

力按:王氏認爲段氏以質爲真的入聲是自亂其例,他的批評是對的;但他以爲質部不是脂部的入聲,則是錯誤的。前面説過,段氏由于不願質術混同,所以把質部提出來作爲真部的入聲,王氏正

---

[1] 當云質櫛屑三韻及黠韻之半。

是由此啟發,得出至部來的。段氏的錯誤不止在於以質爲真的入聲,而且還在於把一些本該屬於質部的字歸到術部去了。《音均表》十五部,《汝墳》的"肄棄"、《干旄》的"紕四畀"、《節南山》的"惠戾屆闋"、《大田》的"穟利",都該認爲是至部(質部)字。這樣,《抑》的"疾戾"就不是合韻,而是本韻了。王氏見不及此,深可惋惜。

王氏説(《與江晉三書》):

> 己酉仲秋,段君以事入都,始獲把晤,商訂古音。告以侯部自有入聲,月曷以下非脂之入,當別爲一部。質亦非真之入。又質月兩部皆有去而無平上;緝盍二部則無平上而並無去。段君從者二(謂侯部有入聲及分術月爲二部),不從者三[1]。

力按:此可見段氏從善如流。分部是主要的;至於四聲相配的問題,則是次要的。

王氏説(《與江晉三書》):

> 段氏以質爲真之入非也;而分質術爲二則是。足下謂質非真之入是也;而合質於術以承脂,則似有未安。《詩》中以質術同用者,唯《載馳》三章之"濟閟"[2]、《皇矣》八章之"類致"[3]("是類"與"是致"爲韻,"是禡"與"是附"爲韻,"類致、禡附"皆通韻也)、《抑》首章之"疾戾"[4],不得因此而謂其全部皆通也(有誥按:尚有《終風》三章之"曀寐嚏"未引[5]。首二章第三句皆入韻,則

---

① 不從者三:(1)月曷以下非脂之入;(2)質亦非真之入;(3)緝盍二部無平上去。
② 《詩·鄘風·載馳》:"既不我嘉,不能旋濟。觀爾不臧,我思不閟。"
③ 《詩·大雅·皇矣》:"是類是禡,是致是附。"
④ 《詩·大雅·抑》:"庶人之愚,亦職斯疾;哲人之愚,亦維斯戾。"
⑤ 《詩·邶風·終風》:"終風且曀,不日有曀。寤言不寐,願言則嚏。"

"寐"字不得謂非韻）。若《賓之初筵》二章"以洽百禮，百禮既至"，此以兩"禮"字爲韻，而"至"字不入韻；"四海來格，來格其祁"①，亦以兩"格"字爲韻。凡下句之上二字與上句之下二字相承者，皆韻也。質術之相近，猶術月之相近。《候人》四章之"薈蔚"②、《出車》二章的"旆瘁"③、《雨無正》二章之"滅戾勩"④、《小弁》四章之"嘒淠屆寐"⑤、《采菽》二章之"淠嘒駜屆"⑥、《生民》四章之"旆穟"⑦，術月之通較多於質術，而足下尚不使之通，則質術之不可通，明矣。

力按：王氏對江氏的批評是正確的。江有誥把質術合爲一部，和戴震是同樣的錯誤。但王氏所舉例證則多不妥。《賓之初筵》"禮至"爲韻，是脂質對轉，有何不可？《玄鳥》"祁何"爲韻，是脂歌合韻，不能勉強説是兩個"格"字爲韻。《載馳》的"濟閟"爲韻，也是脂質對轉，不是質術同用。"疾戾"是質部本韻，"類致、暳寐嚏"是質術合韻。"淠嘒駜屆、滅戾勩"是質月合韻，"旆穟"是術月合韻，"嘒淠屆寐"是質術月三部合韻。質術月三部都是收音於 -t 的，所以常常互押，毫不足怪。至於就語音系統而論，質術月三部分立也是對的。

王氏説：

---

① 《詩·商頌·玄鳥》："四海來假，來假祁祁。景員維河，殷受命咸宜，百禄是何。"按："假"通"格"。

② 《詩·曹風·候人》："薈兮蔚兮，南山朝隮；婉兮孌兮，季女斯飢。"

③ 《詩·小雅·出車》："彼旟旐斯，胡不旆旆？憂心悄悄，僕夫況瘁！"

④ 《詩·小雅·雨無正》："周宗既滅，靡所止戾。正大夫離居，莫知我勩。"

⑤ 《詩·小雅·小弁》："菀彼柳斯，鳴蜩嘒嘒，有漼者淵，萑葦淠淠。譬彼舟流，不知所屆。心之憂矣，不遑假寐。"

⑥ 《詩·小雅·采菽》："其旂淠淠，鸞聲嘒嘒。載驂載駜，君子所屆。"

⑦ 《詩·大雅·生民》："荏菽旆旆，禾役穟穟。"

念孫以爲質月二部皆有去而無平上，術爲脂之入，而質非脂之入，故不與術通，猶之月非脂之入，故亦不與術通也。

力按：王氏此説亦未妥。依我們的考證，質爲脂之入，術爲微之入，月爲歌之入。

王氏説（《與李方伯書》）：

又案《切韻》平聲自十二齊至十五咍凡五部，上聲亦然，若去聲則自十二霽至二十廢共有九部，較平上多祭泰夬廢四部，此非無所據而爲之也。考三百篇及群經、《楚辭》，此四部之字皆與入聲之月曷末黠鎋薛同用，而不與至未霽怪隊及入聲之術物迄没同用。且此四部有去入而無平上。《音均表》以此四部與至末等部合爲一類，入聲之月曷等部亦與術物等部合爲一類。於是《蓼莪》五章之"烈發害"與六章之"律弗卒"①、《論語》八士之"達适"與"突忽"②、《楚辭·遠遊》之"至比"與"厲衞"③，皆混爲一韻，而音不諧矣。其以月曷等部爲脂部之入聲，亦沿顧氏之誤而未改也，唯術物等部乃脂部之入聲耳。

力按：王氏看見祭泰夬廢四韻不與平上相承，從而悟出它們應獨立成部，這與戴氏暗合，值得贊揚。王氏以祭月合爲一部，則較戴氏分祭月爲兩部更符合客觀事實，因爲祭是長入，不是陰聲。

---

① 《詩·小雅·蓼莪》："南山烈烈，飄風發發，民莫不穀，我獨何害。""南山律律，飄風弗弗。民莫不穀，我獨不卒！"

② 《論語·微子》："周有八士：伯達、伯适；仲突，仲忽；叔夜，叔夏；季隨，季騧。"

③ 《楚辭·遠遊》："曼曼其修遠兮，徐弭節而高厲。左雨師使徑待兮，右雷公而爲衞。"《悲回風》："歲曶曶其若頹兮，時亦冉冉而將至。薠蘅槁以節離兮，芳已歇而不比。"王氏誤合爲一篇。

王氏説(《與李方伯書》)：

又案屋沃燭覺四部中，凡從屋、從谷、從木、從卜、從族、從
鹿、從賣、從業、從录、從束、從獄、從辱、從豕、從曲、從玉、從
蜀、從足、從局、從角、從岳、從肯之字及"禿哭粟玨"等字，皆
侯部之入聲，而《音均表》以爲幽部之入聲，於是《小戎》首章
之"驅續轂舿玉屋曲"①、《楚茨》六章之"奏禄"②、《角弓》三
章之"裕瘉"、六章之"木附屬"③、《桑柔》十二章之"穀垢"④、
《左傳·哀十七年》繇辭之"竇踰"⑤、《楚辭·離騷》之"屬
具"⑥、《天問》之"屬數"⑦，皆不以爲本韻，而以爲合韻矣。且
於《角弓》之"君子有徽猷，小人與屬"，《晉》初六之"罔孚裕
无咎"，皆非韻而以爲韻矣。

力按：王氏侯部有入聲，與孔廣森、江有誥都不謀而合。後來段玉
裁也接受他的意見，此事已成定論。如果侯屋分立，則"舿奏裕具數
竇"當屬屋部，"驅附垢踰"當屬侯部，侯屋對轉。

王氏説(《與江晉三書》)：

---

① 《詩·秦風·小戎》："游環脅驅，陰靷鋈續，文茵暢轂。駕我騏馵。言念君子，溫其如玉。
在其板屋，亂我心曲。"
② 《詩·小雅·楚茨》："樂具入奏，以綏後禄。"
③ 《詩·小雅·角弓》："此令兄弟，綽綽有裕；不令兄弟，交相爲瘉。""母教猱升木，如塗塗
附。君子有徽猷，小人與屬。"
④ 《詩·大雅·桑柔》："大風有隧，有空大谷。維此良人，作爲式穀。維彼不順，征以
中垢。"
⑤ 《左傳·哀公十七年》："闔門塞竇，乃自後踰。"
⑥ 《楚辭·離騷》："前望舒使先驅兮，後飛廉使奔屬。鸞皇爲余先戒兮，雷師告余以
未具。"
⑦ 《楚辭·天問》："九天之際，安放安屬？隈隈多有，誰知其數？"

　　孔氏分東冬爲二，念孫亦服其獨見。然考《蓼蕭》四章皆每章一韻，而第四章之"沖沖、雝雝"①，既相對爲文，則亦相承爲韻。孔以"沖沖"韻"濃"，"雝雝"韻"同"，似屬牽强。《旄邱》三章之"戎東同"②，孔謂"戎"字不入韻。然"蒙戎"爲叠韻，則"戎"之入韻明矣。《左傳》作"尨茸"，亦與"公從"爲韻也③。又《易》彖傳、象傳合用者十條，而孔氏或以爲非韻，或以爲隔協，皆屬武斷。又如《離騷》之"庸降"爲韻，凡若此者，皆不可析爲二類。故此部至今尚未分出。

　　力按：孔氏東冬分立，最有力的論據是冬侵相近，經常合用，而東部則與侵部絕不相通。《蓼蕭》一章二韻，未嘗不可。《旄丘》之"蒙戎"作"蒙茸"。《左傳》"狐裘尨茸"，《史記·晉世家》引作"蒙茸"。"茸"是東部字，"蒙茸"正是叠韻聯緜字。《易》彖傳、象傳東冬同用共十五次（不止十次），但《易經》不是詩歌，自可從寬。也可能是方言。據我的考證，冬侵在《詩經》時代本同一部，侵是開口呼 əm、eəm、iəm，冬是合口呼 uəm、oəm、iuəm。到了戰國時代，由于異化作用，冬部脱離侵部而獨立，變爲 ung、iung，所以《離騷》能以"庸降"爲韻。東部是 ong，ong 與 ung 是旁韻通轉。可能《易經》的彖傳、象傳是戰國時代的作品，那就更没有問題。

　　後來王氏終於接受了孔氏的意見。王氏《合韻譜》爲晚年所改定，他終於增加一個冬部，共成古韻二十二部。

　　王氏説（《與李方伯書》）：

---

①　《詩·小雅·蓼蕭》："蓼彼蕭斯，零露濃濃。既見君子，鞗革沖沖。和鸞雝雝，萬福攸同。"
②　《詩·邶風·旄丘》："狐裘蒙戎，匪車不東。叔兮伯兮，靡所與同。"
③　《左傳·僖公五年》："狐裘尨茸，一國三公，吾誰適從？"

不揣寡昧，僭立二十一部之目，而爲之表。分爲二類：自東至歌之十部爲一類，皆有平上去而無入。自支至宵之十一部爲一類，或四聲皆備，或有去入而無平上，或有入而無平上去，而入聲則十一部皆有之，正與前十類之無入者相反。此皆以九經、《楚辭》用韻之文爲準，而不從《切韻》之例。

力按：王氏此論是錯誤的。除侵談兩部外，陽聲韻都没有入聲（若按異平同入的説法，陽聲也可以有入聲）。陰聲韻都具備四聲，如下表：

平聲	上聲	去聲①	入聲（長）	入聲（短）
歌	哿	箇	祭	月
支	紙	寘（一）	寘（二）	錫
脂	旨	至（一）	至（二）	質
之	止	志（一）	志（二）	職
魚	語	御（一）	御（二）	鐸
侯	厚	候（一）	候（二）	屋

清代古音學到王念孫，已經是登峰造極②。考古派只能做到這一步。至於審音派則入聲一律獨立，韻部增多，又當別論了。

---

① 如從段氏古無去聲之説，則此欄取消，併入上聲和平聲。
② 指他的古韻二十二部，包括冬部。

第九章　江有誥的古音學

江有誥（？—1851），字晉三，歙縣人。恩貢生。著有《音學十書》，已刊行的只有七種：

一、《詩經韻讀》；

二、《群經韻讀》；

三、《楚辭韻讀》；

四、《先秦韻讀》；

五、《諧聲表》；

六、《入聲表》；

七、《唐韻四聲正》。

另有《等韻叢說》附於十書之後。《詩經韻讀》前面有段玉裁《江氏音學序》、江有誥《寄段茂堂先生原書》、段玉裁《答江晉三論韻》、王念孫《王石臞先生來書》、江有誥《復王石臞先生書》、葛其仁《江晉三先生傳》。《唐韻四聲正》前面有江有誥《再寄王石臞先生書》、王念孫《石臞先生復書》。這些來往的書信都有重要的議論。我們研究江有誥古音學時，應該仔細研讀這些書信。

（一）江有誥的古韻二十一部

江有誥分古韻爲二十一部，如下：

之部第一

平聲之咍；上聲止海；去聲志代；入聲職德。灰賄隊尤有宥屋三分之一。

幽部第二

平聲尤幽；上聲有黝；去聲宥幼。蕭肴豪篠巧皓嘯效号之半；入聲沃之半，屋覺錫三分之一。

宵部第三

平聲宵；上聲小；去聲笑。蕭肴豪篠巧皓嘯效号之半；入聲沃藥鐸之半，覺錫三分之一。

侯部第四

平聲侯；上聲厚；去聲候；入聲燭。虞麌遇之半；屋覺三分之一。

魚部第五

平聲魚模；上聲語姥；去聲御暮；入聲陌。虞麌遇麻馬禡之半；入聲藥鐸麥昔之半。

歌部第六

平聲歌戈；上聲哿果；去聲箇過。麻馬禡之半；支紙寘三分之一。無入聲①。

支部第七

平聲佳；上聲蟹；去聲卦。齊薺霽之半；支紙寘三分之一；入聲麥昔之半，錫三分之一。

---

① 從《詩經》用韻看，歌部無入聲是對的。我們從語音系統看，才説歌部有入聲。

脂部第八

平聲脂微皆灰；上聲旨尾駭賄；去聲至未怪隊；入聲質術櫛物迄没屑。齊薺霽暨黠之半；支紙寘三分之一。

祭部第九

去聲祭泰夬廢；入聲月曷末轄薛；黠之半。無平上。

元部第十

平聲元寒桓山刪仙；上聲阮旱緩潸産獮；去聲願翰換諫襉綫。先銑霰三分之一。無入聲。

文部第十一

平聲文欣魂痕；上聲吻隱混很；去聲問焮慁恨。真軫震三分之一，諄準稕之半，無入聲。

真部第十二

平聲真臻先；上聲軫銑；去聲震霰。諄準稕之半。無入聲。

耕部第十三

平聲耕清青；上聲耿静迥；去聲諍勁徑。庚梗映之半。無入聲。

陽部第十四

平聲陽唐；上聲養蕩；去聲漾宕。庚梗映之半。無入聲。

東部第十五

平聲鍾江；上聲腫講；去聲用絳。東送之半。無入聲。

中部第十六

平聲冬；去聲宋；東送之半①。無上入。

蒸部第十七

平聲蒸登；上聲拯等；去聲證嶝。無入聲。

侵部第十八

---

① 當云"江講絳三分之一"。

平聲侵覃;上聲寑感;去聲沁勘。咸銜陷凡范梵之半。無入聲。

談部第十九

平聲談鹽添嚴銜;上聲敢琰忝儼檻;去聲闞豔㮇釅鑑。咸銜陷凡范梵之半。無入聲。

葉部第二十

入聲葉帖業狎乏。盍洽之半。無平上去。

緝部第二十一

入聲緝合。盍洽之半。無平上去①。

關於古韻和唐韻的對應,江有誥比段氏分得較細,也較合於實際情況。所謂"半",所謂"三分之一",只是一個約數,但是這樣分析就顯得比較細緻了。例如之部,段氏但舉之咍②,江氏加灰尤三分之一;幽部段氏但舉尤幽,江氏加蕭肴豪之半,入聲段氏舉屋沃燭覺,江氏但舉沃之半,屋覺錫三分之一;宵部段氏舉蕭宵肴豪,江氏只舉宵,而加蕭肴豪之半,入聲加沃藥鐸之半,覺錫三分之一;侯部段氏只舉侯,江氏加虞半、入聲屋覺三分之一;魚部段氏舉魚虞模,江氏只舉魚模,而加虞麻之半,入聲段氏舉藥鐸,江氏舉陌,以及藥鐸麥昔之半;支部段氏舉支佳,江氏只舉佳,而加齊之半、支三分之一,入聲段氏舉陌麥昔錫,江氏只舉麥昔之半、錫三分之一;脂部段氏舉脂微齊皆灰祭泰夬廢,江氏只舉脂微皆灰,而加齊半、支三分之一,入聲段氏舉術物迄月沒曷末黠鎋薛,江氏只舉質術櫛物迄沒屑,而加暨黠之半;元部段氏舉元寒桓山刪仙,江氏加先三分之一;文部段氏舉諄文欣魂痕,江氏只舉文欣魂痕,而加諄之半、真之三分之一;真部段氏舉真臻先,江氏加諄

---

① 江氏云:"右方離析唐韻以合古部分,特舉其大綱。其間有他韻字而闌入本部,有本部字而錯出他韻者,四家書注之已詳,後不復贅。

② 舉平以該上去。

之半;耕部段氏舉庚耕清青,江氏只舉耕清青,而加庚之半;陽部段氏只舉陽唐,江氏加庚半;侵部段氏舉侵鹽添,江氏舉侵覃,加咸凡之半,入聲段氏舉緝葉帖,江氏另立緝部,舉緝合,而加盍洽之半;談部段氏舉覃談咸銜嚴凡,江氏舉談鹽添嚴銜,加咸凡之半,入聲段氏舉合盍洽狎業乏,江氏另立葉部,舉葉帖業狎乏,而加盍洽之半。這些都以江氏所定爲較洽當。孔氏所列亦與段、江不同,應以江氏所定爲準。

　　江氏所謂某韻之半,某韻三分之一,没有舉出例字,兹爲補列例字如下表①。

之　　部

灰賄隊三分之一:媒佩鎂梅膜悔誨晦背痗倍

尤有宵三分之一:謀訧尤丘裘郵牛紑友否有久右婦玖負疚富囿侑

脂旨至*三分之一:龜駓洧秠鮪備

厚*少數:母畝

屋三分之一:服伏福輻牧葍或

幽　　部

蕭篠嘯之半:歊瀟聊條蜩鳥蕭

肴巧效之半:昴膠茅炮苞麃包飽茆

豪皓号之半:漕陶翿好滔慆袍綯哀櫜曹牢騷老鴇蚤稻棗栲考保寶皓慅草擣檮昊蹈冒報奧

沃之半:篤毒

屋三分之一:淑軸宿匊燠奧菽畜復蹙夙穆

覺三分之一:覺學

錫三分之一:戚迪

厚*少數:叟牡茂戊

---

① 表中有我補充的韻部,以＊爲記。

脂旨* 少數:逵軌簋

宵* 少數:椒

虞* 少數:孚

宵　部

蕭篠嘯之半:苕恌瞀皎弔遼僚寮佻祧堯嘵

肴巧效之半:殽巢教罩貌

豪皓号之半:勞旄敖桃忉号膏嗸刀高潦盜耄到

沃半:襮沃熇確

藥半:籥爵藥雀

鐸半:鑿鶴

覺三分之一:樂濯翯駁

錫三分之一:翟櫟溺的

侯　部

虞麌遇之半:駒姝隅踽驅殳濡渝榆芻株趣趨揄愚楰瘉愈侮樹數主醹具孺裕饇取附髴

屋三分之一:木谷族屋楝鹿讀轂穀僕卜霂沐速瀆

覺三分之一:角椓濁渥嶽

尤有宥* 少數:咮

魚　部

虞麌遇之半:吁夫虞娛膚盱釜輔羽雨舞甫父武踽栩麌黼賦蓐嘆瞿芋訏

麻馬禡之半:華家罝牙葭豝邪瓜瑕舍騢馬下野者夏稼暇寫寡斝椵夜射柘禡

藥半:若鵲臄醵著

鐸半:莫濩惡度作穫落擇薄鞹駱錯藿閣橐酢廓咢壑柞雒恪索

麥半:獲蠖

昔半：昔烏腊踏亦奕弈釋尺赤斥石碩跖席夕歺蓆藉籍

歌　　部

麻馬禡之半：伽麻嗟加差嘉鯊駕沙瓦也

支紙寘三分之一：皮爲離施儀宜猗靡罷吹縭錡椅馳罷議犧掎哆侈移

至*少數：地

支　　部

齊薺霽之半：觿圭攜帝鬄

支紙寘三分之一：支知斯枚提伎雌易祇篋卑疕刺

麥半：蹟嘖責簀策册劃畫隔戹軶謫

昔半：積脊踖益易蜴場辟適璧

錫三分之一：皙錫裼霹歷狄逖惕剔鶂

祭*少數：揥

脂　　部

齊薺霽之半：萋妻荑蠐犀淒躋隮氏迷底懠齊體薺弟沛禰鱧泥醴砥濟季

黠半：黠劼八袺頡茁札滑

支紙寘三分之一：邇瀰瀰爾

祭　　部

黠半：拔察殺鍛獪

元　　部

先銑霰三分之一：肩偃宴燕見顯典

文　　部

真軫震三分之一：振麤緡貧隕巾困晨辰塵痻忍墐閔

諄準稕之半：噋諄輪淪鶉漘犉純允順春

臻*少數：詵

山産襉*少數：艱鰥盼

仙*少數：川

先銑霰*少數：先珍

真　　部

諄準稕之半：均詢鈞旬

清静勁少數：令領命

青迥徑少數：苓零

耕　　部

庚梗映之半：平苹評荆鳴榮瑩生笙牲擎省眚敬

陽　　部

唐梗映之半：行兵兄京彭英明庚衡珩亨祊炳虥泳永景競梗

東　　部

東送之半：僮公東同蓬豵罿聰充童功濛攻空恫豐訌舂幪動總控送

中　　部

東送之半：中宫蟲螽冲忡窮躬戎融終溧崇仲

鍾*少數：襛濃

江講絳*少數：降絳

蒸　　部

東*少數：弓夢雄

侵　　部

咸豏陷之半：咸

凡范梵之半：凡

談*少數：三

銜*少數：銜衫

鹽*少數：潛

梜少數：臨

談　　部

咸銜陷之半:讒斬

凡范梵之半:欠劍

銜*少數:芟監

葉　　部

盍半:盍闔臘榻嗑榼

洽半:狹峽夾霎箑

緝　　部

盍半:塔嗒

洽半:洽恰袷

江氏韻部的次序安排,也是有原則的。江氏説:

　　戴氏十六部次第以歌爲首,談爲終。段氏十七部次第以之爲
首,歌爲終。孔氏十八部次第以元爲首,緝爲終。以鄙見論之,當
以之第一、幽第二、宵第三,蓋之部間通幽,幽部或通宵,而之宵通
者少。是幽者之宵之分界也。幽又通侯,則侯當次四。侯近魚,
魚之半入於麻,麻之半通於歌,則當以魚次五,歌次六。歌之半入
於支,支之一與脂通,則當以支次七,脂次八。脂與祭合,則祭次
九。祭音近元,《説文》諸聲多互借,則元次十。元間與文通,真者
文之類,則當以文十一、真十二。真與耕通,則耕次十三。耕或通
陽,則陽次十四。晚周秦漢多東陽互用,則當以東十五。中者東
之類,次十六。中間與蒸侵通,則當以蒸十七,侵十八。蒸通侵而
不通談,談通侵而不通蒸,是侵者蒸談之分界也,則當以談十九。
葉者談之類,次二十。緝間與之通,終而復始者也,故以緝爲殿
焉。如此專以古音聯絡,而不用後人分配入聲爲紐合,似更有
條理。

　　力按:江氏韻部的次序,的確較有條理,因爲從之到祭都是陰聲韻①,從元到真都是收音於 -n,從陽到蒸都是收音於 -ng②,侵談收音於 -m,緝葉收音於 -p,所以江氏韻部的次序是順理成章的。只有一個小缺點,他把緝部排在最後,以爲由緝回到之,是終而復始,這種説法是十分勉强的。

(二)江有誥是清代古音學的巨星

　　江氏是區區一個貢生,他在音韻學上的成就超越前輩。他得力於等韻之學。段、孔只懂得考古,不懂得審音。戴氏自誇他能審音,而他的等韻學並不高明。江有誥審音之精,還勝過江永一籌。江有誥考古之功又不讓於段、孔。所以我们説,江有誥是清代古音學的巨星。

　　段玉裁爲《江氏音學》作序,對江有誥的學識推崇備至。他説:

　　　今年春,歙江君晉三寓書於余論音,余知其未見戴、孔之書也,而持論與之合,余甚偉其所學之精。秋九月謁余枝園,出所箸書請序。余諦觀其書,精深邃密。蓋余與顧氏、孔氏皆一於考古,江氏、戴氏則兼以審音,而晉三於二者尤深造自得。據《詩經》以分廿一部,大抵述顧氏、江氏及余説爲多。其脂祭之分,獨見與戴氏適合者也;析屋沃以分隸尤侯,改質櫛屑以配脂齊,獨見與孔氏適合者也;東冬之分,則近見孔氏之書而取者也。於前人之説,皆擇善而從,無所偏徇。

　　"精深邃密",這是最優的評語,段玉裁是不輕易這樣許人的。就江氏的成績看來,段氏這個四字評語並非虛譽,江有誥是當之無愧的。

---

① 祭部是入聲韻部,但江氏以爲是去入韻。這裏從江氏。

② 依我們的分析,《詩經》時代冬侵同部。這裏從江氏。

段氏又説:

> （江君）又精於呼等字母之學,不惟古音大明,亦且使今韻分爲二百六部者得其剖析之故。前人論入聲,説最多歧,未有能折衷至當者。晉三則專據《説文》之偏旁諧聲及周秦人平入同用之章爲據,作《入聲表》一卷,尤爲精密,不惟陸氏分配之誤辨明,即江、戴異平同入之説亦可不必。其真知確見有如此者!

段氏這一段話説明了江有誥之所以成功的道理。江氏的《入聲表》之所以精密,是由于他精通字母呼等之學。下文當再詳細論及。

（三）江氏的音論

江氏的音論,多見於其所著的《古韻凡例》①。現在選擇他的一些重要言論,述評如下。

江氏説:

> 自周、沈四聲定而古音失,法言《切韻》作而古音之部分失。宋吳才老首復古韻,特未免隨文牽就,於古之正音、古之部分,蓋茫乎未之知也。鄭氏庠作《古音辨》,始分六部,分部至少,而仍有出韻。蓋專就唐韻求其合,不能析唐韻求其分,宜無當也。明陳季立始知叶音即古本音,誠爲篤論,然於古韻部分亦未之知也。國朝昆山顧氏始能離析唐韻以求古韻,故得十部。然猶牽於漢以後音也。婺源江氏始專就《三百篇》以求古韻,故得十三部,然猶惑於今人近似之音也。金壇段氏始知古音之絕不同今音,故得十七部。古韻一事,至今日幾如日麗中天矣。取而譬之:吳才老,古音之先導

---

① 《古韻凡例》在《詩經韻讀》卷首。

也；陳季立，得其門而入也；顧氏、江氏則升堂矣；段氏則入室矣。

江氏這一段話講述古音學史，既中肯，又公允。他對段玉裁的推崇，説段氏的古韻學"幾如日麗中天"，也就恰如其分。個別不足之處，要由江氏來補充、修正。

江氏説：

段氏以去之祭泰夬廢，入之月曷末鎋薛附於脂部。愚考周秦之文，此九韻必是獨用；其與脂韻合用者不過百中二三而已。八士命名，各分四韻，"達括"一韻，"突忽"一韻，蓋即四名而二部之分瞭然矣。故別出此九韻爲一部，得十八部。

昔人以緝合九韻分配侵覃。愚遍考古人有韻之文、唐韻之偏旁諧聲，而知其無平上去（詳見《入聲表》）。故別分緝合及洽之半爲一部，葉帖狎業乏及洽之半爲一部。

拙著既成後，始得見休寧戴氏《聲類表》、曲阜孔氏《詩聲類》。因依孔氏畫分東冬（今改爲中）爲二，得廿一部。

江氏這一段話説明他分古韻爲廿一部的理由。江氏物月分立是對的，但質物合併則和戴氏一樣是錯誤的。

江氏説：

古韻無四聲，明陳氏已發其端，江氏申明其説者不一而足，然《標準》仍分平上去入四卷，則自亂其例矣。想慎齋於去入不能配合，故聽其各見耳。蓋眞至廢十三部當析爲四①，入聲自質至薛十三部、並職德二部、昔錫二部之半，亦當析爲四以配之②。《標準》

---

① 眞至志未霽祭泰卦怪夬隊代廢十三韻當析爲古韻支脂之祭四部。
② 入聲質術櫛物迄没屑七韻配脂；月曷末黠鎋薛六韻配祭；職德二韻配之；昔錫二韻之半配支。

於去聲自眞至廢十三部則合爲一，入聲自質至德十七部則析爲四，故不能配合耳。愚於韻譜一依經文詮錄，不分四聲，庶見古韻廬山眞面也。

力按：江氏企圖用去入配合之説來證明古無四聲，在方法上是錯誤的。到了江氏寫《唐韻四聲正》的時候，他徹底推翻前説，以爲古人實有四聲，特古人所讀之聲與後人不同。他的論證在方法上也是錯誤的。下文當再論及。

江氏説：

顧氏改侯從魚，愼齋改侯從尤，均未善也。段氏以尤幽爲一部，侯與虞之半別爲一部，雖古人復起，無以易矣！但入聲亦當畫開。段氏以屋沃燭覺均爲幽之入，侯部無入，故於《小戎》之"駆"、《角弓》之"裕附"、《楚茨》之"奏"、《桑柔》之"垢"、《左氏》衛縣辭之"寶"、《離騷・天問》之"屬"，皆以爲合韻。今細考之：屋沃之半，尤幽及宵通尤之入也；燭與屋覺之半，侯虞相通之入也（詳見《入聲表》《諧聲表》）。蓋有開口無合口者尤幽；有合口無開口者魚模。侯以開口近幽，故次尤幽，其合口入於虞，故次魚模，而入聲遂誤合於一。然必魚幽之外別有其音，今則不可知矣。

江氏認爲侯部有入聲，這是完全正確的。這是他和孔廣森、王念孫不謀而合的。後來段玉裁也接受了他的意見。江氏從等呼上證明侯部有入聲，也有參考價值。可惜他講的是唐韻的等呼，不是古韻的等呼。上古魚部兩呼四等俱全：魚是開口三等（居 kǐa）；模是開口一等（孤 ka）；麻通魚是合口一等（瓜 kua）；虞通魚是合口三等（衢 gǐua）。上古侯部只有開口呼：侯是開口一等（鈎 kɔ）；虞通侯是開口三等（駒 kǐɔ）；侯開一的入聲是屋（穀 kɔk）；虞通侯的入聲是燭（局 gǐɔk）。魚侯兩部的開口到後代變合口，不可不知。

江氏説：

　　《詩集傳》之誤①，顧氏辨之詳矣。但《詩本音》之誤亦復不少。蓋顧氏止知古有十部，不知古有廿一部，故往往以不入韻爲韻；又泥於唐韻次第，不明古部次第通用之理，故於《詩》之中侵、《易》之真耕通用者，指爲方音，其餘則以爲無韻。孔氏《詩聲類》雖有補正三家之處，乃臆爲陰陽九聲之説，穿鑿武斷，功過相參。愚止就經文平心涵泳，證合他書，不強古以就我，不泥一以窒全。於正韻者〇之②；隔句換韻者□之③；其可韻而不必以爲韻者▭之④。閲者將二家之書對校，其得失自明矣。

力按：顧氏之失，無庸諱言。至於孔氏陰陽對轉之説，江氏斥爲臆説，未免太過。江氏於《詩經》用韻，所定是基本上可從的。至於其可韻而不必以爲韻者，大可不必提及。

江氏説：

　　古有正韻，有通韻，有合韻⑤。最近之部爲通韻，隔一部爲合韻。《詩經》用正韻者十之九，用通韻者百中之五六，用合韻者百中之一二。計三百五篇，除《周頌》不論，其國風、大小雅、商魯頌，共詩一千百十有二章，通韻六十見，合韻十餘見，不得其韻者數句而已。知其合乃愈知其分。即其合用之故，而因以知古韻之次第，並可知唐韻誤合之由。別爲譜錄，使學者有所考焉。

----

① 《詩集傳》爲朱熹所作，其中採用叶音説。

② 例如《周南·關雎》：關關雎⑭，在河之⑭。窈窕淑女，君子好⑭。(幽部)

③ 例如《周南·兔罝》：肅肅兔罝(音雎，與夫叶)，椓之丁⑭。赳赳武⑭(魚部)，公侯干城(耕部)。

④ 例如《召南·殷其靁》：殷其靁，在南山之陽，何斯違斯，莫敢或遑(陽部)。

⑤ 此外還有"借韻"。借韻不止隔一部，往往是對轉。

江氏此論,最爲通達。所謂最近之部爲通韻,實際上是元音相近。所謂隔一部爲合韻,實際上是元音稍遠。所謂知其合乃愈知其分,和段氏所謂"謂之合而其分愈明,有權而經乃不廢"之説若合符節。這是顛撲不破的真理。

通韻舉例如下:

《旄丘》一章:"旄丘之葛兮,何旦之節兮! 叔兮伯兮,何多日也!"(脂祭通韻①)

《旄丘》三章:"狐裘蒙戎,匪車不東。叔兮伯兮,靡所與同。"(東中通韻)

《新臺》二章:"新臺有洒,河水浼浼。燕婉之求,籧篨不殄。"(文元通韻)

《柏舟》一章:"汎彼柏舟,在彼中河。髧彼兩髦,實惟我儀。"(一三句可作幽宵通韻)

《大車》二章:"大車啍啍,毳衣如璊。豈不爾思,畏子不奔。"(元文通韻)

《甫田》二章:"無田甫田,維莠桀桀。無思遠人,勞心怛怛。"(祭元通韻②)

《載驅》四章:"汶水滔滔,行人儦儦。魯道有蕩,齊子游敖。"(幽宵通韻)

《有杕之杜》一、二章:"中心好之,曷飲食之。"(之幽通韻③)

《小戎》三章:"俴駟孔群,厹矛鋈錞,蒙伐有苑。(元文通韻)言念君子,載寢載興。厭厭良人,秩秩德音。"(蒸侵通韻)

---

① 當云質月通韻。
② 這是祭部本韻。"怛"讀當割切。
③ 這是隔章叠韻,"好食"不押韻。

《月出》一章:"月出皎兮,佼人僚兮,舒窈糾兮,勞心悄兮。"
(幽宵通韻)

《澤陂》三章:"彼澤之陂,有蒲菡萏。有美一人,碩大且儼。寤寐無爲,輾轉伏枕。"(侵談通韻)

《七月》四章:"四月秀葽,五月鳴蜩。"(幽宵通韻)

《七月》七章:"黍稷重穋,禾麻菽麥。"(之幽通韻)

《鴟鴞》四章:"予羽譙譙,予尾翛翛,予室翹翹。風雨所飄搖。維音嘵嘵。"(幽宵通韻)

《常棣》六章:"儐爾籩豆,飲酒之飫。兄弟既具,和樂且孺。"(宵侯通韻)

《出車》二章:"彼旟旐斯,胡不旆旆?憂心悄悄,僕夫況瘁!"(脂祭通韻①)

《六月》一章:"六月棲棲,戎車既飭。四牡騤騤,載是常服。玁狁孔熾。我是用急。王于出征,以匡王國。"(緝之通韻②)

合韻(借韻)舉例如下:

《北門》三章:"王事敦我,政事一埤遺我,我入自外,室人交徧摧我。"(脂文借韻③)

《新臺》一章:"新臺有泚,河水瀰瀰。燕婉之求,籧篨不鮮。"(支脂元借韻)

《蝃蝀》二章:"朝濟于西,崇朝其雨。女子有行,遠兄弟父母。"(之魚借韻)

---

① 當云月物通韻。
② 當云緝職通韻。
③ 其實是脂微旁轉,微文對轉。

《碩人》一章:"碩人其頎,衣錦褧衣。齊侯之子,衛侯之妻。東宮之妹,邢侯之姨。譚公維私。"(脂文借韻①)

《碩人》二章:"巧笑倩兮,美目盼兮。"(文耕合韻)

《小戎》二章:"騏駵是中,騧驪是驂。"(中侵合韻)

《墓門》二章:"墓門有梅,有鴞萃止。夫也不良,歌以訊之。"(脂文借韻)

《七月》八章:"二之日鑿冰沖沖。三之日納于凌陰。"(中侵合韻)

《東山》:"我徂東山,慆慆不歸。"(脂元合韻②)

江氏憑韻部次第來決定通韻、合韻,是不十分合理的。各家韻部次第不同,未必江氏所定韻部次序是唯一合理的。例如中侵合韻應該是通韻,因爲冬部與侵部最近(甚至是同部)。再説,有些韻部雖被排列得頗近,但是《詩經》用韻並不相通,例如江氏説《東山》"山歸"元脂合韻,那是不對的。還有韻部次第相隔較遠的叫做"借韻",尤其不妥。江氏於借韻的字就讀叶音(例如《北門》"敦"叶音低),那和朱熹《詩集傳》何異? 其實對轉是元音相同,比旁轉的元音相近更有通韻的理由。江氏通韻、合韻的理論是可以成立;但他憑韻部次第來決定通韻、合韻和借韻,則是錯誤的。

(四)江氏的《入聲表》

《入聲表》是江氏古音學最精彩的部分。因爲他精於字母呼等之學,所以他對於入聲和陰聲的對應,瞭如指掌。江永《四聲切韻表》也

---

① 其實是脂微對轉,微文對轉。

② 這是隔章叠韻,"山"與"歸"不相押。

是入聲和陰聲對應的（同時也和陽聲對應），但是江永《四聲切韻表》在入聲和陰聲的對應上，需要江有誥來糾正他。

兹節録《入聲表》的説明如下：

1. 屋韻當分爲三。其一爲侯入；其一爲尤幽及蕭豪通尤之入；其一爲尤通之之入。力按：侯入即古韻屋部字①，屬屋韻一等；尤幽及蕭豪通尤之入即古韻覺部字，屬屋韻三等大部分；尤通之之入即古韻職部字，屬屋韻三等喉牙音。

2. 沃韻當分爲二。其一爲豪之八；其一爲豪通尤之入。力按：豪之入即古韻藥部字；豪通尤之入即古韻覺部字。

3. 燭爲虞通侯之入。力按：即古韻屋部字。

4. 覺韻當分三。其一爲肴之入；其一爲肴通尤之入；其一爲侯虞相通之入。力按：肴之入即古韻藥部字，如"樂濯"等；肴通尤之入即古韻覺部字，如"覺"；侯虞相通之入即古韻屋部字，如"數角"等。

5. 質爲脂開口之入，術爲脂合口之入。力按：江氏此説最精。脂開口之入即古韻質部字；脂合口之入即古韻物部字。

6. 物爲微合口之入，迄爲微開口之入。力按：此説亦最精。微韻有開口三等和合口三等，迄只有開口三等，物只有合口三等，故分別與微韻開合口相配。江氏在《入聲表》中，注意到呼等的對應，其餘皆類此。

7. 月爲廢通祭泰之入。力按：月廢都是三等字，而且都只有喉牙輕唇，天然是相對應的。

8. 没爲灰通脂之入。力按：没灰都是一等合口字，也是天然相對應的。

9. 曷爲泰開口之入，末爲泰合口之入。力按：曷韻只有開口一等，

---

① 這裏所謂屋部，是我所定的入聲韻部。下仿此。

末韻只有合口一等,泰韻兼有開合口一等,曷末分別與泰韻開合口相配,是恰當的。

10. 黠部當分爲二。半爲皆通脂之入;又半爲祭泰通用之入。力按:皆通脂之入即古韻質部字,如"八稽"等;祭泰通用之入即古韻月部字,如"察殺"等。

11. 鎋爲泰夬之入。力按:這是古韻月部字,如"轄鞶"等。

12. 屑爲齊通脂之入。力按:屑齊都是四等字,所以説屑爲齊通脂之入。這是古韻質部字,如"切垤"等。

13. 薛爲祭通泰夬之入。力按:薛祭都是三等字,所以説薛爲祭通泰夬之入。這是古韻月部字,如"晢説揭泄折"等。

14. 藥韻當分爲二。其一爲魚及麻通魚之入;其一爲宵之入。力按:魚及麻通魚之入是古韻鐸部字,如"著縛若臄"等;宵之入是古韻藥部字,如"爵約藥虐躍"等。

15. 鐸韻當分爲二。其一爲模及麻通模之入;其一爲豪之入。力按:鐸與模豪都是一等字,故相對應。模及麻通模之入即古韻鐸部字,如"索莫博託鐸"等;豪之入即古韻藥部字,如"樂鶴鑿"等。

16. 陌韻當分爲二。其一爲模及麻通模之入;其一爲支之入。力按:模及麻通模之入即古韻鐸部字,如"貊陌嚇澤宅"等;支之入即古韻錫部字,如"屐嘖"等(字少)。

17. 麥韻當分爲三。其一爲佳通支之入;其一爲咍通之之入;其一爲麻通模之入。力按:佳通支之入即古韻錫部字,如"責策册簀畫"等;咍通之之入即古韻職部字,如"麥革"(字少)";麻通模之入即古韻鐸部字,如"獲咋"(字少)。

18. 昔韻當分爲二。其一爲支之入;其一爲麻通魚之入。力按:支之入即古韻錫部字,如"積刺辟易益"等;麻通魚之入即古韻鐸部字,如"昔炙斥尺舄奕液"等。

19. 錫韻當分爲三。其一爲齊通支之入;其一爲蕭之入;其一爲尤及宵通尤之入。力按:齊通支之入即古韻錫部字,如"錫惕壁鷁"等;蕭之入即古韻藥部字,如"激的溺翟"等;尤及宵通尤之入即古韻覺部字,如"迪笛踧寂"等。

20. 職爲之之入。力按:職之都是三等字,所以説職爲之之入。

21. 德爲咍之入。力按:德咍都是一等字,所以説德爲咍之入。

(五)江氏音學的缺點

儘管説江有誥是清代古音學的巨星,但他也不是没有缺點的。他的主要缺點有兩方面:第一是四聲論的缺點;第二是注音的缺點。

四聲論的缺點

江氏起初説古無四聲,後來在《唐韻四聲正》時,則説:"古人實有四聲,特古人所讀之聲與後人不同。"[①]他説:

（唐韻)有古平而誤收入上聲者,如"享饗頸顙"等字是也;有古平而誤收入去聲者,如"訟化震患"等字是也;有古上而誤收入平聲者,如"偕"字是也;有古上而誤收入去聲者,如"狩"字是也;有一字平上兩音而僅收入上聲者,如"怠"字是也;有一字平上兩音而僅收入平聲者,如"您"字是也;有一字平去兩音而僅收入去聲者,如"信"字是也;有一字平去兩音而僅收入平聲者,如"居"字是也;有一字上去兩音而僅收入上聲者,如"喜"字是也;有一字上去兩音而僅收入去聲者,如"顧"字是也;有一字去入兩音而僅收入去聲者,如"意"字是也;有一字去入兩音而僅收入入聲者,如

---

① 見《再寄王石臞先生書》。

"得"字是也；有一字平上去三音，而遺其上去者，如"時"字是也；有一字平去入三音，而遺其去入者，如"來"字是也；有一字上去入三音，而遺其上入者，如"至"字是也；有一字平上去三音，而遺其平聲者，如"上"字是也；有一字有平上去三音而遺其平去者，如"静"字是也。

漢語是有聲調的語言，我們不否認古有四聲。我們也承認古人所讀之聲與後人有所不同，譬如説上古的四聲是平、上、長入、短入；後代的四聲是平、上、去、入。我們也承認個別字古今調類不同。例如"慶"字，《詩經》四見都叶平聲。但是我們不承認字無定調，同一個字，在同一個時代可以讀平上去三音、平去入三音、上去入三音。甚至一字兩讀也不大可能，除非是辨義的。我們要承認上古的詩歌也和現代詩歌一樣，容許異調互押。同調押韻是常例，異調互押是變例。江永説得好："平自韻平，上去入自韻上去入者，恒也；亦有一章兩聲或三四聲者，隨其聲諷誦咏歌，亦自諧適，不必皆出一聲。如後人詩餘歌曲，正以雜用四聲爲節奏，《詩》韻何讀不然？前人讀韻太拘，必強紐爲一聲。遇字音之不可變者，以強紐失其本音，顧氏始去此病。"江永的話是對的，必強紐爲一聲，在方法上是不科學的。《唐韻四聲正》是不可取的。

注音的缺點

江氏以爲每一個古韻部只有一個等呼，而這個等呼要與韻目的等呼相一致。又採用戴氏"古音多斂，今音多侈"之説，於支部取支不取佳，於脂部取脂不取灰，於之部取之不取咍，於元部取元仙不取寒删，於談部取鹽不取談，去聲祭部取祭廢不取泰夬，入聲取質不取没屑，取薛不取曷，取職不取德，於是造成一種怪現象，不必注音的字都注起音來了。例如：

得,丁力反。　　祛,音吉。　　　闋,音缺。

采,此止反。　　襭,胡吉反。　　害,胡例反。

喈,音飢。　　　枚,音眉。　　　嘽,他連反。

隤,徒危反。　　敗,別去聲。　　特,徒力反。

懷,胡危反。　　拜,蘙去聲。　　慝,他力反。

掇,丁厥反。　　霾,謨丕反。　　顔,音言。

捋,音劣。　　　來,音釐。　　　活,胡說反。

帶,丁例反。　　旦,丁見反。　　餐,音遷。

括,音厥。　　　爛,音練。　　　邁,薆去聲。

難,奴言反　　　鴈,音彦。　　　外,月去聲。

葛,音揭。　　　溥,徒遠反。　　哉,音茲。

艾,薆去聲。　　闥,他折反。　　菅,音鮮。

麥,明逼反。　　環,音懸。　　　苕,音厝。

國,古逼反。　　閑,胡連反。　　結,音吉。

檀,徒連反。　　還,音旋。　　　忒,他力反。

粲,才見反。　　干,音鮮。

　　這種改讀,不但是不必要的,而且是錯誤的。說它是不必要的,是因爲不改讀也自然和諧。例如《唐風·葛生》:"葛枕粲兮,錦衾爛兮,予美亡此,誰與獨旦?""粲爛旦"叶韻,自然和諧,何必改讀"粲"爲才見反,"爛"音練,"旦"爲丁見反? 說它是錯誤的,是因爲古斂今侈之說不能成立。上古也該和中古一樣,每韻有兩呼四等,不可能只有三等,没有一、二、四等①。例如《魏風·伐檀》:

　　　　坎坎伐檀(dan)兮,

―――――――――

① 江氏把四等(如屑韻)也當作侈音看待。

　　寘之河之干(kan)兮,

　　河水清且漣(lĭan)兮。

　　不稼不穡,胡取禾三百廛(dian)兮?

　　不狩不獵,胡瞻爾庭有縣狟(xĭan)兮?

　　彼君子兮,不素餐(tsʻan)兮!

　　一等字和三等字押韻不是很和諧嗎? 何必改"檀"爲 dĭan、改"干"爲 kĭan、改"餐"爲 tsʻĭan 呢? 又如《邶風・柏舟》:

　　汎彼柏舟,在彼河側(tsĭək)。

　　髧彼兩髦,實維我特(dək)。

　　之子矢靡慝(tʻək)!

　　一等字和三等字押韻①,不是很和諧嗎? 何必改"特"爲 dĭək、改"慝"爲 tʻĭək 呢?

　　江氏音學雖有上述這些缺點,但是瑕不掩瑜。在清代古音學家中,江有誥還是首屈一指的。

---

① "側"字是假二等,真三等。

第十章　姚文田、嚴可均、張成孫、朱駿聲、夏炘的古音學

(一)姚文田的古音學

姚文田(1758—1827),字秋農,浙江歸安人。嘉慶四年進士,官至禮部尚書。長於《説文》之學。著有《説文聲系》《説文校議》《古音譜》等書。

在《古音譜》中,姚氏分古韻爲十七部,另列入聲九部。

平上去聲十七部:

一東	二侵	三登	四之	五齊
六支	七真	八文	九寒	十青
十一麻	十二魚	十三侯	十四糸①	十五爻
十六庚	十七炎			

入聲九部:

一哉②	二月	三易	四卩③	五昔
六屋	七氣	八樂	九合	

---

① 糸,音幽,微也。
② 哉,之弋切,音職,義闕。
③ 卩,子結切,音節,瑞信也。

　　姚氏以諧聲偏旁爲韻目：登部即蒸部，齊部即脂部，麻部即歌部，絲部即幽部，庚部即陽部，炎部即談部；戠部即職部，易部即錫部，丩部即質部，昔部即鐸部，匊部即覺部，樂部即藥部，合部即緝部。

　　姚氏十七部與段氏十七部相比，其部居完全相同。所不同者段氏無去聲，姚氏有去聲。段氏認爲入聲的字，往往被姚氏歸入去聲韻部裏去。例如《汝墳》的“肄棄”，《甘棠》二章的“敗憩”、三章的“拜說”、《摽有梅》的“墍謂”、《野有死麕》的“脫帨吠”、《匏有苦葉》的“厲揭”、《谷風》的“潰肄墍”、《泉水》的“濔邁衛害”、《二子乘舟》的“逝害”、《干旄》的“紕四畀”、《芄蘭》的“遂悸”、《有狐》的“厲帶”、《黍離》的“穗醉”、《采葛》三章的“艾歲”、《陟岵》的“季寐棄”、《十畝之間》的“外泄逝”、《蟋蟀》的“逝邁外蹶”、《晨風》的“棣檖醉”、《東門之枌》的“逝邁”、《東門之楊》的“肺晢”，等等。段氏認爲是入聲，姚氏認爲是去聲。在這一點上，段氏是對的，姚氏是錯的。

　　姚氏入聲九部，比我們所定的少兩部。這是因爲：（一）姚氏沿孔氏之誤，緝盍併爲一部，這在段氏是分立的。（二）姚氏沿段氏之誤，月物不分。姚氏月部既收《苤苢》的“掇捋”、《草蟲》的“蕨惙說”、《甘棠》的“伐茇”、《擊鼓》四章的“闊說”、五章的“闊活”、《碩人》的“活濊發揭藚朅”、《氓》的“說說”、《伯兮》的“朅桀”、《君子于役》的“月佸桀括渴”，《采葛》的“葛月”、《子衿》的“達闕月”、《東方之日》的“月闥闥發”、《甫田》的“桀怛”、《匪風》的“發偈怛”、《蜉蝣》的“閱雪說”、《候人》的“芾”、《七月》的“發烈褐歲”等等，又收《日月》的“出卒述”、《蓼莪》的“律弗卒”、《漸漸之石》的“卒没出”、《皇矣》的“茀仡肆忽拂”等①，而後者是當歸物部的。段氏晚年也承認十五部入聲當分兩類，見於他的《答江晉三論韻》中，可惜姚氏沒有看見。

───────────

① “肆”是質部字，與物部合韻。

（二）嚴可均的古音學

嚴可均（1762—1843），字景文，號鐵橋，浙江烏程人。嘉慶舉人，精通文字音韻之學，著有《說文聲類》（1802）、《說文校議》。

嚴可均分古韻爲十六部：

之類第一　　　　　蒸類第九

支類第二　　　　　耕類第十

脂類第三　　　　　真類第十一

歌類第四　　　　　元類第十二

魚類第五　　　　　陽類第十三

侯類第六　　　　　東類第十四

幽類第七　　　　　侵類第十五

宵類第八　　　　　談類第十六

古韻十六部與《廣韻》對照如下表：

（一）之部　平聲之咍，上聲止海，去聲志代，入聲職德。

（二）支部　平聲支佳，上聲㊃蟹①，去聲㊋卦，入聲㊩錫。

（三）脂部　平聲脂微齊皆㊄，上聲旨尾薺㊩賄，去聲至未霽祭泰怪夬隊廢，入聲質術櫛物迄月没曷末黠鎋屑薛。

（四）歌部　平聲歌戈麻，上聲哿果㊺，去聲㊓過㊯。

（五）魚部　平聲魚虞模，上聲語麌姥，去聲御暮，入聲鐸陌昔。

（六）侯部　平聲侯，上聲厚，去聲候遇，入聲屋燭。

（七）幽部　平聲幽㊘蕭，上聲黝㊒篠巧皓，去聲幼㊛嘯，入聲㊝

---

① 《廣韻》韻部代表字古音不在本部者，字外加圈。

（八）宵部　平聲宵肴豪，上聲小，去聲笑效號，入聲⑱藥。

（九）蒸部　平聲蒸登，上聲拯⑲，去聲證嶝。

（十）耕部　平聲耕清青，上聲耿靜迥，去聲諍勁。

（十一）真部　平聲真諄臻文欣魂痕先，上聲軫準吻隱混很銑，去聲震稕問焮慁恨。

（十二）元部　平聲元寒桓刪山仙，上聲阮旱緩潸産獮，去聲願翰換諫襉霰線。

（十三）陽部　平聲陽唐庚，上聲養蕩梗，去聲漾宕映。

（十四）東部　平聲東鍾江，上聲董腫⑳，去聲送用㉑。

（十五）侵部　平聲侵覃咸銜凡冬，上聲寢感范，去聲沁勘陷梵宋。

（十六）談部　平聲談鹽添嚴，上聲敢琰忝儼檻，去聲闞豔桥釅鑑，入聲緝合盍葉㉒洽狎業㉓①。

嚴氏采用孔氏陰陽對轉之説，以爲：

（一）之蒸對轉；	（五）魚陽對轉；
（二）支耕對轉；	（六）侯東對轉；
（三）脂真對轉；	（七）幽侵對轉；
（四）歌元對轉；	（八）宵談對轉。

所謂幽侵對轉，其實是幽冬對轉；由於嚴氏併冬於侵，所以説是幽侵對轉。所謂宵談對轉，證據不足，始終是個問題。其餘如之蒸對轉、支耕對轉、脂真對轉、歌元對轉、魚陽對轉、侯東對轉，則都是確實可信的。

嚴氏認爲：吳棫、鄭庠、陳第、顧炎武、江永、段玉裁、孔廣森"先後挺生，古音漸顯"，"大約後來者居上"，"然尚猶不備，且非定論"。今

---

① 嚴氏緝盍併爲一部，是沿孔氏之誤。

試以嚴氏十六部與段氏十七部比較,則少一部(真文不分);再比較孔氏十八部,則少兩部(冬侵合併,談合合併)。那麼,嚴氏的優點在哪裏呢? 我認爲嚴氏的優點在併冬於侵。嚴氏說:冬即侵也,不應分爲二類。他的證據是充分的。他說:

(1)衆,《廣韻》誤入東送,古讀若箴①。《太玄·減測》"沖中禁衆"協音。

(2)㵾,《廣韻》誤入東。《鳧鷖》"㵾宗宗降崇"協音。

(3)風,《廣韻》誤入東。《綠衣》"風心"協音,《晨風》"風林欽"協音,《何人斯》"風南心"協音,《邶·谷風》《桑柔》《烝民》"風心"協音,《涉江》"風林"協音,《哀郢》"心風"協音,《思玄賦》"心參風林禽音崟"協音。

(4)彤,小徐、《韻會》引"彡亦聲",均謂徒箴反。

(5)中,《廣韻》誤入東,均謂讀若箴。《小戎》"中驂"協音,《七月》"沖陰"協音,《九辨》"中湛"協音,《太玄經·瑩篇》"深崇中"協音。

(6)仲,《廣韻》誤入送。均謂讀若"曲肱而枕"之"枕"。《擊鼓》"仲宋忡"協音。

(7)忠,《卜居》"忠窮"協音。

(8)忡,《草蟲》"蟲螽忡降"協音,《擊鼓》見"仲"字下,《出車》"蟲螽忡降仲戎"協音。

(9)沖,讀若⓪ 。均謂本讀若箴。《七月》見"中"字下,《蓼蕭》"濃沖"協音,"濃"音林,又聲轉入東。

(10)蟲,《廣韻》誤入東,均謂讀若郴。《草蟲》《出車》見"忡"字下,《雲漢》"蟲宮宗臨躬"協音。

---

① 所謂"古讀若箴",應是音近,不是音同。下仿此。

（11）融，均謂讀若郴。《既醉》“融終”協音，《左傳·隱元年》“中融”協音，《太玄·進次四》“陰融”協音。

（12）躬，《廣韻》誤入東。《式微》“躬中”協音，《雲漢》見“蟲”字下，《艮·象傳》“心躬”協音。

（13）宮，《采蘩》《桑中》《定之方中》“中宮”協音，《雲漢》見“蟲”字下。《太玄·沈首》“陰宮”協音。

（14）戎，《廣韻》誤入東，均謂讀若任。“戎菽”謂之“任菽”。

（15）終，《廣韻》誤入東，均謂讀若箴。《蕩》“諶終”協音，《象傳·未濟》“中中終應”協音，《象傳·比》“中禽中終”協音，《艮》“心躬㊣終”協音。

（16）窮，《谷風》“冬窮”協音。

（17）冬，《谷風》見“窮”字下。《月令·孟冬》“㊣降冬”協音。《鄉飲酒義》“冬之爲言中也”，是“冬”音箴也。

（18）宗，均謂讀若簪。“朋盍簪”京房作“盍宗”。《鳧鷖》見“㴱”字下。《公劉》“飲宗”協音。

（19）崇，均謂讀若岑。“岑鼎”即“崇鼎”。

（20）夅，《廣韻》誤入江，均謂讀若臨。

（21）降，《草蟲》《出車》見“忡”字下。《無羊》“降飲寢”句中隔音，《旱麓》“中降”協音，《鳧鷖》見“㴱”字下。《雲中君》“降中窮懭”協音，《天問》“躬降”協音。《風賦》“降宮”協音。皆讀若臨。《離騷》“維庚寅吾以降”與“庸”協音，則東侵可通，而非本音也①。

（22）隆，均謂讀若臨。漢避孝殤諱，改“臨”爲“隆”，聲相同也。“與爾臨衝”韓詩作“隆衝”。“臨慮”爲“隆慮”，亦爲“林慮”。伏侯《古今注》云“臨之字爲隆”。《太玄·進測》“中隆”協音，《爭測》“中

---

① 戰國時代冬部已獨立，讀 ung，故與東部 ong 合韻。

隆躬”協音,《窮測》“中隆心”協音。

嚴氏的缺點是祭至兩部沒有獨立出來。

（三）張成孫的古音學

張成孫(1789—?),字彥惟,江蘇武進人。通小學,明算術,著有《諧聲譜》(1814)。

《諧聲譜》原名《説文諧聲譜》,是張成孫的父親張惠言(1761—1802)所著,分爲二十卷,張成孫擴充爲五十卷,改稱《諧聲譜》。

張成孫分古韻爲二十部,以《詩經》始見入韻字爲韻目,如下:

中部第一　《廣韻》冬①。

僮部第二　《廣韻》東鍾江;董腫講;送宋用絳。

薨部第三　《廣韻》蒸登;拯等;證嶝。

林部第四　《廣韻》侵鹽添;寑琰忝;沁豔㮇。

巖部第五　《廣韻》覃談咸銜嚴凡;感敢豏檻儼范;勘闞陷鑑釅梵。

筐部第六　《廣韻》陽唐;養蕩;漾宕。

縈部第七　《廣韻》庚耕清青;梗耿靜迥;映諍勁徑。

蓁部第八　《廣韻》真臻先;軫銑;震霰。

詵部第九　《廣韻》諄文欣魂痕;準吻隱混很;稕問焮慁恨。

干部第十　《廣韻》元寒桓删山仙;阮旱緩潸産獮;願翰換諫襇綫。

妻部第十一　《廣韻》脂微齊皆灰;旨尾薺駭賄;至未霽祭;質櫛屑。

---

① 張氏云:“今仍分列二百六部,以便簡閲,取其大致,不盡審也。”

肆部第十二　《廣韻》泰怪夬隊廢；術物迄月没曷末黠鎋薛。

揖部第十三　《廣韻》緝合盍葉帖洽狎業乏。

支部第十四　《廣韻》支佳；紙蟹；寘卦；麥錫。

皮部第十五　《廣韻》歌戈麻；哿果馬；箇過禡。

絲部第十六　《廣韻》之咍；止海；志代；職德。

鳩部第十七　《廣韻》尤幽；有黝；宥幼；屋。

芼部第十八　《廣韻》蕭宵肴豪；篠小巧皓；嘯笑效號；藥。

蔞部第十九　《廣韻》侯；厚；候；沃燭覺。

岨部第二十　《廣韻》魚虞模；語麌姥；御遇暮；鐸陌昔。

中部即冬部，僮部即東部，薨部即蒸部；林部即侵部，巖部即琰部，筐部即陽部，縈部即耕部，蓁部即真部，詵部即文部，干部即元部，萋部即脂部，肆部即祭部①，揖部即緝盍兩部，皮部即歌部，絲部即之部，鳩部即幽部，芼即宵部，蔞部即侯部，岨部即魚部。

據張氏説，韻部的次序是有道理的。“僮薨一類也，薨林一類也，林巖一類也，故遞次之”。但是他的理論多是不正確的。例如他説僮薨爲一類，其實不然。又如他説“揖通於肆而自爲類。之支一類而與皮同等”，皆無確證。張氏韻部的次序，遠不如段氏韻部的次序。

張氏二十部，比段氏十七部多三部，即多出冬祭緝三部。張惠言説：“近金壇段玉裁作《六書音均表》，又於江氏十三部分之脂與支爲三，諄與真爲二，侯部別出爲一，是謂十七部，於是古韻略備矣。莊寶琛述祖語予曰：‘冬一部也，泰一部也，冬有平去而無上入，泰有去入而無平上，當得十九部。’予以三百篇《易·繫》《離騷》求之，其説足信。又得無平上之部一（按：即揖部），合之凡二十部焉。”張惠言没有提到戴震、孔廣森，而只引用了莊述祖冬泰分部的話，可見莊述祖是和戴孔

① 當改稱厲部。“肆”依王念孫當是脂部字，不合。

不謀而合的。揖部獨立，又和王念孫不謀而合。

張氏二十部比王念孫二十一部少一部。少的是至部和盍部，但又多了一個冬部，故得二十部。阮元在序文裏説："惟至韻王氏分出爲一部極確。編修(指張惠言)不分，成孫不敢分之。然此數十字雖無多，終以分部爲安。"張成孫也在妻部韻目下加注云："成孫案：別出至爲一部次妻後，以爲妻肆樞紐，則尤密。"王氏晚年也采用冬部，那麽王張的古韻分部，基本上是一致的了①。

在古韻與《廣韻》的對比上，張氏頗欠精密。例如宋不歸冬而歸東，覃不歸侵而歸談，庚不歸陽而歸耕，都是不妥的。尤其是祭不歸泰而歸脂，怪隊不歸脂而歸泰，那更是大錯。

張氏不懂等韻學，有些地方陷於錯誤。例如他説：

> 如"之"之入爲"職"，"蒸"之入爲"職"，"周"之入爲"職"，皆正紐也。就"職"發聲呼而平之，則"職"之平爲"之"，故"職"字不韻"蒸"與"周"也。又如"俞"之入爲"玉"，"容"之入爲"玉"，"猶"之入爲"玉"，"牙"之入爲"玉"，皆正紐也。就"玉"發聲呼而平之，則"玉"之平爲"俞"，或"玉"字不韻"容猶平"也。

所謂"周"之人爲"職"、"俞"之人爲"玉"、"容"之人爲"玉"、"猶"之人爲"玉"、"牙"之人爲"玉"，都是不正確的。"俞容猶"是喻母字，"玉"是疑母字，"俞容猶"之人怎能爲"玉"？"牙"是二等字，"玉"是三等字，"牙"之人怎能爲"玉"？所以我們要用批判的眼光去看張氏的書。

---

① 只是張氏緝盍不分，稍有不同。

（四）朱駿聲的古音學

　　朱駿聲（1788—1858），字豐芑，江蘇元和人，嘉慶時舉人。著有《説文通訓定聲》。朱氏没有古音學專著，但他的《説文通訓定聲》是按古韻部分卷的，從其中可以看見他分古韻爲十八部，如下：

豐部第一①　　　　分部同孚需，轉升臨。

升部第二　　　　　分部同頤，轉臨謙。

臨部第三　　　　　分部習，臨轉謙，習轉頤孚。

謙部第四　　　　　分部嗑，嗑轉頤孚。

頤部第五　　　　　分部革，轉孚小需豫。

孚部第六　　　　　分部復，轉小需豫。

小部第七　　　　　分部牽，轉需豫。

需部第八　　　　　分部剥，轉豫隨解。

豫部第九　　　　　分部澤，轉隨解履。

隨部第十　　　　　分部同豫，轉解履乾。

解部第十一　　　　分部益，轉履泰乾。

履部第十二　　　　分部日，轉泰乾屯。

泰部第十三　　　　分部月，轉乾屯。

乾部第十四　　　　分部同泰，轉屯坤壯。

屯部第十五　　　　分部同履泰，轉坤鼎壯。

坤部第十六　　　　分部同履，轉鼎壯豐。

鼎部第十七　　　　分部同解，轉壯豐。

壯部第十八　　　　分部同小，轉豐升。

---

① 朱氏以卦名爲韻目。

豐部即東部,升部即蒸部,臨部即侵部,謙部即談部,頤部即之部,孚部即幽部,小部即宵部,需部即侯部,豫部即魚部,隨部即歌部,解部即支部,履部即脂部,泰部即祭部,乾部即元部,屯部即文部,坤部即真部,鼎部即耕部,壯部即陽部。

分部都是入聲韻部。習部即緝部,嗑部即盍部,革部即職部,復部即覺部,犖部即藥部,剥部即屋部,澤部即鐸部,益部即錫部,日部即質部,月部即月部。分部不獨立,而把他們隸於各陰聲韻部之下,這是一個新穎的辦法,既表示分部有它們相對的獨立性,又表示它們和陰聲、陽聲的關係。豐分部同孚需①(冬幽對轉,東侯對轉),升分部同頤(之蒸對轉),乾分部同泰(月元對轉),坤分部同履(真脂對轉),鼎分部同解(耕支對轉)都是對的。屯分部同履泰,應改爲同履(文微對轉)。至於隨分部同豫,壯分部同小,則是不對的;應該説隨分部同乾(歌月對轉),壯分部同豫(陽魚對轉)。

朱氏所説的轉韻,決定了韻部的次序。大約他是根據諧聲偏旁來決定鄰韻通轉的,其詳不可考了。

段氏古韻十七部,朱氏古韻十八部,朱氏比段氏多了一個泰部(即祭部)。增加一個泰部是對的;但是他把質物兩部併作日分部則是錯的。依朱氏的體系,履部應有兩個分部:一個是日分部,一個是物分部②。

如果連分部算上,朱氏共有古韻二十八部,即:

平上去聲十八部③:

　1. 豐　　2. 升　　3. 臨　　4. 謙　　5. 頤　　6. 孚

---

① 其實豐部應分爲東冬兩部,冬分部同孚(幽),東分部同需(侯)。

② 如用卦名,則可稱爲萃分部。

③ 泰部只有去聲。

7. 小　　8. 需　　9. 豫　　10. 隨　　11. 解　　12. 履

13. 泰　　14. 乾　　15. 屯　　16. 坤　　17. 鼎　　18. 壯

入聲十部：

1. 習　　2. 嗑　　3. 革　　4. 復　　5. 鞏　　6. 剝

7. 澤　　8. 益　　9. 日　　10. 月

戴氏古韻二十五部，朱氏古韻二十八部（包括分部），朱氏比戴氏多三部，因爲朱氏真文分立，侯幽分立，屋覺分立。這二十八部很接近於後來黃侃的二十八部了①。

（五）夏炘的古音學

夏炘（1789—1871），字心伯，安徽當塗人，著有《詩古韻表二十二部集説》（1833）。

所謂"集説"，指的是集顧炎武、江永、段玉裁、王念孫、江有誥五家之説，而以王念孫、江有誥兩家之説爲主。夏氏説：

> 二十二部集説者，集昆山顧氏亭林、婺源江氏慎修、金壇段氏茂堂、高郵王氏懷祖、歙江君晉三五先生之説也。自宋鄭庠分《唐韻》爲詩六部，粗具梗概而已。顧氏博考群編，釐正《唐韻》，撰《音學五書》，遂爲言韻者之大宗。嗣後江氏、段氏，精益求精，并補顧説之所未備。至王、江兩先生出，集韻學之大成矣。王氏與江君未相見，而持論往往不謀而合，故分部皆二十有一。王氏不分東中，未爲無見。然細繹經文，終以分之之説爲是。而至部之分，則王氏之所獨見，而江君未之能從者也。今王氏已歸道山，而江君與炘凰契，爰斟酌兩先生之説，定爲二十二部。竊意增之無

---

① 黃侃比朱氏多了一個物部（没部），少了一個覺部。參看下節。

可復增，減之亦不能復減。凡自別乎五先生之説者，皆異説也。

夏氏分古韻爲二十二部，如下：

之部第一　　　　平，上，去，入。

幽部第二　　　　平，上，去，入。

宵部第三　　　　平，上，去，入。

侯部第四　　　　平，上，去，入。

魚部第五　　　　平，上，去，入。

歌部第六　　　　平，上，去。

支部第七　　　　平，上，去，入。

脂部第八　　　　平，上，去，入。

至部第九　　　　上，去，入①。

祭部第十　　　　去，入。

元部第十一　　　平，上，去。

文部第十二　　　平，上，去。

真部第十三　　　平，上，去。

耕部第十四　　　平，上，去。

陽部第十五　　　平，上，去。

東部第十六　　　平，上，去。

中部第十七　　　平，去。

蒸部第十八　　　平。

侵部第十九　　　平，上。

談部第二十　　　平，上，去。

葉部第二十一　　入。

---

① 夏炘以爲《賓之初筵》"至"字韻"禮"，應讀上聲，這是錯誤的。這是脂至上去通押，不能硬説"至"讀上聲。當依王念孫認至部爲去入韻，無上聲。

　　緝部第二十二　　　入。

夏氏分入聲爲十一部,他說:

　　　　凡定諸入,精而益精。故顧氏入聲四,江氏、段氏入聲八,晉
　　三則入聲十,今宗王氏分二十二部,入聲十一,而入聲之分配,幾
　　無遺憾矣。

這和我們今天所定的入聲十一部完全一致,真是沒有遺憾了。

第十一章　章炳麟的古音學

章炳麟(1868—1936),字太炎,浙江餘杭人。他關於古音學的理論,主要見於其所著的《文始》和《國故論衡》,這兩部書都收在《章氏叢書》裏。

章氏對古韻古紐皆有論述,茲分別加以討論。

(一)古　韻

章氏分古韻爲二十三部,如下:

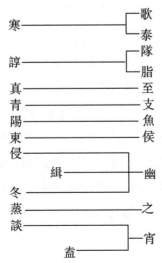

上韻目,左列陽聲,右列陰聲爲對轉。其數部同居者,同一對轉。

成　均　圖

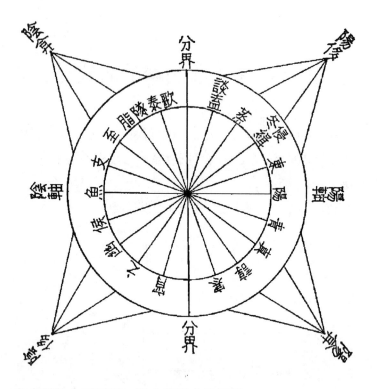

陰弇與陰弇爲同列。陽弇與陽弇爲同列。

陰侈與陰侈爲同列。陽侈與陽侈爲同列。

凡同列相比爲近旁轉。凡同列相遠爲次旁轉。

凡陰陽相對爲正對轉。凡自旁轉而成對轉爲次對轉。

凡陰聲、陽聲雖非對轉,而以比鄰相出入者爲交紐轉。

凡隔軸聲者不得轉。然有間以軸聲隔五相轉者爲隔越轉。

凡近旁轉、次旁轉、正對轉、次對轉爲正聲。

凡交紐轉隔越轉爲變聲。

　　下面我們對章氏的古韻學説加以評論。

　　章氏最大的貢獻是隊部獨立。章氏對於古韻，初本定爲二十二部。他在給劉光漢的信裏説：

> 古韻分部，僕意取高郵王氏外，復取東冬分部之義。王故有二十一部，增冬部則二十二部，清濁斂侈，不外是矣。

　　後來他覺得脂部去入聲的字在《詩經》皆獨用，所以把它從脂部分出，成爲隊部。他説：

> 隊脂相近，同居互轉。若"聿出内尤戾骨兀鬱勿弗卒"諸聲①，諧韻則《詩》皆獨用，而"自隹靁"或與脂同用。

　　隊部獨立是對的。最值得注意的是平上聲也有隊部字，如自聲、隹聲、靁聲之類②。這就啟發我考證出一個微部來。

　　章氏晚年，在光華大學《中國語文學研究》上發表《音論》，主張以冬部併入侵部，這是可取的。我們認爲，在《詩經》時代，冬應歸侵；到了《楚辭》時代，冬部才能獨立了。

　　章氏的成均圖，是主觀臆測的産物。韻部的次序和地位，都是以意爲之的，因此，由成均圖推出的結論往往是不可靠的。

　　在弇侈的問題上，章氏的錯誤很多。江永説真弇寒侈，章氏把真寒都歸入陽弇。其餘或弇或侈，均無確證。

　　在陰陽對轉的問題上，章氏有錯誤。他説歌泰寒對轉、支青對轉、魚陽對轉、侯東對轉、之蒸對轉，都是對的。他説隊脂諄對轉、至真對轉，則不甚妥。應該説隊諄對轉、至脂真對轉。他説侵冬緝與幽對轉，

---

① 戾聲應是至部字，不是隊部字。
② 其實《廣韻》微灰韻全部字、脂韻合口字都應該是隊部平聲，章氏以"幾回"等字屬脂，非是。

亦不甚妥,應該説幽冬對轉、緝侵對轉。他説宵談盍對轉,更是錯誤的。應該説盍談對轉;宵部没有陽聲相對,不能勉强。

所謂近旁轉、次旁轉、正對轉、次對轉,原則上是可以成立的。在具體安排上,則有可議之處。例如魚支近旁轉、支至近旁轉、蒸談近旁轉、陽青近旁轉,是不合理的;魚至次旁轉、侯之次旁轉、陽侵次旁轉、魚青次對轉、支陽次對轉,等等,更是不合理的。

所謂交紐轉和隔越轉,更是荒唐的。前面説過,章氏成均圖的次序安排是任意的,所謂"比鄰相出入",所謂"隔五相轉"也是任意的①,不可憑信的。有了交紐轉和隔越轉,則無所不通,無所不轉,就失掉通轉的意義了。查《文始》裏,章氏不是這樣説的。他説:

> 凡近轉②、近旁轉、次旁轉、正對轉、次對轉爲正聲。
>
> 凡雙聲相轉,不在五轉之例爲變聲。

這就對了。所謂交紐轉、隔越轉,其實只是雙聲的關係,不是叠韻的關係。

(二)古 紐

章氏分古紐爲二十一類,如下:

見	溪	群	疑	曉	匣	影喻
端知	透徹	定澄	泥娘日	來		
照精	穿清	牀從	審心	禪邪		
幫非	滂敷	並奉	明微			

---

① 所謂交紐轉,如寒宵相轉、談盍歌泰相轉。所謂隔越轉,如支宵隔越相轉、之至隔越相轉。

② 二部同居爲近轉。

以上紐目，其旁注者，古音所無。

力按：古無舌上、輕脣，已成定論。其他章氏所謂"無"者，都是錯誤的。

喻母有于、餘兩類，于類古音歸匣，餘類則獨立成類，有人以爲歸定（如曾運乾），有人以爲是不送氣的[d]（如高本漢），而我則以爲是舌面的[ʌ]。總之，喻的古音決不會是歸影的。

章氏有《娘日二母歸泥説》。力按：古無舌上，娘歸泥沒有問題；日歸泥則大可商榷。我們認爲日音近泥而不完全等於泥。如果娘日同母，都是泥母三等字，後來就沒有分化的條件了。

章氏以精清從心邪歸照穿牀審禪，也是錯誤的。在這一點上，章氏不如他的弟子黃侃。黃侃把照系分爲兩類：以照歸端，以穿審歸透，以神禪歸定，以莊歸精，以初歸清，以牀歸從，以山歸心，雖不完全正確，但是比章氏高明多了。

第十二章　黄侃的古音學

　　黄侃(1886—1935)，字季剛，湖北蘄春人。黄氏是章炳麟的弟子，他是清代古音學的殿軍①。在古音學方面，他著有《音略》《聲韻通例》《與友人論小學書》《集韻聲類表》等。

　　黄侃分古韻爲二十八部，如下表：

陰聲八部	陽聲十部	入聲十部
1. 歌戈	1. 寒桓	1. 曷末
——	2. 先	2. 屑
2. 灰	3. 痕魂	3. 没
3. 齊	4. 青	4. 錫
4. 模	5. 唐	5. 鐸
5. 侯	6. 東	6. 屋
6. 豪	7. 冬	7. 沃
7. 蕭	——	——
8. 咍	8. 登	8. 德
	9. 覃	9. 合
	10. 添	10. 怗

① 他關於古音學的著作，多發表於民國時代，但他的古音學則是繼承清代的。

歌戈部即歌部，灰部即脂部，齊部即支部，模部即魚部，豪部即宵部，蕭部即幽部，咍部即支部，寒桓部即元部，先部即真部，痕魂部即文部，青部即耕部，唐部即陽部，登部即蒸部，覃部即侵部，添部即談部，曷末部即月部，屑部即質部，没部即物部（隊部），沃部即藥部，德部即職部，合部即緝部，怗部即盍部。黄氏之所以用這些韻目爲部目，是因爲黄氏認爲這些韻是古本韻。

黄氏自己説這二十八部皆本昔人，未曾以臆見加入[①]。他説：

歌顧所立	寒江所立	曷王所立
	先鄭所立	屑戴所立
灰段所立	痕段所立	没章氏所立
齊鄭庠所立	青顧所立	錫戴所立
模鄭所立	唐顧所立	鐸戴所立
侯段所立	東鄭所立	屋戴所立
蕭江永所立		
豪鄭所立	冬孔所立	沃戴所立[②]
咍段所立	登顧所立	德戴所立
	覃鄭所立	合戴所立
	添江所立	怗戴所立

其實不必追溯那麼遠。黄氏只是根據章氏的二十三部，加上戴氏入聲獨立，就得二十八部。

黄氏最大的貢獻是陰陽入三分，入聲獨立。章炳麟以爲支魚侯幽之宵六部的入聲都不能獨立，黄氏把它們獨立出來。黄氏根據段氏古

---

① 見《音略》。
② 應該是冬蕭對轉（即冬幽對轉），黄氏以冬豪對轉（即冬宵對轉），是錯誤的。其致誤的原因是要求一等對一等，四等對四等。

無去聲之説①,把至部改稱屑部,隊部改稱没部,泰部改稱曷部。這些都是正確的。

黄氏陰陽入三分,比戴氏陰陽入三分更正確。第一,他把歌部認爲是陰聲韻;第二,他把戴氏靄遏兩部合併爲一個曷部(因爲古無去聲);第三,他比戴氏多了一個没部。

黄侃分古聲紐爲十九類,如下表②:

深　　喉	淺　　喉	舌　　音	齒　　音	唇　　音
影(喻于)	見 溪(群) 曉 匣 疑	端(知照) 透(徹穿審) 定(澄神禪) 來 泥(娘日)	精(莊) 清(初) 從(牀) 心(山邪)	幫(非) 滂(敷) 並(奉) 明(微)③

黄氏古音十九紐,比章氏古音二十一紐有很大的優越性:第一,章氏以照穿牀審禪爲古本紐,黄氏以精清從心爲古本紐,章氏是錯誤的,黄氏是對的④。第二,章氏不知道照系應分兩類,各有不同的來源;黄氏分照系爲兩類,以照穿神審禪歸端透定,以莊初牀山歸精清從心。章氏是錯的,黄氏比較正確⑤。

黄氏古音十九紐也有缺點:他把喻母分爲兩類,喻三稱"于"(也稱"爲"),喻四稱"喻",這是對的;但他把喻于歸影,則是錯的。于母應歸

---

① 黄氏以爲古代非但没有去聲,而且没有上聲,他就走得太遠了。
② 據錢玄同《文字學音篇》,30頁。
③ 凡旁注者,古音所無。
④ 黄氏併邪於心是小疵。
⑤ 照系是否與端系完全同音,莊系是否與精系完全同音,還有可商。神禪是否同音,也還有可商。

匣①,不應歸影。喻$_{四}$在上古應屬舌音,與定母近似②,也不應歸影。群母歸溪也有問題。古音清濁分明,以群歸溪,以邪歸心,都是不妥的。

黄氏最得意之作是他的"古本紐、古本韻"的理論,他的老師章炳麟也在這一點上誇獎他,章氏説③:

> 黄侃云:"歌部本爲元音。觀《廣韻》歌戈二韻音切,可以證之古紐消息。如非敷奉微、知徹澄娘、照穿牀審禪、喻日諸紐,歌戈部中皆無之。即知古無是音矣。"此亦一發明。

黄侃由此推出"古本紐、古本韻"的理論,以爲古本韻中只有古本紐,古本紐獨能出現在古本韻中,彼此互證,推知古本聲十九類,古本韻三十二部。歌戈、寒桓、痕魂、曷末各以開合相配,實得古本韻二十八部。

這是一種循環論證:爲什麽知道它們是古本紐呢? 因爲古本韻中只有它們;爲什麽知道它們是古本韻呢? 因爲它們裏面只有古本紐。這種循環論證在邏輯上是錯誤的。這正是黄氏的缺點,不是黄氏的優點。

這種"古本紐、古本韻"的理論並不神秘。他先發現知徹澄娘只有二三等,非敷奉微喻日只有三等,一等韻和四等韻不可能有它們,於是他找出那些一等韻和四等韻作爲古本韻。他找出的一等韻是歌戈、寒桓、曷末、灰、痕魂、没、模、唐、鐸、侯、東、屋、豪、冬、沃、咍、登、德、覃、合;四等韻是先、屑、齊、青、錫、蕭、添、怗。

這裏有漏洞。《廣韻》並不是純一等韻,其中有三等字"豐充中終"等都屬於黄氏所謂變紐。黄氏只好把東韻分爲兩類,以東一爲古

---

① 匣母只有一二四等,與喻母三等(喻母)正好互補。
② 曾運乾《喻母古韻考》以喻歸定。
③ 見章炳麟《菿漢微言》。

本韻，東二爲變韻了。

再説，真正純一等韻倒反不被認爲古本韻。泰韻是一等韻，黄氏不承認古有去聲，不收它爲古本韻，猶有可説。談盍也是一等韻，不雜變紐字①，不收它們，就説不過去了。

這種錯誤理論的後果是犧牲了一個覺部。因爲黄氏没有能够爲覺部找出一個没有變紐的古本韻來！

《廣韻》是宋代的作品，它的前身《切韻》是隋代的作品。陸法言生於千年之後，而説他能定出古本韻來，這是不可思議的。

黄氏雖在理論上犯有錯誤，但是他在古音學上的成就，是不可磨滅的。

---

①　今《廣韻》盍韻最末有"譫"字，章盍切，疑是後人所增。

第十三章　結　論

清代古音學是中國學術史上一件大事。特別是在古韻方面，清代學者的成就是輝煌的。王國維説：

> 自漢以後，學術之盛，莫過於近三百年。此三百年中，經學、史學皆足以陵駕前代，然其尤卓絶者則曰小學。小學之中，如高郵王氏、棲霞郝氏之於訓故，歙縣程氏之於名物，金壇段氏之於《説文》，皆足以上掩前哲。然其尤卓絶者則爲韻學。古韻之學，自昆山顧氏而婺源江氏，而休寧戴氏，而金壇段氏，而曲阜孔氏，而高郵王氏，而歙縣江氏，作者不過七人，然古音廿二部之目，遂令後世無可增損。故訓故、名物、文字之學有待於將來者甚多；至古韻之學，謂之前無古人，後無來者可也。原斯學所以能完密至此者，以其材料不過群經諸子及漢魏有韻之文，其方法則皆因乎古人用韻之自然，而不容以後説私意參乎其間。其道至簡，而其事有涯；以至簡入有涯，故不數傳而遂臻其極也。（《觀堂集林·卷八·周代金石文韻讀序》）

王氏説得對。處理古韻，只是用簡單的客觀歸納方法，材料有限[1]，方

---

[1] 　主要是先秦的材料；漢魏有韻之文只能作爲次要的參考材料。

法簡單,各家所得結論往往不謀而合,因爲材料是一樣的,方法是一樣的,只要方法做得細緻,決不會做出不同的結論來。

下面我們就古音學上的幾個問題,一一加以論述。

(一)《廣韻》對照問題

古音學家所説的《唐韻》,其實就是《廣韻》。《廣韻》的前身是《唐韻》,《唐韻》的前身是《切韻》。因此,所謂《廣韻》對照問題,其實就是《切韻》對照問題。

古音學家批評《唐韻》,其實也爱《唐韻》。《唐韻》有很明顯的存古性質。例如隋唐時代實際讀音支脂之已混爲一韻(《一切經音義》的反切可證),而《唐韻》截然分立。其餘如真諄分立、元魂分立,都是很好的存古材料,後人可以由此窺見古音的痕迹。古音學家一般總是以《廣韻》對照來講古韻,這不是没有道理的。

但是《廣韻》與古韻的對應,並不是整齊劃一的。例如支韻應分爲二,其一歸支,其一歸歌;麻韻應分二,其一歸歌,其一歸魚。尤其值得注意的是個别字或少數字超出常軌。例如脂韻有少數字(龜丕)歸之;旨韻有少數字(鄙否圯),至韻有"備"字也歸之,這是因爲《廣韻》之上志韻没有唇音字。又如談韻"三"字在上古不歸談而歸侵,灰韻"灰"字在上古不歸脂而歸之,諸如此類,都不是可以常理推測的。甚至《廣韻》完全同音,在上古也不一定同部。例如"求裘"同音,"求"在幽部,"裘"在之部;"虞娱、愚隅"同音,"虞娱"在魚部,"愚隅"在侯部;"敷孚"同音,"敷"在魚部,"孚"在幽部,諸如此類,都只能以先秦韻文爲準,而不能單憑《廣韻》推知。

（二）諧聲與韻部

段玉裁云：“同聲必同部。”從諧聲系統求韻部，也是研究古韻的方法。例如“敏”從每聲，“每”在之部，故《詩·小雅·甫田》協“止子畝喜右否畝有敏”，《大雅·生民》協“祀子敏止”。《廣韻》“敏”在軫韻，古音蹤跡就泯沒了。

但是，文字的產生遠在《詩經》以前。有少數諧聲字，由於陰陽對轉的關係，已與它們的聲符不同韻部，就不必拘泥，而應以《詩經》時代的讀音爲準。例如“怛”從旦聲，《詩經》兩見，《齊風·甫田》協“桀怛”，《檜風·匪風》協“發偈怛”，就不必以爲是元部字，而應該歸入月部①。又如“儺”從難聲，《詩·衛風·竹竿》協“左瑳儺”，就不必以爲是元部字，而應該歸入歌部。又如“螣”從朕聲，《詩·小雅·大田》協“螣賊”，就不必以爲是蒸部字，而應該歸入職部②。

聲符不一定與其所諧的字完全同音，“同聲必同部”的原則不能絕對化。例如“裘”字求聲而在之部，“朝”字舟聲而在宵部，“侮”字每聲而在侯部，“仍”字乃聲而在蒸部等，這些都是合韻和對轉的道理。

（三）合韻問題

姚文田反對段氏合韻之説。他説：

> 段書諸部皆言合韻，里巷歌謠，天籟自發，音諧即用，詎識部居？故合韻之説不可用也。

---

① 段氏《説文解字注》以“怛”字歸入十四、十五兩部，其實只應歸入十五部。
② 但“螣蛇”的“螣”仍屬蒸部。

其實姚氏誤會了段氏的意思。有天然的韻,有人爲的韻。段氏所謂合韻是指前者,不是後者。天然的韻是每個民族語言都具有的,不是由誰來規定的。

段玉裁説"古音韻至諧",同時又説合韻,這是辯證法。本韻相協是正例,旁韻相協是變例。合韻並非任意撮合,近者可合,遠者不可合。段氏按十七部次第分爲六類,同類爲近,異類爲遠。張惠言説:

> 大抵論古韻者,分之不嫌密,合之不嫌廣。惟分之密,其合之也,條理脉絡秩然分明,不至因一字而疑各韻可通,亦不至因各韻而疑一字之不可通矣。

張氏的話是對的。

(四)對轉問題

對轉,一般指陰陽對轉,有時也指陰入對轉或陽入對轉。對轉指的是元音相同,收音不同。例如魚陽對轉即 a:ang、魚鐸對轉即 a:ak、陽鐸對轉即 ang:ak。

姚文田反對孔氏陰陽對轉之説。他説:

> 孔氏又創爲對轉之説。鄉曲一隅,唇吻互異;惟變所適,衆類僉同。故對轉之説不可用也。

姚氏的意見是不對的。對轉並不是惟變所適,而是有一定的範圍(元音相同)。例如"亡"有"無"義,"莽"本音姥,後轉爲"茫"上聲,都是魚陽對轉;"博①搏"從尃聲,"薄"從溥聲,都是魚鐸對轉;"擴"從廣

---

① 據《説文繫傳》:"博,從十從尃,尃亦聲。"

聲,則是陽鐸對轉①。

　　對轉與合韻同理:合韻是韻尾相同(如果有韻尾的話),元音不同;
對轉是元音相同,收音不同。在《詩經》用韻上,《鄭風·女曰雞鳴》協
"來贈"(之蒸對轉),《陳風·東門之枌》協"差原麻娑"(歌元對轉),
都是陰陽對轉的例子。只不過比合韻較爲少見罷了。

(五)聲調問題

　　關於聲調問題,古音學家有各種不同的意見。主要有下列七種
意見:

　　(1)四聲一貫説。顧炎武持此説。顧氏以爲古人用韻,同聲相押
是正例,但也可以異調通押。江永也有類似的意見。

　　(2)古無四聲説。江有誥早期持此説。他説:

　　　　古韻無四聲。明陳氏已發其端,江氏(指江永)申明其説者不
　　一而足。然《標準》仍分平上去入四卷,則自亂其例矣。

　　(3)古無去聲説。段玉裁持此説,他説:

　　　　古平上爲一類,去入爲一類,上與平一也,去與入一也。上聲
　　備於《三百篇》,去聲備於魏晉。

　　(4)古無上去説。黄侃持此説。

　　(5)古有平上去而無入説。孔廣森持此説。

　　(6)古四聲不同今四聲説。王念孫持此説,江有誥晚年亦持此説。
王氏給江有誥的信裏説:

---

① 陽聲與入聲對轉是後起的現象。

接奉手札,謂古人實有四聲,特與後人不同。陸氏依當時之聲,誤爲分析。特撰《唐韻四聲正》一書,與鄙見幾如桴鼓相應,益不覺狂喜。

(7)古有五聲說。王國維持此說。王氏說:

古音有五聲,陽類一與陰類之平上去入四是也。說以世俗之語,則平聲有二(實則陽類自爲一聲,謂之平聲,語不甚切),上去入各一,是爲五聲。自《三百篇》以至漢初,此五聲者大抵互相通叶,罕有出入。

我们認爲,上列七家之說各有缺點。

四聲一貫之說頗有可取。但是容易令人誤會,以爲上古漢語沒有固定的聲調,只是任意抑揚高下而已。顧氏說:"夫一字而可以三聲、四聲,若《易》爻之上下無常,惟變所適也。"這正是顧說的弱點。我們認爲,無論古今,就一般說,每字都有固定的聲調。其一字三聲、四聲者,或因古今不同,或因辨義,都是變例,不可以破常規。

古無四聲之說是最荒唐的。這是四聲一貫說的擴展,不可憑信。聲調是漢語的民族特點之一,漢語一産生就有聲調存在。假如上古不存在聲調,後世忽然産生聲調,那是不可能的。

古無去聲之說在諸說中是最有道理的,但是未臻完善。假如上古去聲字和入聲字的讀音完全一樣①,後來就沒有分化的條件了。我們認爲上古沒有去聲,但是入聲有兩種:長入和短入。長入和長入押韻(如《汝墳》的"肆棄"、《摽有梅》的"塈謂"、《谷風》的"潰肆塈"、《二子乘舟》的"逝害"、《芄蘭》的"遂悸"、《有狐》的"厲帶"、《黍離》的"穗醉"、《采葛》的"艾歲",等等),短入和短入押韻(如《茉莒》的"掇

---

① 另有一部分去聲字來自上聲和平聲。

捋”、《草蟲》的“蕨惙説”、《日月》的“出卒述”、《桃夭》的“實室”、《摽有梅》的“七吉”,等等),這是正例;長入和短入通押(如《匏有苦葉》的“厲揭”、《泉水》的“薺邁衛害”、《七月》的“發烈褐歲”、《東山》的“垤室窒至”、《蓼莪》的“恤至”,等等),這是變例。

古無上聲説没有證據。在段氏《〈詩經〉韻分十七部表》中,我們看見上聲和平聲截然分開,不相通押。

孔氏古無入聲之説最無道理。孔氏是山東人。孔氏的時代山東方言已没有入聲。他受山東方言的影响,就説古代没有入聲。假如上古没有入聲,後來爲什麽冒出一個入聲來呢?

古四聲不同今四聲的説法也是没有道理的。誠然,古無去聲而有長入、短入,也可以説是古四聲不同今四聲。但是主張古四聲不同今四聲的人不是這個意思,而是説具體的字調古今不同,那就不對了。從歷史發展觀點看,調值易變,調類難變。只有個別的字古今聲調不同,如“慶”古讀如羌,“化”古讀如花,“信”古讀如申,“饗”古讀如鄉,“茂”古讀如牡等,其餘都是異調通押。例如“遠”字,《詩·小雅·角弓》“爾之遠矣”與“然”協,《大雅·抑》“取譬不遠”與“難”協,應該認爲是平上通押,不應該認爲已“遠”讀平聲。

王國維古有五聲之説雖新穎,但其理難通。據王氏之説,陰聲共有四調,陽聲只有一調,語言的系統性就被破壞了。陽聲韻既無入聲[1],又無去聲,上聲韻比較少見,就顯得只有平聲了。王氏大概是看見段氏《〈詩經〉韻分十七部表》陽聲韻只有平聲,所以得出這個結論。其實元部也有上聲,如《邶風·柏舟》的“轉卷選”、《静女》的“孌管”、《鄘風·載馳》的“反遠”、《豳風·伐柯》的“遠踐”、《小雅·杕杜》的“憚瘏遠”、《角弓》的“反遠”、《周頌·執競》的“簡反反”,也有去聲

---

[1]　依異平同入説,則陽聲也有入聲。

（依古無去聲說，當作上聲），如《邶風·匏有苦葉》的"雁旦泮"、《衛風·氓》的"怨岸泮宴晏旦反"、《鄭風·緇衣》的"館粲"、《鄭風·大叔于田》的"慢罕"、《女曰雞鳴》的"旦爛雁"、《齊風·甫田》的"變丱見弁"、《猗嗟》的"變婉選貫反亂"、《唐風·葛生》的"粲爛旦"、《小雅·頍弁》的"霰見宴"、《大雅·公劉》的"館亂鍛"、《板》的"旦衍"。再者，若依《十七部表》陰聲的宵歌兩部也都只有平聲，則又何說？可見古五聲說是不能成立的。

我們認爲，古有四聲，但不是平、上、去、入。而是平、上、長入、短入。

（六）入聲獨立問題

《廣韻》入聲配陽聲，顧炎武認爲是不對的，應該入聲配陰聲[1]，只有兩個例外：陰聲歌部沒有入聲[2]，陽聲侵覃以下九韻有入聲。

顧氏入聲未獨立，除緝合以下九韻歸入侵覃以下九韻外，其餘都歸入陰聲。後來段玉裁依照這個原則。

江永分古韻爲十三部，但又分入聲爲八部，主張異平同入。入聲有相對的獨立性，但未完全獨立。

入聲獨立說的創始人是戴震。戴氏分古韻爲九類二十五部，是按陰陽入三分的。戴氏祭月分立，把祭部歸入陰聲是錯誤的。黃侃採用了戴氏入聲完全獨立之說，而修正他祭月分立的錯誤。

戴氏以後的古音學家，除黃侃外，沒有採用戴氏入聲完全獨立之說。他們只是個別入聲獨立。例如：

---

① 顧氏未立陰陽之說，這裏用陰陽之說來解釋，以便瞭解。

② 其實歌部也有入聲，即月部。

孔廣森合類獨立；

王念孫至部獨立，缉盍獨立；

江有誥缉盍獨立，祭部獨立；

章炳麟泰隊至獨立①。

爲什麽之幽宵侯魚支六部的入聲不能獨立呢？這是由于《詩經》用韻中，這六部入聲字有些和平上去聲字押韻的緣故。例如：

“富”字　《我行其野》協“蓄特富異”，《小宛》協“克富又”，《瞻卬》協“富忌”，《召旻》協“富時疚兹”，《閟宮》協“熾富背試”。

“試”字　《大東》協“來服裘試”，《采芑》協“芑畝止試”，《閟宮》協“熾富背試”。

“宿”字　《小明》協“奧蹙菽戚宿覆”。

“禄”字　《楚茨》協“奏禄”。

“谷”字　《桑柔》協“谷穀垢”。

“木”字　《角弓》協“木附獸屬”。

“樂”字　《正月》協“沼樂炤虐虣”，《關雎》協“芼樂”，《抑》協“昭樂憵藐教虐芼”，《韓奕》協“到樂”。

“夜”字　《行露》協“露夜”，《東方未明》協“圃瞿夜莫”，《葛生》協“夜居”，《蕩》協“呼夜”，《雨無正》協“夜中惡”，《振鷺》協“惡斁夜譽”。

“若”字　《氓》協“落若”，《裳裳者華》協“白駱若”，《烝民》協“若賦”。

“帝”字　《君子偕老》協“翟鬒揥皙帝”，《文王》協“帝易”，《蕩》協“帝辟”，《閟宮》協“解帝”。

“辟”字　《葛藟》協“湜辟揥刺”，《皇矣》協“辟剔”，《文王有聲》

_____

① 　王、江、章的至祭隊部，被認爲是去入韻，其實是入聲韻。

協"績辟",《板》協"益易辟辟",《蕩》協"帝辟",《韓奕》協"解易辟",
《殷武》協"辟績辟適解"。

　　清代古音學家可以分爲兩派：考古派和審音派。考古派專以《詩
經》用韻爲標準，所以入聲不獨立，或不完全獨立；審音派則以語音系
統爲標準，所以入聲完全獨立。下面我們將討論兩派的得失。

（七）韻部與音系

　　韻部與音系有密切關係，但不能混爲一談。一般所謂韻部，是指
從《詩經》用韻歸納出來的韻類，而我們所謂音系，則是指除從《詩經》
用韻作客觀歸納以外，還從語音的系統性去觀察出來的韻類。

　　考古派歸納的結果，古韻應分爲二十四部，即章炳麟的二十三部，
再加上章氏隊部的平聲字（我們叫做微部），如下[①]：

陰聲	陽聲
1. 之部	15. 蒸部
2. 幽部	16. 冬部
3. 宵部	
4. 侯部	17. 東部
5. 魚部	18. 陽部
6. 歌部	19. 元部
7. 祭部	
8. 支部	20. 耕部
9. 脂部	21. 真部
10. 至部	

---

① 　韻目用江有誥所定的。

11. 微部　　22. 文部

12. 隊部

13. 緝部　　23. 侵部

14. 葉部　　24. 談部

審音派歸納的結果，古韻應分爲三十部，即黃侃的二十八部，再加上微部和覺部，如下：

陰聲	入聲	陽聲
1. 之部	10. 職部	21. 蒸部
2. 幽部	11. 覺部	22. 冬部
3. 宵部	12. 藥部	
4. 侯部	12. 屋部	23. 東部
5. 魚部	14. 鐸部	24. 陽部
6. 歌部	15. 月部	25. 元部
7. 支部	16. 錫部	26. 耕部
8. 脂部	17. 質部	27. 真部
9. 微部	18. 物部	28. 文部
	19. 緝部	29. 侵部
	20. 葉部	30. 談部

我早年屬於考古派，分古韻爲二十三部（冬侵合併）；晚年屬於審音派，分古韻爲二十九部（冬侵仍合併），後來又分爲三十部，因爲我認爲在戰國時代冬侵已經分立了。我爲什麼有這個轉變呢？這是由於我從語音的系統性考慮問題。

段玉裁十七部，入聲不獨立，本來也有它的系統性；後來王念孫、江有誥、章炳麟相繼把至部、祭部、隊部從陰聲韻裏分出來，於是脂部等不再有入聲①，而之幽宵侯魚支六部仍舊有入聲，這就破壞了語音的系統性。我們知道，古代漢語入聲字是收音於-k、-t、-p 的，與開口韻（陰聲韻）不同，應該獨立成部。現在考古派所定，之幽宵侯魚支六部有入聲，是這些入聲字屬於陰聲韻，不收音於 - k 了，這是不可能的。這就迫使我相信審音派的古韻三十部。

（八）古紐問題

上古聲紐的研究，比韻部研究困難得多。人們往往只從諧聲偏旁和異文去猜測古紐。諧聲偏旁問題很複雜，例如各聲有"路"、每聲有"海"、區聲有"樞"，等等。因此，上古究竟有多少聲紐，至今没有定論。

清代古音學家的古紐研究，只有錢大昕古無舌上輕唇之説是可信的。其次，黃侃以莊初牀山併入精清從心，也有參考價值。其餘都不足道。簡單地用歸併的辦法研究古紐，不是科學的方法。

（九）古音擬測問題

清代古音學家最大的弱點是不搞古音擬測。他們以爲現代漢語裏還存在着古本韻和古本紐，而不知道古音和今音可以完全不同。由於經過二千餘年的歷史發展，多數語音都變了樣了。

最初講到語音的是江永。他説：

> 真諄臻文欣與魂痕爲一類，口斂而聲細；元寒桓删山與仙爲一類，口侈而聲大。

---

① 至部、祭部、隊部被認爲去入韻，其實都是入聲韻。説見上文。

江氏所謂"歙",指[ə]系統;所謂"侈",指[a]系統。後來發展爲段玉裁古歙今侈之説。段氏説:

> 大略古音多歙,今音多侈。之變爲咍,脂變爲皆,支變爲佳,歌變爲麻,真變爲先,侵變爲鹽,變之甚者也。

其實古音有歙有侈,無多少之分。

段玉裁又據歙侈之説,把《廣韻》二百零六韻分爲正、變兩類。正音即古本韻,變音即後世轉變的韻,他説:

> 古音分十七部矣。今韻平五十有七,上五十有五,去六十,入三十有四,何分析之過多也? 曰:音有正、變也。音之歙侈必適中,過歙而音變矣,過侈而音變矣①。之者音之正也,咍者之之變也。蕭宵者音之正也,肴豪者蕭宵之變也。尤侯者音之正也,屋者音之變也。魚者音之正也,虞模者魚之變也。蒸者音之正也,登者蒸之變也。侵者音之正也,鹽添者侵之變也。嚴凡者音之正也,覃談咸銜者嚴凡之變也。冬鍾者音之正也,東者冬鍾之變也(鍾爲正音,冬韻稍侈,東韻過侈)。陽者音之正也,唐者陽之變也。耕清者音之正也,庚青者耕清之變也(庚音侈,青音歙)。真者音之正也,先者真之變也。諄文欣者音之正也,魂痕者諄文欣之變也。元者音之正也,寒桓删山仙者元之變也。脂微者音之正也,齊皆灰者脂微之變也。支者音之正也,佳者支之變也。歌戈者音之正也,麻者歌戈之變也。

江有誥對古本韻的意見和段氏的意見相近,他以他所定的韻目爲正音,所以他注"啳"爲音飢,注"三"爲音森,注"泳"爲音養,注"來"爲音釐,注"耽"爲多森反,注"好"爲呼瘦反,注"老"爲盧叟反,注"旦"爲

---

① 此説非是。音韻變遷出乎自然,並非由於過歙或過侈。

丁見反,等等。

　　黃侃對古本韻的意見和段氏的意見正相反;他主張古音多侈,今音多歛。依照他所定的古本韻和變韻,可以這樣說:

　　　　咍者音之正也,之者咍之變也。

　　　　豪者音之正也,宵肴者豪之變也。

　　　　蕭者音之正也,尤幽者音之變也。

　　　　模者音之正也,魚虞者模之變也。

　　　　登者音之正也,蒸者登之變也。

　　　　覃者音之正也,侵者覃之變也。

　　　　添者音之正也,鹽嚴者添之變也。

　　　　東者音之正也,鍾江者東之變也。

　　　　唐者音之正也,陽者唐之變也。

　　　　青者音之正也,庚耕清者青之變也。

　　　　先者音之正也,真者先之變也。

　　　　魂痕者音之正也,諄文欣者魂痕之變也。

　　　　寒桓者音之正也,元刪山仙者寒桓之變也。

　　　　灰者音之正也,脂微皆者灰之變也。

　　　　齊者音之正也,支佳者齊之變也。

　　　　歌戈者音之正也,麻者歌戈之變也。

　　段、黃二氏的意見都是不對的。經過兩千多年的變化,絕大多數的上古韻值已經不是原樣子,實際上古本韻不再存在,差不多全是變韻了。

　　具體描寫古韻韻值的只有章炳麟。章氏寫了一篇《二十三部音準》。他沒有利用音標,只是用文字描寫。他沒有用語音學名詞,所以他的話不大好懂。他說:

　　　　古音流傳於晚世者,自二十三支分爲二百六,則有正韻、支韻之異。以今觀古，侯當從正韻，不從支韻之虞；支當從正韻，不當從支韻之佳；歌當從正韻，不從支韻之麻；幽當從正韻，不從支韻之蕭。此爲以正韻定音。脂當從支韻之微；之當從支韻之唐；青當從支韻之先，侵當從支韻之咸；東當從支韻之江（江南呼江，穹口而大，異於陽唐，江西尤礧）。此爲以支韻定音。魚模主模；祭泰夬廢曷末鍇月薛主曷末鍇。此爲以正韻建其適之音，非審音端諦者莫能明也。段氏言古音斂，今音侈，悉以支韻還就正韻，則支脂之何以分，東冬何以辨焉？

現在我們用音標表示章氏二十三部音準，則如下表：

魚陽 u、ang	支青 i、ien
至真 i?、in①	脂隊諄 əi、ə?、ən②
歌泰寒 o、ɑ?、ɑn③	侯東 ou、ung
幽冬侵緝 iu、ong、im、ip	
之蒸 ai、ing	宵談盍 au，am，ap

　　章氏的毛病也是區別正韻和支韻，其實不應該有所謂正韻和支韻。其説古韻聲勢（韻值）或從正韻，或從支韻，更是沒有科學根據的。

　　主張古本韻的人有一個共同的缺點，就是不能照顧語音的系統性，特別是不能照顧陰陽對轉的關係。所謂陰陽對轉，應該是主要元音相同④，而古本韻論者所擬測的上古韻值多不合於這個條件。例如之部，無論擬測爲 i 或擬測爲 ai，都和蒸部的 əng 搭配不上。又如魚部，無論擬測爲 ü 或擬測爲 u，都和陽部的 ang 搭配不上。如果要求陰陽入三聲搭配得上（即主要元音相同），必須採取下列這一類形式：

---

① 至去聲當爲 i。
② 隊去聲當爲 əi。
③ 泰去聲當爲 a。
④ 陰入對轉，陽入對轉，也應該是元音相同。

之職蒸 ə:ək:əng	歌月元 ai:at:an
幽覺冬 u:uk:ung	脂質真 ei:et:en
宵藥 ô:ôk①	微物文 əi:ət:ən
侯屋東 o:ok:ong	緝侵 əp:əm
魚鐸陽 a:ak:ang	葉談 ap:am
支錫耕 e:ek:eng	

關於上古的聲紐,問題複雜,一時難有定論。鄙意採取錢大昕古無舌上輕唇之說,兼用黃侃莊初牀山歸精清從心之説(但相近而不相同),再以喻三歸匣,喻四作爲舌面邊音[ʎ],得暫時的結論如下表:

喉　音	影ʔ					
舌根音	見k	溪kʻ	群g	疑ŋ	曉x	匣ɣ
舌面音	照tɕ	穿tɕʻ	神dʑ	審ɕ	禪ʑ	喻ʎ 日ȵ
舌葉音	莊tʃ	初tʃʻ	牀dʒ	山ʃ		
舌尖音	端t	透tʻ	定d	泥n	來l	
齒　音	精ts	清tsʻ	從dz	心s	邪z	
唇　音	幫p	滂pʻ	並b	明m		

*　　　　　*　　　　　*

總而言之,清代古音學的成就是大的。在古韻分部方面,可以説是到了登峰造極的地步。這是中國語言學史光輝的一頁,是值得介紹給後人的。

————————

① ô是閉口的。

主要術語、人名、論著索引